本书的出版得到上海大学高水平大学建设项目资助

社会工作研究文库

SOCIAL

范明林　林德立／编著

社会工作实务
过　程、方　法　和　技　巧

WORK
PRACTICE

Process, Method and Skill

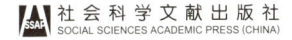

社会科学文献出版社
SOCIAL SCIENCES ACADEMIC PRESS (CHINA)

目　　录

第一章　社会工作一般过程模式 …………………………………………… 1
　一　接案期 ………………………………………………………………… 1
　二　预估期 ………………………………………………………………… 6
　三　计划期 ……………………………………………………………… 11
　四　介入期 ……………………………………………………………… 15
　五　评估期 ……………………………………………………………… 22
　六　结案期 ……………………………………………………………… 25

第二章　社会工作专业助人关系 …………………………………………… 30
　一　专业助人关系的特征 ……………………………………………… 30
　二　建立专业助人关系的核心条件 …………………………………… 32
　三　建立专业助人关系的基本技巧 …………………………………… 35

第三章　个案工作实务 ……………………………………………………… 42
　一　心理社会治疗模式 ………………………………………………… 42
　二　萨提亚治疗模式 …………………………………………………… 53
　三　任务中心介入模式 ………………………………………………… 60
　四　理性情绪治疗模式 ………………………………………………… 68
　五　叙事治疗模式 ……………………………………………………… 79

第四章　团体工作实务 ……………………………………………………… 89
　一　团体的功能和限度 ………………………………………………… 89
　二　团体动力 …………………………………………………………… 92

1

三　团体工作的基本技巧 …………………………………… 104
　　四　各种理论背景的团体工作实务案例 …………………… 123

第五章　社区工作实务 ………………………………………… 139
　　一　地区发展模式及案例分析 ……………………………… 139
　　二　社会策划模式及案例分析 ……………………………… 146
　　三　社会行动模式及案例分析 ……………………………… 152
　　四　社区照顾模式及案例分析 ……………………………… 160
　　五　社区教育模式及案例分析 ……………………………… 167
　　六　社区工作基本技巧 ……………………………………… 173

第六章　个案管理 ……………………………………………… 181
　　一　个案管理概述 …………………………………………… 181
　　二　个案管理中关系的建立及案例 ………………………… 185
　　三　个案管理中的资源评定及案例 ………………………… 193
　　四　个案管理中的障碍评定 ………………………………… 200
　　五　个案管理和内外资源获得 ……………………………… 203
　　六　个案管理和协调 ………………………………………… 212
　　七　个案管理和专业关系结束 ……………………………… 217

第七章　社会工作实务辅助方法和技巧 ……………………… 223
　　一　心理剧在社会工作实务中的运用 ……………………… 223
　　二　绘画投射技术在社会工作实务中的运用 ……………… 247

主要参考文献 …………………………………………………… 272

后　　记 ………………………………………………………… 275

第一章 社会工作一般过程模式

所谓模式,是指为了解决现实中存在的问题而做出的一种概念化设计,是现实情况的代表,能为行动进程提供指针。社会工作实务模式是指在一定理论指导下形成的社会工作的具体操作性工作方式。社会工作的模式是在长期的社会工作实践中逐渐形成的。它的演变和发展,揭示了社会工作实践与理论相结合,得到不断提高和完善的历史轨迹。其中,社会工作一般过程模式是当今社会工作领域比较通用的模式和发展趋势。因此,本章将探讨社会工作一般过程模式及社会工作者应掌握的基本技巧。

一般过程模式是社会工作的重要实务模式,它是通过一步一步的程序来实施设计好的步骤,以解决问题的过程。一般过程模式包括接案期、预估期、计划期、介入期、评估期和结案期。这一过程中,每个阶段都有其目标、任务与不同的方法和技巧,学习与探索这一过程的每一步,不仅可以为我们建立良好的知识结构,指导我们有效、成功地帮助案主解决问题,也可以用在中观和宏观的层次中。

一 接案期

良好的开端是成功的一半。接案期是社会工作一般过程模式的开端,是社会工作者和有可能成为案主的人开始沟通,并初步达成协议一起来解决问题的过程。接案期的工作对之后工作的开展有非常深刻的影响。因此,本节将重点探讨接案前的准备、接案的过程以及一些相关的基本技巧。

(一) 第一阶段——接案前准备

接案是一个沟通的过程,这个过程的长短一般取决于社会工作者和潜在案主之间能否建立有效的沟通并通过协商达成共识。而事实上，和案主的初次会面，往往对社会工作者和案主的关系能否持续下去有重要意义。因此，社会工作者在与潜在案主接触前，做好充分的专业准备工作尤为重要。

社会工作者在接触案主前必须做好以下几方面工作。

1. 对案主相关信息的收集

（1）了解案主的来源

案主的来源在一定程度上会影响社会工作者如何组织自己的角色，如何建立与案主的关系。社会工作者面对不同来源的案主，需要有不同的专门技巧。一般来说，案主的来源可以分为三种。其一，申请者，也就是自动求助者，另一个说法是"自荐"。这是指个人、家庭或某个组织在发现存在问题，而问题不是他们自己能解决的情况下，自发地直接上门寻求服务。其二，被转介者，转介包括由机构、社区组织正式转介，也包括由认识案主的人给予非正式的转介，如朋友或邻居转介。其三，外展的对象，即社会工作者通过外展工作接触到那些本身并未申请服务但确实有服务需求的人。

（2）了解案主的类型

根据案主寻求服务时的意愿可以把他们分为三类。其一，自愿的案主，这些人主动寻求社会工作服务，自愿成为案主，所以他们大部分是自荐的。同时，第三方转介的案主和外展工作发现的案主也有可能是自愿的。其二，非自愿的案主，这些案主虽然是被动接受服务的人，但是如果他们拒绝服务，可能会有不良的后果。其三，强制接受服务的案主，这些案主要依法接受特定的服务，如果拒绝服务，就要接受不愉快的制裁。社会工作者在与这类案主一道工作时，更难建立信任关系。

（3）案主相关资料的收集

在对案主的来源和类型了解后，接下来社工需要对案主的相关资料通过回顾、探查和咨询等进行收集整理。

首先，社会工作者需要回顾案主的来电记录，对电话记录做详细的分析，把重要的信息摘录下来，熟记于心，以便在与案主初次面谈中，把握谈话重点，有效利用时间。

其次，探查与案主相关的信息，如果案主之前接受过本机构的服务，新接案的社会工作者应查阅案主的基本资料和相关信息，以便在会谈前对案主有初步的认识，但要避免由此产生先入为主的偏见。

最后，社会工作者也可以向案主的家人、老师、医护人员、司法人员等咨询，通过他们了解案主的相关情况。这样做有利于较全面地了解案主的情况，更好地帮助案主解决问题，而非刺探案主的隐私，更不能因此戴上有色眼镜去看案主。

2. 面谈前的准备

（1）安排面谈的场所

在面谈前，社会工作者必须事先安排合适的时间和地点，并能够根据案主的特殊情况做出合理安排。

时间的安排应与案主商量后共同决定。而挑选场所对面谈效果很重要。一般面谈可以安排在不同场所，如案主家里、学校、医院等，无论在什么场所，都应该使面谈环境安全、舒适、温馨。

（2）面谈前的心理准备

面谈前，除了对面谈的时间、地点进行安排外，社会工作者自身心理上的充分准备也十分重要。

由于个人文化背景、生长环境等因素的不同，社会工作者与案主在很多问题的看法和想法上会有一定的差异。社会工作者不能以自我为中心，妄加评判。为了使面谈能顺利进行，社会工作者应运用同理心来感受案主的处境和思想，事先设想案主在面谈时可能会有的感受和想法。面谈前运用同理心技巧来分析案主，为面谈做一定的心理准备，可以使社会工作者更自信地面对案主，在面谈中更加敏锐地体察案主的情感，灵活地应对面谈中出现的问题。但这样的心理准备不应束缚社会工作者应变的手脚，社会工作者应以一种更开放的心态去面对案主，去接受也许跟自己假想中完全不同的案主。

此外，心理准备还包括社会工作者对自我的反思和自我探索。社会工作者应时常反思：面对某个特殊案主有什么特殊感受吗？自身的成长经历和案主有相似之处吗？自己期望和案主有怎样的互动？自己的性格、情绪、思维方式和行为模式可能对案主产生怎样的影响？社会工作者也是凡人，生活中也有悲欢离合……这时，面对案主是否会影响服务品质？

社会工作者对自己应有清醒的反思，了解这些因素是否正在影响自己。社会工作者如果能做出及时的调整和自我控制，相信可以避免或减少不必要的影响，保证服务的专业品质。

(3) 拟定初次见面的提纲

在每次面谈前，社会工作者应事先有明确的计划，拟定初次面谈的提纲。较仔细地考虑好面谈大纲，有助于社会工作者厘清思路，在面谈时能更有序、稳妥地与案主探讨他们的问题，收集更全面的信息，为案主提供较有效的服务。

一般而言，初次面谈的目的比较简单和相似，是和案主建立关系，并收集案主信息。一般包括这样一些内容：

①自我介绍、寒暄；

②认定面谈的一般目标与方向；

③说明案主和社会工作者的角色；

④说明机构的相关政策和伦理原则；

⑤澄清案主对社会工作者、面谈目的、过程或基本规则的有关问题；

⑥这次面谈预期的结果是什么；

⑦面谈中社会工作者的角色和功能定位；

⑧怎样开始面谈；

⑨什么样的面谈是社会工作者所期望的；

⑩小结并预测下一步将会发生什么。

当然，不同的案主，需求与问题各不相同，面谈时的具体问题也不同，这就需要社会工作者在初步收集案主资料后，拟定相应的面谈提纲，做足准备，在面谈时，根据与案主的互动再灵活调整。

（二）第二阶段——接案

1. 面谈的内容

社会工作者和案主的初次面谈可以说使接案进入了实质性阶段，这种面对面的接触通常会影响日后的互动关系。

面谈时，社会工作者关于面谈的内容需要有一个基本程序。

一是自我介绍。社会工作者在自我介绍时，应该注意如何开始，如何掌握适当的称呼，并消除案主的焦虑。

二是说明会谈目的。说明时应该清晰、简洁，使案主容易明白和理解。

三是说明案主与社会工作者的角色。社会工作者需要在面谈时告知案主，社工在整个服务过程中的义务与权利，以及案主应尽的义务与责任。

四是说明相关政策和伦理原则。了解基本的规则，对于发展真诚、值得信赖的关系极其重要，是社会工作者征询案主同意、认可和接受服务的重要部分。

2. 在面谈时注意资料收集的方向

一是资料收集与保密原则。在面谈正式开始前，社工还必须告知案主保密是有限制的：社工对于案主的信息会遵守保密原则；但在不得已或者特殊情况下，需要外泄案主信息时，社工必须告知案主，并在征得案主同意后方能外泄。

二是收集资料的内容。在收集案主的资料时，应该包括三个方面（问题、人、环境），即案主存在的问题、案主自身的特点，以及案主与环境系统的互动情况。

三是资料的记录。社工需要将介入的过程、案主的情况及时地记录下来。资料的记录是贯穿于整个服务过程中的。

3. 面谈时相应的基本技巧

（1）鼓励与重复案主的话

当案主在与社会工作者交谈时，社工适时的回应可以起到很大的作用，便于谈话的深入与继续。社工可以通过一些肢体语言，如微笑、点头、身体前倾等，或者社工可以适当地重复案主的话语，以此表示社工的专注与尊重，有时还可以起到鼓励案主的作用。

（2）澄清

当案主陈述得不太清楚时，社会工作者需要运用澄清的技巧帮助案主把想要表达的说得更清楚、更明白。社工应该适当地引导案主深入描述自己的感受、事件情况等，方便社工更多地了解问题，也进一步启发案主深入反思。

（3）反映感受与内容

在倾听案主的描述后，社工应该就案主所说的同理后，反映出案主的感受与相关内容，这样能够使案主了解到社工的专注、真诚与同理。

（4）话外音的洞察

在面谈时，社会工作者要不断训练自己捕捉信息的灵敏度，能够以同理、尊重的心理，发现案主描述中的话外音和隐藏的情绪。

（5）自我表露

社会工作者在必要的情况下，将自己类似的问题、经历和挣扎与案主分享。这样的自我表露可以增加案主对社工的信任感，也可以引发案主进行对比后反思自身问题。

二 预估期

预估期是在接案期之后社会工作服务的一个基本阶段，社会工作者经过预估分析后，可以为之后的计划期制订相应的计划和介入期的介入打好基础。

（一）预估的含义

根据美国《社会工作词典》的定义，"预估是一个决定问题的性质、原因、程度及牵涉于其中的个性和情形的过程，社会工作的功能在于获得对问题及其成因的了解，并能够找出解决问题或把问题减到最小的办法"。

根据黑珀渥斯（Hepworth，1999）的两种预估的定义方式，他认为预估是指社会工作者与案主之间的一个过程，也是指由案主与社会工作者及机构互动的过程。

简而言之，预估期是一个进行评估的过程，主要是指在接案前的准备、初期面谈、收集资料、与案主初步建立社会工作关系的基础上，社会工作者对问题、人、环境这三个方面进行综合分析，并形成一个暂时性的基本评估过程。预估期与评估期都是社会工作过程模式中的评估过程，它们之间的区别在于预估期是事先的评估，而评估期是对整个社会工作服务过程的评估，重在总结与反思。

（二）预估的目的与内容

预估是一个认识案主的过程，目的是达到对案主的问题、案主自身以及他们与所处的环境互动的了解，并对之形成概念化的认识，最终目的是为计划期计划的制订做出贡献。具体来说，预估的目标和内容主要有以下四点。

一是对案主的问题有清晰的陈述，包括明确是谁有怎样的问题，问题存在的原因、性质、范围、程度、持续时间，以及问题对案主的影响。

二是收集、了解案主的信息资料，包括案主个人的生活经历、人格特征，以及行为特征；此外，还应该了解案主对自身存在的问题的认识和感受、案主为解决问题所做的努力、案主改变问题的动力与能力等。

三是对案主所处的系统与环境有清楚的界定，包括家庭、朋友、学校、工作单位、社区，这些系统与环境因素对案主的问题有什么影响；要清楚地阐述案主与其周围的系统和环境是如何互动的，找到其中能够支持案主改变、成长的因素和不利于案主成长、改变的因素。

四是要整合所有的信息，包括问题、人和环境的信息，为形成介入计划做好准备。

（三）预估的特点

每个案主、案主存在的问题及他们所处的情境都是特殊、独一无二的，且社会工作服务的整个过程的情况时时变动，这些社会工作服务的特点也因此决定了预估期的特点。

首先，预估是一个社会工作者和案主共同参与、互动的过程。在预估的过程中，由于案主最了解自己，社会工作者应该与案主一起收集信息并进行分析，一起发掘问题并了解问题的形成原因、性质、范围、程度，对问题形成共识，共同寻找解决问题的方法和途径。这样的共同参与和互动有助于启发案主潜能，有助于案主的成长。

其次，预估是一个持续性的动态过程。随着时间的推移，社会工作服务不断深入和推进，案主的情况、服务过程的进度会时时变化，社会工作者需要针对变化的情况随时调整服务的步调与目标。由此可见，预估贯穿于整个服务过程中，是一个持续性的动态过程。

再次，预估是一个多面向的过程。从案主的角度来说，由于人类问题本身的多样化及其成因的复杂性，要求社会工作者在预估的过程中进行全方位的分析；从社会工作者的角度来说，由于社会工作者的价值观和所采用的理论架构不同，社会工作者的切入点也不同。所以，社会工作者应该明白各种理论框架都有长短，要注意综合运用，对案主的问题进行多方位、全面性的综合性分析，这样有利于之后制订计划。

最后，预估是一个分析与行动并重的过程。预估的过程需要社会工作者运用知识和理论对案主进行全方位的分析，进行抽象的思考，但同时也要与案主、案主所处的实际环境、相关机构和部门进行接触，不断扩充完善资料进而修正预估的判断。也就是说，在预估期，社会工作者需要既动脑又动手，分析与行动并重。

（四）预估的步骤

预估是社会工作者与案主共同参与，汇集资料信息、分析、整合和记录的过程。在这个过程中，社会工作者与案主需要完成两个步骤。第一，整合并陈述案主存在的问题以及需要，探究案主的特点（包括案主的长处与弱点、改变的意愿等）、案主与环境系统的互动及受到的影响；第二，就整理出的信息，进行记录和撰写。

1. 第一步，对案主的问题、人、环境进行分析探究

（1）探究案主的问题及需要

在接案期，社会工作者运用回顾、探查和咨询等技巧对案主的信息进行收集，在初期面谈中，社会工作者与案主进行面对面的信息收集。这些都使社会工作者对案主有了一定的了解与接触。在此基础上，社会工作者在预估期需要对案主存在的问题做出清楚的界定与确认。只有当社会工作者和案主对问题的界定与确认达成一致时，才能使解决问题成为可能。

当然，由于案主的来源不同，自愿和非自愿寻求服务的案主、转介的案主和外展工作的案主，他们对于问题的界定与确认是有差别的。有的案主对于自身存在的问题认识是不正确的，有的案主则会因为没有充分信任社工而不轻易将所有问题呈现出来，等等。这些情况都是很有可能存在的，这就要求社会工作者需要以案主为中心，要全面、审慎地对案主的问题进行界定与认识。全面、审慎的认识包括以下几点：

- 问题发生的时间；
- 问题发生的地点；
- 问题发生的频率；
- 问题持续的时间长短；
- 问题产生的后果，对案主的影响；
- 问题产生的原因；
- 案主对于此问题的定义、情绪与归因；
- 案主所关心的是什么；

- 是否有与问题相关的问题存在；
- 对问题存在的严重性和危险性的评估，并及时采取相应措施；
- 目前与该情况相关的法律法规有哪些；
- 问题发生在案主人生的哪个发展阶段或哪个生活转换期。

此外，科斯特·艾西曼和霍尔（Kirst-Ashman & Hull，1999）将可能存在的问题分为以下几类，以供我们参考：
- 人与人之间的冲突；
- 社会关系方面的不满意；
- 和正式组织的问题；
- 角色表现方面的困难；
- 社会变动的问题；
- 心理和行为问题；
- 资源不足；
- 做决定的问题；
- 文化冲突。

当然，以上只是为社会工作者提供一个线索，使社会工作者能够全面地进行预估，但具体的内容还需要社会工作者根据具体的特殊情况进行全方位的思考。

（2）探究案主的特点

有了问题的界定与确认，接下来社会工作者需要对案主进行深入的认识，其中包括案主的个人内在系统的分析。案主内在系统的分析是指案主的生理、认知、情绪、行为和动机等方面的因素，以及案主的长处和弱点。此外，还应该了解案主对自身存在的问题的认识和感受、案主为解决问题所做的努力、案主改变问题的动力与能力等。具体来说，社会工作者需要探究的问题包括：
- 案主的生活经历；
- 案主的人格特征；
- 案主生理上的特点；
- 案主心理情绪上的特征；
- 案主行为和动机方面的特征；
- 案主寻求改变的动机怎么样；

- 案主为解决和对付自己存在的问题所做的努力；
- 案主解决问题需要哪些技巧，以及案主有哪些有利于问题解决的技巧和长处。

（3）对案主的环境系统与其互动的分析

案主所处的环境系统，如家庭、学校、社区和工作单位等，以及案主与这些系统互动的情况，这些对于案主问题的形成、加深和改变都有莫大联系。所以，对案主的环境系统与其互动的分析，也是预估必不可少的一部分。

其中，社会工作者需要仔细思考和分析的问题包括：

- 在案主的问题中，相关的人和系统有哪些，他们是如何互动而造成或维持此问题的？
- 文化、社会等因素对案主的问题有什么影响？
- 支持案主改变、成长的因素和资源，以及不利于案主成长、改变的因素和资源是什么？
- 案主需要创造的社会支持系统是什么？

2. 第二步，撰写预估陈述报告

预估陈述报告，是通过预估而提出的一份整合事实和理论的案主的问题、家庭及其生态系统的摘要报告。预估陈述报告的撰写是在对收集的案主资料进行分析的基础上，对案主的基本信息与特点、案主的问题与需要、案主的家庭系统与社会环境、案主问题的目标及先后次序等方面做出解释与摘要记录。由于不同的服务机构对于预估陈述报告的格式、形式和风格要求不同，所以社会工作者需要根据不同的服务领域和机构要求来完成预估陈述报告。表1-1是一种类型的预估陈述报告的样例：

表1-1 预估陈述报告的样例

××（机构名称）
预估表

案主姓名：	性别：	年龄：
接案日期：		
联系电话：		邮编：
家庭住址：		

续表

一、案主基本情况
（包括案主的基本信息与特点、性格等）

二、预估陈述
（包括案主的问题与需要、案主的家庭系统与社会环境、案主与周围环境的互动情况、问题的目标及先后次序等）

填表日期：　　　　　　　　　　社会工作者签名：

三　计划期

在预估期的基础上，计划期是一个思考和决策的过程，为下一步的服务提供指导。

（一）计划期的含义

计划期是一个理性思考及做决定的过程，在预估的基础上，基于对案主的问题和需要、案主本身的特点、环境和系统的综合预估，设定介入行动的目标与最适当、最有效的行动策略和方案，与案主共同完成服务协议书。计划制订得完善和具体与否，关系到之后社会工作者完成社会工作服务的程度。

（二）计划期的过程和方法

计划期的主要任务与完成的内容包括：第一，设定目标；第二，确认介入策略与行动步骤；第三，签订服务协议书/计划书。接下来，我们将具体分步介绍计划期的过程与使用的技巧和方法。

1. 设定目标

（1）目标（总目标与具体目标）的含义

在计划期设定的目标主要包括总目标与具体目标。总目标是指介入工作总体要达到的方向和最后的结果；具体目标是指为了实现最终结果而做工作的过程和中间阶段要获得的具体的、近期的阶段性成果。

莫雷（Miley，1995）将总目标与具体目标定义为，"总目标是案主想要达到的境界的宽泛的总体的陈述，它所表达的是一种想得到的结果，一种理想的境界，或者是一种助人关系的长期目标。它并不一定是可测量的。而相比较而言，具体目标是指案主在其行为和情境方面希望发生的具体变化的清楚表述，它应该是可以观察到并可测量的，具体目标是要达到总目标的那些较小的、增量的成果"。

可见，总目标与具体目标是相互区别、联系的，总目标的实现需要具体目标的积累，所以社会工作者在设定目标时，不仅需要区分对待，更需要相互结合再制定。

（2）设定目标的技巧

在设定目标的时候，社会工作者需要注意运用以下技巧：

①目标的设定是建立在预估的基础之上的，目标要反映案主的问题；

②设定目标的过程是社会工作者和案主共同合作、达成共识的过程，社会工作者应该在确认案主准备好的情况下，向案主解释设定目标的目的，引导案主与社会工作者分享对于问题的观点，共同参与设定适当的目标；

③目标的设定应该有优先的顺序，社会工作者应该引导案主将问题的轻重缓急做一个排序；

④目标的设定应是实际可行的，要使案主容易理解，并且考虑到案主完成的能力、环境、有利与不利因素、机构的资源或者能力等；

⑤目标宜用正面的语言表述并强调成长。

2. 制订行动计划

在与案主共同设定了目标后，社会工作者需要进一步确认具体的行动步骤、制订行动计划，让之后的社会工作服务能够有计划、有步骤地实施。其中，我们需要注意到的是在制订计划时必须遵守这些原则：计划的制订要有服务对象的参与；要尊重服务对象的意愿；计划要详细具体；计划要与工作的总目标、具体目标相符合；计划要能够总结与度量，方便评估。

（1）选择介入策略

选择介入的策略与系统，即选择一个解决问题的办法与切入角度。社会工作者应根据案主的需要，与案主一起决定。选择的介入系统可以是个案、团体、社区、家庭或者宏观的社会系统。

（2）发展工作途径

在计划过程中，一旦确定了目标、确定了介入的策略，那么接下来对于具体怎样去实现目标这一问题需要社会工作者考虑可以运用到的方法和途径，发展可能的工作途径。社会工作者应该尽可能周密地、审慎地抉择计划中的每一个步骤和相关因素，与案主共同找出可能的工作途径，确认行动步骤。

（3）责任与义务的明确

在整个计划中，需要明确社会工作者、案主、案主相关系统的人和其他相关人员的责任与义务，包括他们在计划中的什么时候需要完成什么任务、担当什么角色、做哪些努力等。只有当社会工作者、案主、案主相关系统的人和其他相关人员在计划期都明确了自己的责任与义务，这样才更有利于服务的实施与目标的实现。

3. 签订服务协议/计划书

在计划期，当社会工作者与案主经过协商，形成社会工作服务计划后，需要将协商的内容行文成书，并由双方同意后签订服务协议/计划书。签订服务协议一方面标志着社会工作者与案主双方承担起整个服务中的责任与义务，另一方面也是双方对于服务的承诺。

（1）服务协议的含义

服务协议也称为服务合同、服务计划书、工作契约等，是案主和社会工作者经过讨论协商所达成的满足服务对象需要、解决他们问题的工作计划方案，是双方参与整个服务过程的承诺，是社会工作者与案主之间的合作计划。它主要包括需要解决的问题、服务的目标、服务的具体步骤等内容。

服务协议的作用与地位决定了它所具有的特点。首先，服务协议是社会工作者和案主共同协商的结果，不是单方面制定、提供的服务契约。其次，服务协议是社会工作者对案主服务品质的承诺。再次，形成服务协议的过程也是一种认知的过程，在做出具体的抉择之前，社会工作者与案主需要审慎、理性、全面地认识和思考可能存在的问题；此外，由于整个社会工作服务过程是时刻在变化的，服务协议需要随着情况的变化而不断地、及时地修改和完善。最后，签订服务协议的过程是提升案主能力的过程，在制定协议的过程中，案主的参与、沟通和投入可以很好地加强案主自决的能力，使案主与社会工作者之间的权利差异得以减少。

（2）服务协议的形式

服务协议的形式有很多种，其中正式书面协议、口头协议、默认的协议较为常见和普遍。接下来将对这三种形式的协议做简单介绍。

①正式书面协议

正式书面协议是较常用的一种形式。在正式的书面协议中须列明案主的基本信息、案主的问题、服务的目标（总目标与具体目标）、具体步骤和行动计划、双方的义务、责任和承担的角色。正式书面协议的优点在于：记录清晰，可供随时回顾，不被忘却；意味着承诺。其缺点在于：由于需要详细记录，所以费时费力；可能产生法律问题。基本的书面格式如表1-2所示：

表1-2 正式书面协议的基本书面格式

××××××服务计划书		
案主姓名：	性别：	出生年月：
接案日期：		
一、问题的描述		
二、服务的总目标		
三、具体目标及行动计划 （1） （2） （3） ……		
四、社会工作者的角色		
案主签名： 日期：		社会工作者签名： 日期：
机构责任人签名：		日期：

②口头协议

口头协议是服务协议的又一重要形式，主要是社会工作者与案主双方在口头上达成一致，制订计划，明确服务的目的与各自的责任和义务。这种形式一般用于专业关系建立的初期,是案主还不习惯签订协议时的变通。

口头协议的优点在于:简洁明快;无须案主签字,便于工作的开展。其缺点在于:在效用上没有书面协议那么明显;容易遗忘细节,产生社工与案主各执一词的现象。

③默认的协议

默认协议一般是用于团体活动中。由于成员较多且互动复杂,要求成员一一签订协议较为困难,而团体中需要某些默认的或者团体成员共同制定的契约来约束、规范团体活动,因此,默认协议为团体成员提供了这样一个规则的制定形式。

四 介入期

介入期是社会工作助人服务过程的一个重要阶段,是行动计划付诸实践的过程。能否实现设定的目标,完成任务,关键就在于本阶段社会工作者能否有效地运用自己的知识、经验和技巧来服务案主。

(一)介入的含义

介入从社会工作者的角度来说,是社会工作者运用专业的知识、方法与技巧协助案主系统达到服务目标的过程。因此,也可以将社会工作的介入界定为:社会工作者为恢复和加强案主整体社会功能而有计划、有目的的行动。

(二)介入期的服务类型与技巧

从社会工作的助人过程角度看,介入期的行动策略可以分为三类:直接服务、间接服务和综合服务。为了将计划变成行动,社会工作者不仅需要不断增强案主的力量,利用好案主及环境系统的各种资源,而且需要运用自己的知识、经验与技巧来推进计划的实施和适时地改进计划,更好地服务于案主。接下来将会重点从三种类型的介入服务的技巧来做介绍与讨论。

1. 直接服务

直接服务是指以个人、家庭和群体为关注对象,针对个人、家庭和群体采取的行动,重点在于改变家庭或群体内的人际交往,或改变个人、家庭和小群体与其环境中的个人和社会系统的关系及互动方式。以下是社会工作者在提供直接服务时可能涉及的一些基本技巧。

（1）提供信息与建议

在提供直接服务的过程中，针对不同的案主、不同的情况以及案主的需要，社会工作者需要提供合适的信息、劝告与建议以此推动计划的实施。

当社会工作者向案主提供信息时，社会工作者要注意到信息应该是案主容易明白、接受的，提供的过程应该循序渐进，多考虑案主的理解与接受程度。此外，提供信息时不应该带有任何影响案主做决定的企图，社会工作者只是为案主提供一种解决问题的工具与途径，应该充分遵守案主自决的原则。在某些特殊的情况，如案主年幼、案主精神失常等案主无能力做出适当决定的情况下，社会工作者可以承担相应的责任与角色。

另外，在面对一些需要社会工作者提供劝告与建议的案主时，社会工作者应该慎重，提供适当的劝告和建议，态度不应该太强硬，更不能取代案主自身的活动和责任。因为过多、过强硬的建议与劝告可能会引起案主的反感或者造成案主对社会工作者的过分依赖，这都有碍于案主的增能和问题的解决。

（2）鼓励与安慰

在对案主提供直接服务的过程中，社会工作者可以通过一些正面的、积极的方法来推进计划的实施，促进案主解决问题能力的提高。

鼓励是最基本的一种技巧。当案主的某些行为有改善或者进步时，哪怕极其微小，社会工作者也应该及时地给予鼓励和赞许，以此对案主取得的进步给予肯定和认同，为案主提供一种正面、积极的支持。

此外，安慰也是一种比较常用的技巧。对一些经历了苦痛和沮丧的案主，社会工作者可以针对他们特定的事情或者情感体验给予一定的安慰，这可以使案主重拾信心，同时提供支持，使案主转变消极的思想和情绪。

（3）行为预演

在介入期的初期，部分案主虽然已经承诺会承担相应的责任与义务，会认真按照计划配合社会工作者，但常常会因为缺乏动力或者信心，而在原地踏步，甚至倒退，所以社会工作者可以运用一些行为预演的技巧来促使案主进入状态。因为即使是虚拟的排演，成功的经验在一定程度上也能够帮助案主增强自信，相信自己能够解决问题，完成任务。行为预演中角色扮演与运用启发想象的方法是比较常用的技巧，下面将做具体的讲解。

角色扮演是指社会工作者通过与案主一起承担和再现相应角色的过程及活动，来帮助案主正面面对问题，不断提升信心与勇气，重塑行为并发挥潜能，同时也可以帮助社会工作者更深刻地认识和了解案主所面临的困境。根据不同的案主情况，社会工作者可以采取不同的方式。可以让案主先确定对角色的期望或他人对角色的期望；之后让案主对角色进行领悟与扮演；社会工作者可以与案主互换角色进行扮演；最后由社会工作者与案主分享扮演时的体会与经验。

运用启发想象的方式和角色扮演一样，在一定的情况下，也可以从中帮助社会工作者了解到案主潜在障碍的一面和支持性的有利一面。社会工作者需要在确定案主有能力创造出心理图像的基础上，运用相关的专业技巧，引导案主一步一步深入地想象，最终达到成功。

（4）反馈

介入期中，当社会工作者和案主进行面谈时，社会工作者应该懂得及时运用反馈的技巧，给予案主一种支持和肯定，同时发掘出案主存在的其他问题和情况。但应注意到的是，反馈不是对案主的言行举止加以评判和否定，而更多的是要用认可、建设性、激励性的语言表达，并且要请案主对反馈发表自己的看法。有效的反馈有助于案主行为的矫正，有助于社会工作者引导作用的发挥。

（5）改善自我对话

自我对话是个体对真实的世界与自己发生的出声或不出声的谈话，具有动态多维性，对个体的活动有指导和激励的作用。现实生活中，一些案主由于情感失调或者受挫等，会对真实的世界任意推理，或过分概括，或夸大，或认知缺陷等扭曲的理解。这会导致他们的自我对话具有负面性。

此时，社会工作者在介入中，需要帮助案主修正他们扭曲的自我对话。社会工作者可以运用这些技巧：第一，使案主认识到他们正在进行的自我对话，包括情感和想法；第二，使案主检视他们的自我对话，特别是关注自己的想法，最好能够大声地说出来；第三，引导案主重新审视他们所处的客观情境，发现事实，让他们将事实和曲解区分，并大声说出来，将这种区分予以肯定和强化；第四，社会工作者应该详细地了解案主的情况，根据案主的特殊情况帮助案主，并能够及时地发现案主的进步和改变，给予肯定和鼓励。

(6) 空椅子技术

空椅子技术是家庭治疗中常用的一种技术，是使案主的内社外显的方式之一。这种技术常常运用两张椅子，要求案主坐在其中的一张椅子上，扮演其中一个角色，然后再换坐到另一张椅子上，扮演相对的角色，以此让案主对所扮演的两方持续进行对话。通过这种方法，案主可以充分地体验冲突；通过两部分的对话，案主内在的对立与冲突也能获得解决。

心理学上，将空椅子技术分为三种形式。第一种是"倾诉宣泄式"。这种形式一般只需要一张椅子，把这张椅子放在案主的面前，假定某人坐在这张椅子上。案主把自己内心想要对他说却没来得及说的话表达出来，从而使内心趋于平和。第二种是"自我对话式"。它是指自我存在冲突的两个部分展开对话，假如案主内心有很大的冲突，又不知道如何解决时，放两张空椅子在案主面前，坐在一张椅子上，就扮演自己的某一部分，坐在另外一张椅子上，就扮演自己的另一部分，依次进行对话，让案主自己与自己展开对话，澄清自己的价值观，分析各种选择的利弊，找到解决问题的途径。第三种是"他人对话式"。它用于自己与他人之间的对话，操作时可放两张椅子在案主面前，坐在一张椅子上时，就扮演自己；坐在另一张椅子上时，就扮演别人，两者展开对话，从而可以站在别人的角度考虑问题，然后去理解别人。模拟人际交往的场景，让案主在这种类似真实的情境当中减轻恐惧和焦虑，学会或者掌握与人交往的技巧。

(7) 重新建构

重新建构这种介入技巧常用于家庭和团体工作，主要是指社会工作者帮助案主用一种全新的、肯定的视角去看待别人或自己的行为，或者帮助案主看到不好的情境积极的一面。这样有利于案主走出思维的怪圈，打破案主原有的思维方式，重新用多角度去看待问题，从而促进案主的改变与问题的解决。

(8) 集中焦点

在介入的过程中，社会工作者应该帮助案主将逐渐偏离的话题或注意力，重新集中到问题的焦点上来。案主很可能由于情绪激动、思绪混乱等情况而分散注意力，甚至有的案主可能将问题的关注点投放在比较偏或者错误的地方，这时候社会工作者需要引导案主重新回到正轨上，这样也可以加深案主对问题的认识。

（9）学习新的因应方式和应对技巧（解决问题的技巧）

案主能否学习到新的因应方式和应对技巧，即解决问题的技巧，关乎案主解决问题的成效好坏。只有当案主掌握了新的因应方式和应对技巧，案主才能在今后的生活中面对各种问题时，提升自己解决问题的能力。所以社会工作者十分有必要为案主提供学习新的解决问题的技巧的机会。

让案主学习新的因应方式和应对技巧时，社会工作者应该循序渐进，有步骤地进行。

首先，社会工作者应该使案主自身有学习的意愿，能够以一种合作的态度来学习，否则效果很难显现。在这个过程中，社会工作者可以引导案主看到自身问题的存在，使案主产生想要改变的想法；之后进一步给案主以鼓励，相信案主能够掌握解决问题的技巧，使案主产生信心与决心。

其次，将案主一些负面的、毁灭性的互动转变为一种正面的、建设性的互动模式。这就需要社会工作者全面细致地观察案主的想法与行为，找出其不合理的一面和有利的一面，更多地引出案主正面的互动。

最后，当案主以一种主动、合作的态度参与到学习中时，社会工作者可以具体地介绍解决问题的步骤：承认问题的存在；分析问题及辨认各成员的需求；提供可能的解决方案；根据问题涉及的每个人的需求对可能的方案进行评估；实施可执行的最佳方案；评估解决问题的成果与案主的努力。

学习的目的在于运用，所以社会工作者应该提供更多的机会让案主将学到的技巧运用于生活中。

（10）压力处理

在现实生活中，案主可能面临各种各样的压力，由于不能对压力做适当的处理，所以案主情绪容易崩溃。社会工作者需要帮助案主提高处理压力的能力，在面对各种压力时，能够自我进行适当的释放与管理。

首先，社会工作者需要引起案主学习的兴趣，使案主能够主动、投入地学习，了解到提升压力处理能力的重要性。

其次，社会工作者在深入了解案主具体情况的基础上，帮助案主从认知上重新进行反思与认识。

再次，帮助案主进行认知的重新建构，以建设性、正面的思考方式取代毁灭性、负面的思考方式。

最后，帮助案主通过行为预演进行练习，进一步巩固案主取得的进步。

2. 间接服务

间接服务是指以个人、家庭、团体、组织和社区乃至更大的社会系统为关注对象，由社会工作者代表案主采取行动，通过介入案主以外的其他系统间接帮助他们的行动。间接系统的服务介入通常也称为改变环境的工作，或中观和宏观社会工作实务。其中，强化案主的社会支持系统、整合社会资源与实施社会倡导和社会行动，将会对案主的改变产生积极的影响。

（1）强化案主的社会支持系统

社会支持系统既包括我们所拥有的客观的、物质化或可以量化的支持，更强调我们主观上对支持的感受和体验。社会支持也是我们健康生活的一个重要保障，当我们处于应激之中，良好的社会支持系统可以给我们力量和信心；当我们处于顺境之中，它同样可以给我们快乐和充实。

社会支持既是外界提供给我们的，同时也可能因为我们每个人的特点和心理差异决定我们对社会支持的感受度和利用度存在差异。如弱势群体（残疾人、精神病患者、单身母亲、老人、外来务工人员等），他们的身份、特点使他们不易建立自己的社会支持系统。可见，对于一些案主，社会工作者需要帮助其恢复社会支持系统的功能。

强化他们的社会支持网络。强化案主的社会支持系统可以从两个方面入手，首先就是案主的自然支持系统，包括家庭、朋友、亲戚、邻居或者同事等，这些都是案主身边关系最密切的网络系统。社会工作者应该有目的地发掘案主的有利支持系统，发展这些支持网络，使案主能够与这些支持系统有很好的互动和沟通。其次，可以给案主提供参与自助团体的机会。自助团体主要是一些有相同经历或问题的人组成的支持性团体。团体内成员间相互的交流与支持，可以给案主提供莫大的支撑力，提升案主解决问题的能力。

（2）整合社会资源

在介入的过程中，社会工作者的力量毕竟是有限的，尤其在中国，社会工作刚起步，能够提供的力量是有限的。所以，社会工作者在整个服务中，不仅需要承担直接提供服务或者治疗的角色，还需要扮演个案管理者的角色，联系各种资源，把最好的服务提供给案主。个案管理就是协调和管理与案主相关的各种社会服务提供者之间的关系，并形成一种联盟来共同帮助案主解决问题。

整合社会资源主要可以从以下几方面进行。

首先，整合政府资源。在资源的分配与管理上，政府主要是发挥宏观调控的作用，社会工作者可以发挥社会倡导的作用，向政府提出建议，争取更多的资源与经费来开辟相关项目帮助案主。

其次，整合各种机构与专业人士的资源。社会工作专业的知识毕竟是有限的，社会工作者应该与其他专业人士或者机构，如心理咨询师、医生进行合作，共同为案主提供相应的服务，这样有利于提升服务的质量。

再次，整合其他社团的资源。由于社会工作在我国发展的情况，一些社区的资源是有限的，所以利用好相关的社团资源，可以为案主提供一个支持性的力量。

最后，整合志愿者团体的资源。志愿者服务是社会资源的一个重要组成部分，更是社会服务的一支生力军，是社会工作者积极去争取整合的有利资源。

（3）社会倡导和社会行动

帮助案主争取他们需要的资源与服务，倡导社会的公平与正义，这是社会工作者的职责之一。因此，在必要的时候，社会工作者需要通过社会倡导帮助案主争取相应的资源或者倡导社会的公平与正义。

社会倡导的类型主要有两种：一是为个人案主或者其家庭倡导；二是代表相关群体的利益进行倡导。由于群体倡导在规模上一般比较大，所以在本质上也属于社会行动。

社会工作者在进行社会倡导时，应该注意的是要充分尊重案主的意愿，遵守案主自决原则。在得到案主同意的情况下进行有目的、有步骤的社会倡导。其中，社会工作者可以从以下方面入手：①与机构进行协商；②向监督机构进行投诉；③联合其他机构；④采取法律行动；⑤提供专家的意见；⑥广泛收集相关信息；⑦联络社会各界人士；⑧游说政府官员与人民代表。

3. 综合服务

从"人与环境"互动的视角出发，将社会工作服务的焦点放在：第一，提高个人的生活适应能力；第二，增加社会和物理环境对个人需要的回应。这种从人与环境两个方面介入服务的策略构成了将直接服务与间接服务结合在一起的综合服务。

五 评估期

评估期是接案期、预估期、计划期和介入期后又一个重要的阶段。评估不仅是社会工作者反思和检查社会工作服务的过程，对社会工作者本身是一种提升，而且对于案主来说，可以帮助其看到自身的发展，加深自我的了解，提升自我能力。

（一）评估的含义

评估是一个持续的过程，贯穿于整个社会工作的过程，与社会工作的各个过程紧密联系，从接案到最后的总评估产出的结果，看社会工作的介入过程是否有效、是否达到了预期的目的与目标的过程。

（二）评估的分类

按照评估的内容，评估一般可以分为两大类：一是实务评估，即评估对特定案主进行介入的效果和效率；二是项目评估，即对向大量案主提供服务以满足社区需求的项目进行效果及效率评估。

按照评估的过程可以将评估分为两种类型：一是过程评估，这是贯穿于整个介入过程的评估活动，从接案开始一直延续到工作关系的终结，对介入过程的每一步进行同步的评估，与各个环节紧密联系，是对实施行动计划的过程评估；二是总评估，通常在助人过程结束时，对整个介入过程评估，看社会工作的介入过程是否有效、是否达到了预期的目的与目标的过程，通常在结案之前进行，而某些特殊情况下也可放在结案以后再进行评估。

（三）评估的目的

评估期的目的主要有三方面。

首先，是为了掌握社会工作者介入的结果。让社工与案主有所回顾，清楚地知道经过介入后案主行为发生了多少改变，了解服务的有效性及效率。其次，帮助社工去反思和回顾整个工作过程，总结得与失，吸取经验和教训，提升社会工作的服务品质。最后，是为了向公众与服务机构做出交代，有助于机构在总结经验、教训的基础上，不断满足大众的需要而建立和完善社会服务项目。

（四）评估的内容

第一，目标是否定得恰当，是否有效地达到了目标。

第二，评估方法与技巧是否运用得当。

第三，评估工作者所运用的角色是否有效。

（五）评估的基本方法与技巧

评估的内容和对象不同，其使用的方法和技巧也不尽相同。以下将从实务评估和项目评估两方面介绍相应的方法与技巧。

1. 实务评估

（1）评估的方法

当社会工作者在从事直接服务，需要对特定案主进行评估时，可以使用以下的评估方法：①个案记录，社会工作者通过对案主基本资料、存在问题、互动情况、预估和行动计划等的详细记录，为案主、社会工作者和机构都提供了丰富和宝贵的资料；②运用电子设备，如录音、录像等，这样收集和记录的资料相较于文字记录更加直观、生动；③运用电脑对收集和整理的资料进行分析。

（2）评估的技巧

社会工作者对直接服务的评估技巧有很多，主要介绍以下几种方法。

①目标实现程度量表

目标实现程度量表主要是对案主进步水平进行评估的一种方法。评估的测量标准就是案主在计划阶段预设的目标的陈述及达到的程度。为了准确地评估这些目标实现的程度，通常可以用图表来表示，如表1-3所示。

表1-3 目标实现程度量表示例

评估结果的水平	目标1	目标2	目标3	……
不喜欢的结果				
比预期结果差				
预期中成功的水平				

评估结果的水平	目标1	目标2	目标3	……
比预期结果好				
最令人高兴的结果				

②任务完成情况量表

任务完成情况量表是对已经设定的任务完成情况进行评估的一种方法。通常用于以任务为中心的实务评估与研究。在社会工作介入的过程中，社会工作者与案主相互协商，共同预设总目标，为了实现总目标，往往将总目标分成若干任务，案主需要在一定的时间内完成。

雷德（William J. Reid）和爱泼斯坦（Laura Epstein）用五点标准来决定任务完成情况的评分：4 完全完成；3 基本完成；2 部分完成；1 少量完成；0 没有进展（Pillari，2002：338）。量表可以如表1-4所示：

表1-4 任务完成情况量表示例

任务	完成程度	评分
任务1		
任务2		
……		

③案主满意度调查问卷

案主满意度调查问卷是评估案主满意程度的一种方法。这对社会工作者了解案主对介入工作的感想十分重要，也是机构了解社会工作者服务品质的重要途径。通过问卷调查，可以了解现有服务的不足，以及案主的收获和对整个社会工作的意见、建议。

案主满意度调查可以针对个案、团体或同一个社会工作者服务的多个案主，也可以是机构内的服务对象。它既可以评估直接服务，也可以评估整个项目。

2. 项目评估

项目评估主要是测定项目的效果和效率，对项目评估可以通过五种方法加以评估：需求评估、评估的可行性测定、过程分析、项目结果分析和项目监测。

六 结案期

结案期是社会工作过程的最后阶段,这一阶段不仅关系着社会工作介入的终止,也关系着案主在结案后新生活的开始及继续成长和进步。

(一) 结案的含义

根据科斯特·艾西曼和霍尔(Kirst-Ashman & Hull,1999)对结案的定义,结案是专业社会工作者和案主关系的终结,所有社会工作者和案主之间的关系必须最终结束,这种结束也许是按计划进行的或意料之外的,也许是成功的或不成功的。不管结果怎么样,社会工作者都必须有计划地进行结束过程的准备。

古塞尔(Gutheil,1993)认为,结案是工作关系的结束,也是案主在没有专业人员的帮助下自己新生活的开始。

张雄(1999)在《个案社会工作》一书中,将结案定义为,"结案是指个案工作者与案主的专业关系结束前的处理工作。当案主的问题解决了或者案主已具有能力应付和解决他自己的问题时,就可以结案"。

可见,结案期是社会工作过程的最后阶段,是社会工作者与案主共同计划并结束和处理好他们之间工作关系的过程。结案期处理的好坏,关系到案主今后能否顺利地独立开始新生活,继续成长和取得进步。

(二) 结案的类型

结案的类型可以分为:①目标实现的结案;②按机构规定的服务期而结案;③案主不愿继续接受服务的结案;④存在不能实现目标的客观和实际原因(如社会工作者离职等其他特殊情况)的结案;⑤社会工作者或案主身份发生变化(如双重关系的发生等)时的结案。

(三) 结案的任务

为了使结案顺利完成,社会工作者和案主有一系列的任务去做充足准备,使案主能够在工作关系结束后仍能独立地面对新生活、继续成长。

1. 决定结案的时间

有的社会工作服务在开始前就决定好了结案期，有的结案期是取决于介入的情况好坏、目标与任务完成的程度，结案的时间应该由社会工作者与案主共同决定。

2. 总结社会工作的介入

总结社会工作的介入包括完成评估，社会工作者进行反思与总结，向机构进行报告。

3. 巩固案主已有的进步并促进案主不断成长

结案期，社会工作者应该通过回顾、分享等技巧，肯定、巩固案主的进步，使案主看到自身的发展；同时，社会工作者应该与案主探讨结案后该如何继续保持已取得的进步，并巩固已有改变。

4. 解决好结案期社会工作者和案主可能的情绪反应

对于结案期案主表现出的正面、负面反应，社会工作者都应该与其共同面对并且解决；同时，对于社会工作者可能会有的情绪反应，社会工作者也应该通过各种渠道自我疏通、解决。

5. 解除专业关系，并进行适当的转介

结案期，对于需要其他帮助的案主，社会工作者应该帮助案主转介到相关机构接受不同的项目服务。

6. 撰写结案报告记录

（四）结案可能会有的反应

在结案期，即将结束一段工作关系，无论是对案主还是对社会工作者的情绪都会有所影响。由于案主的性格特点、接受服务的长短、目标任务完成的程度、社会工作者提供帮助的过程等的不同，因此，案主与社会工作者的情绪反应可能是正面的也可能是负面的，下面将做相应的介绍。

1. 结案期案主可能产生的正面反应

在接受社会工作的介入时，大多数人都能在与社会工作者的合作中获益。因而在结案时有正面情绪反应，包括对获得成长与成功的欣喜、对社会工作过程带给他们积极与正面体验的肯定、对社会工作者的帮助充满感谢感动、对未来充满信心等。结案时社会工作者要对这些正面反应给予肯定并且恰当地进行强化，以增强案主面对未来的信心。

2. 结案期案主可能产生的负面反应

不管是哪一种社会工作的介入和协助，案主在整个过程中都会感受到社会工作者的真诚与关注、尊重、接纳，这是专业社会工作对社会工作者的要求，也是专业关系的特质。结案意味着社会工作专业关系的终止，意味着案主不再有社会工作者的陪同，因此，终止关系可能给他们带来负面的反应。常见的负面反应包括：

否认——不愿意承认已经到结案期，避免谈关于结案的话题，具体行为如避免与社会工作者碰面、沉默等；

倒退——回复到以前的状况，老问题再次出现，以此拖延结案的到来；

依赖——对社会工作者过度依赖；

埋怨——对社会工作者的行为或者过错抱怨、不满；

愤怒——对社会工作者或者其他成员进行口头或身体方面的攻击，甚至有时还会把愤怒发泄在自己身上，伤害自己，以此惩罚社会工作者、社会或者自己；

提出新问题——为了阻止结案，有些案主会提出自己出现的新问题和压力；

郁闷——当所有延迟结案时间的行为无效时，有些案主会表现得无精打采、失落而无助，充满焦虑。

3. 结案期社会工作者可能产生的反应

结案对于社会工作者而言，同样可能会产生复杂的反应。不同的情况，社会工作者表现出来的反应不同。比如，有些中途离开的社会工作者可能会产生内疚的负罪感，认为自己背叛了案主；有些社会工作者会因为目标实现程度不理想而感到失望、失落等。此时，社会工作者应该通过适当的方式释放情绪、进行自我调节。对于自己无法处理的事情，可以向督导、同事或者相关专家进行咨询，帮助自己走出困境。

（五）结案的基本技巧

1. 提前准备

社会工作者应该提前让案主知道结案的时间，早些做好心理准备，且与案主共同讨论他们对结案的准备情况。

2. 减少接触

在结案阶段，社会工作者应该逐渐减少与案主的接触，提醒案主要独立，给案主心理支持，告诉他们在需要时社会工作者将继续提供帮助。

3. 回顾

在回顾工作的过程中，一方面，社会工作者帮助案主回顾自己的问题、解决问题所采取的行动和步骤。通过这样的回顾，社会工作者能够帮助案主形成对解决问题过程的认知，进一步巩固他们解决问题的能力。另一方面，社会工作者通过指明和强调案主自己取得的成绩来增进他们的自信。一个对自己有了信心的案主，今后遇到问题时其应对行动和表现都会更好。因此，结案期社会工作者的工作重点是让案主认识到他们自己所拥有的力量，以及他们在解决问题的过程中所发挥的作用。社会工作者要尽力协助服务对象探索和巩固已取得的这些成绩。

4. 分享

社会工作者引导案主分享他们的收获，或者在团体工作中，组织各成员互相分享他们的收获和感受，以建设性的表达方式表达感受，互相鼓励，面向未来。必要时，可以安排正式的结案活动，在仪式上提醒案主专业关系的结束。

5. 结案报告记录

在结案期，社会工作者必须进行相关详细的记录，撰写结案报告。这份报告应该包含对社会工作介入的回顾，与案主彼此分享后的感受，对社会工作者的评估以及对未来计划和目标的探讨结果。主要内容有：①最后见面的时间、地点；②社会工作者与案主的相关基本资料（如姓名、职称、联系电话、联系地址等）；③服务开始的时间；④案主问题；⑤服务过程；⑥服务过程评估（包括介入目标与达成目标的评估等）；⑦持续评估；⑧现状评估；⑨结束过程评估；⑩社会工作者的反思与建议。

（六）跟进服务

跟进服务是社会工作者在结案一段时间后对案主的情况进行回访的服务，它也是社会工作过程不可分割的一部分。

1. 跟进服务的含义与意义

跟进服务是社会工作者助人过程的后援性部分，是在结案后对案主情况的一种后续追踪,它可以了解结案后案主在没有社会工作者介入的情况下是否进展良好,以评估介入的真正效果,并适时地向处于困难中的案主提供必要的咨询和支持。跟进服务是整个工作过程不可分割的一部分,这种原则适用于任何类型的案主。

2. 跟进服务的方法

在跟进服务的实施中,社会工作者应该在介入的过程中就告诉案主跟进服务的必要性与存在价值,使案主能够早有心理准备,不至于在跟进服务的实施中产生抗拒心理。此外,跟进服务的方式有很多,主要包括以下几种。

(1) 电话跟进

在结案后一段时间内社会工作者用电话与案主继续联络,了解结案后案主的情况。这种方式简便易行,虽不能亲眼见到服务对象,但也能让他们感受到社会工作者的关心和支持。

(2) 个别会面

在结案后一段时间内社会工作者根据约定在机构或者案主家里与他们会面,以了解他们的情况。面对面的跟进可以让服务对象感觉亲切,也可以多了解一些信息。

(3) 集体会面

这种方式适用于团体跟进。在集体会面中,成员可以共同回顾团体的经历,分享团体结束后的情况,交流各自经验,增进关系和促进相互的支持。

(4) 跟进案主的社会支持网络

社会工作者还可以通过跟进案主的社会支持网络(包括家庭、邻居、朋友、单位或者学校老师等)来了解案主的情况,以便及时提供相应的服务和必要的支持。

第二章 社会工作专业助人关系

在社会工作实践中，服务对象与社会工作者之间情绪和态度上的动态的相互作用称为专业关系。建立专业关系的目的是完成工作任务，满足案主的需要或解决案主的问题。良好的专业关系在助人过程中十分重要。一方面，服务对象能通过这种关系更好地调整自己和适应环境；另一方面，社会工作者也能在这种良好的关系中，不断地朝着既定的助人目标迈进。

20世纪40~60年代名噪一时的社会工作理论家波尔曼（Helen Perman）指出，社会工作关系既是一种专业关系，也是一种助人关系。称为专业关系是因为这种关系建立在案主同意的基础上，有案主赞同的目标和具体的时间框架。社会工作者为案主的利益而工作，他们有专门的知识、专业的伦理守则和特殊的技能。此外，专业关系是受到控制的关系，在这种关系中，社会工作者力求保持工作的客观性，能有意识地控制自己的感受、反应和冲动。

一 专业助人关系的特征

波尔曼曾经精辟地指出，社会工作关系的特点是有目的的、接纳的、支持性的和培养性的，它被看作培养案主信任社会工作者的核心特质（转引自秦炳杰、陈沃聪、钟剑华，2002）。下面将具体介绍专业助人关系最主要的几个特征，以此与一般的社会关系进行区别，更好地理解社会工作专业助人关系。

（一）目的性

由于不同的目的，随之建立的关系也会有所不同。在一般的社会性关系中，关系双方因为没有特定的目的，也不清楚彼此想要得到的结果，致使相互关系十分散乱。然而,在社会工作实践中,关系是有目的性的,它反映在社会工作者和案主陈述的目标中。目标体现为双方同意的口头或非口头的契约,符合社会工作的整体目标和社会工作者拥有的权力。不管目标是怎样制定出来和怎样得到澄清的,它都要能解决或防止个人、家庭或社区的问题,或者能发展案主的潜能。

双方同意的目标表明双方都对此有所承诺,都承担一定的义务。在这种情况下,这一关系就必须有时间限制,明确什么时候要实现目标、什么时候终结关系,当然如果出现新的目标要另做处理。成熟的社会工作者能十分清楚地意识到专业关系的性质,他们有目的地为案主做一切事。

(二) 以案主为本

从根本上讲,建立专业助人关系是为了满足案主的需要,所以案主的需要应该放在首位。社会工作者的态度应该亲切、诚恳,应该表达出对案主的支持和兴趣,让案主感到受重视。其次,与案主共度的时间也应都用于满足案主的需要。而在一般的社会性关系或商业性关系中,社会工作者的个人兴趣起了极为重要的作用。当然,以案主为本并不意味着丧失自我,它只是强调了社会工作者在助人关系中的取向。

(三) 非平等性

在专业助人关系中,案主一般要提供必要的个人数据,而社会工作者却不必这样做,因为社会工作者受过专门训练,他们在助人机构中有一定的职位,有一定的权威。事实上,订立接受服务的条件就已经显示了社会工作者一方的权威性。案主和社会工作者有不同的权力反映在案主和社会工作者有不同的地位上。所以,社会工作者要具备建设性地处理与案主关系的能力,克服与案主的关系不平等所造成的不利影响,这一点十分重要。否则的话,社会工作者就不能建立起案主对他的信任。简单地说,社会工作者拥有权威的基础是专业技能、专业地位和法定职责。而友谊与专业助人关系不同,友谊的特点是关系平等和相互依存。

(四) 独特性

专业助人关系的独特性表现为,案主更愿意向社会工作者透露事情而非其家人或朋友。因为专业助人关系提供了一个安全的环境，既独立公正又有所控制。而在家人或朋友面前谈自己，有时会使案主有所顾忌，可能会担心向这些人透露这些事会带来不想要的后果。此外，社会工作者非批判的态度、积极的关注与倾听也显示出不同于寻常关系的接纳。这种接纳能让案主摆脱束缚，自由地为解决问题而努力。

（五）控制性

专业助人关系不仅要以所要达成的目标为指导，而且要受本专业明确详尽的道德守则的制约。具体包括：社会工作者需要控制自己的情绪，客观公正，同时也能非批判地接纳案主；尊重案主的自决权和保密权；让案主能通过建设性的方法来表达自己。这些守则是至关重要的控制手段，起到保护案主利益的作用，并保证案主与社会工作者的关系能围绕着特定的目标建立起来。

（六）代表性

在专业助人关系中，社会工作者既代表着机构，也代表着所从事的专业。所以，任何失误都不仅有损社会工作者自身的形象，而且有损机构和整个专业的形象。社会工作者每次见案主时都应珍惜自己所代表的专业，认真对待工作，与案主建立关系也要有专业的处理。

二 建立专业助人关系的核心条件

在实践过程中，社会工作专家总结出了四个有助于助人关系成长的核心条件——同理心、尊重、真诚和具体（秦炳杰，2002），这四个条件的构成要素和目的各不相同（详见表2-1）。

表2-1 发展专业关系的条件要素和目的

条件	构成要素	目的
同理心	1. 渴望去理解 2. 反映案主隐含的意思 3. 引证案主的感受 4. 讨论什么对案主最重要 5. 与案主的感受同步	1. 建立友好关系 2. 通过表示理解导引出案主的资料 3. 培养案主的自我探索

续表

条件	构成要素	目的
尊重	1. 承诺 2. 努力理解 3. 非批判	1. 向案主表达愿意一起工作 2. 对案主表示关注和有兴趣 3. 表达出对案主的接纳
真诚	1. 恰当的角色行为 2. 表里一致 3. 发自内心 4. 开放和自我披露 5. 支持性的非语言行为	1. 缩小案主与社会工作者在情感上的距离 2. 增加案主对社会工作者的认同，进而有助于产生信任和吸引力
具体	1. 彻底表达 2. 特定的表达 3. 与案主有关也有意义的表达	1. 防止情绪脱离感受和体验 2. 修正案主的理解 3. 特别关心案主的表达

（一）同理心

同理心是能够设身处地为他人着想，真正站在对方的立场，从对方的角度来看待事情，并且能够表达出社会工作者对对方感受与需要的理解。

同理心的量度：

①第一层次：社会工作者没有倾听，他在沟通中根本没有意识到案主表达出来的感受和用词；

②第二层次：社会工作者对案主表达出来的感受只有微弱的响应；

③第三层次：社会工作者大体上表达出了他与案主有同样的关心和同样的意思；

④第四层次：社会工作者深化了案主表达出的经历中的感受和意义，这有助于案主显露以前不能与人分享的感受；

⑤第五层次：社会工作者明显地深入挖掘出了案主的感受和意思，能完全感知和响应案主。

（二）尊重

尊重是对人的平等对待，对他人人格与价值的充分肯定，是让案主感到作为一个人有价值、有尊严。

尊重的量度：

①第一层次：社会工作者在与案主沟通时表现出案主的感受不值得考

虑，不能建设性地采取行动；

②第二层次：社会工作者的响应很机械，在沟通中对案主的感受和潜能很少表现出尊重；

③第三层次：社会工作者在沟通中表现出对案主的感受和潜能的尊重，鼓励案主建设性地处理问题；

④第四层次：社会工作者在沟通中极其尊重和关心案主的感受和潜能，这使案主能肯定自我，体会到做人的价值；

⑤第五层次：社会工作者在沟通中表现出对案主个人极大的尊重，使案主能最有建设性地采取行动，最充分地表露自己。

（三）真诚

真诚即真实诚恳，真心实意，坦诚相待，以从心底感动他人而最终获得他人的信任。工作者的经历、对经历的意识及其与案主的沟通应该一致。

真诚的量度：

①第一层次：社会工作者表达出的言辞明显地与他现有的感受不相符，他只有在表达否定和非建设性的言辞时是真诚的；

②第二层次：社会工作者的言辞没有真正与他现有的感受相符，他只是在扮演角色；

③第三层次：社会工作者显得真诚但并没有完全投入情境之中；

④第四层次：社会工作者在响应中带有许多个人的感受，言语出自真心，他能使自己的响应成为进一步探查与案主关系的基点；

⑤第五层次：社会工作者的响应是自然而然的，深入地表达了自我，开放地面对各种经历，在发展与案主关系的同时，能有效地运用案主的响应，进一步形成新的探索领域。

（四）具体

具体是指流利、直接和彻底地表达特定的感受和经历。

具体的量度：

①第一层次：社会工作者让沟通流于抽象、笼统，而没有努力使谈话转到具体的、有关的事情上；

②第二层次：社会工作者对案主个人的一些事处理得含含糊糊，没能让

案主澄清最相关的感受;

③第三层次:社会工作者让会谈直接围绕着案主个人的事情,但没能用具体化的方式来处理所有的事;

④第四层次:社会工作者使案主几乎能用具体的言辞来充分描述所有他关心的事;

⑤第五层次:社会工作者能有效地使案主直接和充分地讨论特定的感受和经历。

三 建立专业助人关系的基本技巧

专业技能也就是能力,它让案主感觉到社会工作者对解决问题有所帮助。如果案主感到社会工作者有专业技能、有吸引力、值得信任,他们更有可能接受社会工作者的看法,而不大可能怀疑和驳斥社会工作者。因此专业关系的建立显得尤为重要,接下来介绍建立专业助人关系的基本技巧。

(一)专注行为

专注行为是指在谈话中运用适当的语言和非语言行为来帮助社会工作者从生理上和心理上投入对方的处境中。借着这些语言和非语言行为,社会工作者流露出尊重,向服务对象表明其正在专心聆听。

专注行为包括了以下六个重要技巧。

1. 面向对方

当社会工作者面向服务对象坐下来时,这表示社工与对方同在,愿意听他说话;反之,当社工的身躯转向其他位置时,会减低双方的紧密程度。不过,社工要留意不要与对方坐成一条直线,因为这样反而构成双方的压迫感,又或是太公式化了。一般而言,对话双方座位所构成的角度以介于90度到150度之间最为合适。

2. 开放姿势

在我们的文化中,表示开放、专注而热切聆听的基本姿态就是将身体放松而略微向对方前倾,手臂自然地轻轻地放在身体前面。不要太紧靠对方,以免侵入对方个人空间,造成不安;不要将手交叉置于胸前,因为这往往是一种抗拒对方或保护自己的讯号;也不要在站立时将手放于身后,以免显得过于自负。

3. 目光接触

当社会工作者与人倾谈时，眼睛要看着对方。社工无须紧盯着对方，因为过量的眼神接触与没有目光的交流同样使人感到不受尊重或不安，只要社工意识到正在与他交谈就可以了。如果社工经常使目光离开对方望向别处，这表示社工没有真正留心聆听他讲话。那么，当对方在交谈中中断与社工的目光接触时，社工就会注意到他也许是没有留心聆听自己说话，或在回避双方正谈论的话题了。

4. 保持轻松

聆听时，社会工作者保持自己的心情轻松。无须预习下一句应该说什么，只需留心聆听便可以。一个轻松的聆听者，能有助于说话的对方减少紧张，开放地做出表达。

社工也可以寻找一些自己紧张的信号，如皱眉、绷紧嘴巴和下颌、紧握拳头、在对话的关键时期明显变更姿势。当社工留意到这些行为时，可提醒自己放松。

不过最重要的还是找出最适合社会工作者自己的方式，那才具有个人特色，也使社工自在。请想一下：社工怎样以身体表明自己正在聆听？找出社工最自然的聆听方式，并与他人一起研究，看是否行得通。

5. 适当表达

说话速度、音量和音调的改变都能表现出说话的人是否对话题有兴趣。谈到一些紧张的话题时，说话难免变得犹豫或结结巴巴，因此，在与人谈话时，社会工作者应注意自己的说话方式，从中带出社工的亲切感。此外，社工还要配合服务对象的特点，例如对长者说话时要放慢声速、加大音量，以体贴对方的需要；在与儿童讲话时，声音要多些抑扬顿挫，以显出社工的投入。

6. 跟进谈话

对一些刚入职的社会工作者而言，在与服务对象倾谈中常问的一个基本问题是："我接下来该说些什么？"其实，当社工尊重对方，愿意接受对方带出的重点或关注所在时，社工只要顺其自然地回应对方所说的内容就可以了。社工的说话内容应该是与对方刚说过的话题或早一些时的话题一脉相承，而社工需要一个好的理由才能转到一个新的话题上，别轻易岔开话题。

（二）开放地邀请谈话

在社会工作实务过程中，服务对象往往都是带着一些问题或需要前来见社会工作者的。因此，在起初的面谈中，社工的任务是要让服务对象把他的处境畅通无阻地表达出来。运用开放式的语句或问题来邀请对方自由地探讨他的问题，不以自己的思想框架或方法来限制对方，是十分有用的。为了做到开放式的邀请谈话，社工必须提出有用的问题，并且明白开放式和封闭式问题本质上的区别。

1. 开放式的问题种类

开放式的问题可以让服务对象无拘无束地自由探讨他的困难。社会工作者可以使用不同的导词来提出开放式的问题（见表2-2）。

表 2-2 开放式问题类型及其示例

开放式问题的类型	例子
"什么"的问题： "什么"的问题，常用来引导服务对象谈论事情的实况和一个处境的细节	• 到底是什么事情令你工作时心绪不宁？
"怎样"的问题： "怎样"的问题，常用来引导服务对象谈论事情发生的过程、先后的次序和当时的情绪反应	• 你对新的工作环境适应得怎样？ • 她哭时，你的感觉是怎样？
"可以"的问题： "可以"的问题是最开放的问题	• 可以多谈一些你在工作上遇到的困难吗？
"为什么"的问题： "为什么"的问题尽管开放，却容易令服务对象感到需要为自己辩护，引起不安。有时服务对象也不清楚自己做某些事情的因由，因此也就无从为自己解释了。 "为什么"的问题令服务使用者感到被盘问。 "为什么"的问题可以用其他类型的开放式问题来替代	• 你为什么不喜欢你的工作？ • 你为什么对你的母亲生气？ • 你感到你的工作如何？ • 你可否多谈一些你怎样与母亲共处？

2. 封闭式问题

封闭式问题，是令对方只需要用一两个字来回答，或提供一个简单的既定答案，而无须说明其内容，特别是针对沉默寡言的人；当然，若对方本身是口若悬河的人，无论社会工作者怎样发问，他也会滔滔不绝。封闭式问题的例子，就如：你吃过午饭了吗？你是否要投诉那个接待员的恶劣态度？你今年多大？

3. 开放式和封闭式问题的使用

开放式问题可用于：
- 面谈开始时；
- 帮助服务对象详细阐述某一个观点；
- 帮助服务对象列举某些行为的具体例子；
- 帮助服务对象表达感受。

封闭式问题可用于：
- 获得实际的数据；
- 确定我们的一些观点。

运用不当的封闭式问题会使服务对象感到社工对他的话兴趣索然，并且只顾事情的实况而毫不关心他的感受。有时候，社工只顾把自己的观念和判断强加到服务对象的经验上，而不去邀请服务对象谈话。同样，运用不当的或范围过宽的开放式问题，会使服务对象在回答问题时感到模棱两可和不知所措。因此，不管是开放式还是封闭式的问题，只有运用得当时，才能真正邀请服务对象自由地倾谈。

（三）稍加鼓励

稍加鼓励是指以少量的语言或非语言的方法来暗示对另一个人的关注。说话要尽量简洁，免得变成个人的批判和诠释，这一技巧与专注行为一脉相承，亦有部分重叠，重点则在于鼓励，但不是表示对方说话的内容正确，而是要让对方将正在谈论的话题说下去，自由地、更深入地表达自己。

1. 非语言鼓励

当案主跟社工说话时，会观察社工的面部表情和身体动作等反应。社工应借着下列的非语言行为来表示自己的关注、兴趣或同感。非语言鼓励包括：
- 目光接触；
- 身体前倾以表示兴趣；
- 不以神经质的动作使对方分心；
- 适当的手势；

- 点头、微笑；
- 有意地默不作声。

这里值得留意的是最后一点的沉默，并不是说社工不知道怎样回应就不说话，而是社工体察到对方尚有未完成的话语，或是正努力组织内心所想，所以接纳地静候。

2. 言语鼓励

在对方说话或暂停说话时，简单的短句如"嗯"、"哦"和"唔"等都是表示社工的支持的方法。这些短句都是鼓励对方不用停顿，尽管继续说下去；也表示社工正在留心聆听，并不想打断他的谈话。言语鼓励包括：

- 使用"嗯""唔""啊"等；
- 以"噢？""这样？""那之后？""还有呢？"等回答；
- 重复谈话中的一两个关键词语；
- 简要地复述案主的一段话中的最后一两个词语。

稍加鼓励是用来向服务对象表示关注和留心聆听的技巧，而不是只因为工作需要而听他瞎扯。稍加鼓励能促使对方继续说话，也让社工对他的问题知道得更多。

另外，即使只是给予稍加鼓励，社工也需要一个平和、愉快、有趣的说话语调。声音不要太单调、平淡或呆板、结结巴巴，也不要无故大笑。社工要明智地、合理地使用稍加鼓励，不要过分。

（四）简述语义

社会工作者用自己的话，提纲挈领、简单扼要地将服务对象所表达的内容回应给他。社会工作者所简述的语意没有超越或减少服务对象叙述的内容。

简述语意技术的功能有：①协助建立良好的咨询关系，提高当事人咨询的动机；②当事人的澄清，可以协助咨询员正确了解当事人；③协助当事人了解自己；④将谈话转移到重要的方向上。

（五）感受反映

在与服务对象谈论他的处境时，以下三方面是十分重要的：

- 经历：发生了什么事？

- 行为：他做了或没有做什么事？
- 感情：与这个经历有关的感受和情绪。

通过内容反映或发问，社会工作者能聆听及了解对方在经验及行为上的细节；而在感情层面，有些人会有意无意地把他的感受掩饰起来。所以，感受反映使我们有如一面镜子，把对方的情感反照出来，这有助于引出更多的细节，并将重要的事件、混乱的人物和矛盾的感受整理好，以使他更清楚地认识自己。此外，借着准确地反映对方的感受，还可以向他表示我们正在设身处地地体会他的感受，传达同感，这样可以建立关系，亦有助于他释放可能郁结的情绪。

感受反映的内容包括：
- 呼唤对方的姓名或使用代名词"你"；
- 善用说明感受的重要性的句子，如"你感觉到……"，"我听到你的感受是……"；
- 清楚地说明每种感受，尤其要留心注意并指出对方混乱和矛盾的感受。

在感受反映过程中要牢记的要点包括：
- 向对方反映感受前，应要求或鼓励对方详细地描述他的感受，以便我们能清楚和肯定对方的真正感受，避免错误的理解和提前打上标签；
- 要细心捕捉对方有关感受的语言和非语言行为；
- 不要夸大消极的感受，而要强调积极的感受；
- 把焦点放在此时此地的感受上（若是集中回顾过去的感受，对当前的问题作用不大）。

（六）总结

总结的目的，在聆听方面是检验我们能否明白对方整体表达的意思，以及多个不同人物和事件之间的关系；通过回应，则可帮助对方保持话题的一致性，或是将谈话过程中的相关却支离破碎的内容整理成一个整体甚至新的概念；可以用另一观点做出新的演绎，更能把讨论从探索层面转化到实际的行动和问题的解决上。

总结与内容反映和感受反映这两种技巧十分类似，主要的分别是总结所包含的时段与范围较长和较广，甚至是数次说话中所提及的问题。

总结技巧有助于:
- 开始一次会面,"你说你希望跟我谈有关……","在上次见面中,我们谈到……";
- 澄清事情,特别是谈到一些比较复杂的内容时,"可否稍停一下,看看我们到底说到哪儿了……";
- 在会面中,自然流畅地把话题从一个主题转到另一个主题,"直到现在,你已经说了很多关于……,现在我们不如谈谈……";
- 在会面临近结束时,把整个内容总结一下,"今天,我们谈到了有关……";
- 归纳几次谈话的内容,"上星期你说……,而今天你则说……,从两次的谈话中,你发觉……"。

对于使用总结,有如下的指导:
- 以问题、稍加鼓励、内容反映和感受反映表示社会工作者正在专心聆听着对方的倾诉;
- 注意面谈中内容一致的地方,也要注意不一致或极端的感受及事实,有些人对某些特定的人或事情都有复杂的想法及感受,所以反映对方这些复杂的考虑便有特殊的价值;
- 当对方做决定时,要注意有关资料的中心思想,把主要的关注点说出来,有助于日后能从全局着眼;
- 会面时,要在适当的时候予以恰当的总结,以帮助对方将问题逐步整理出头绪。

(七) 技巧整合

在日常的生活及工作中,社会工作者必须既能单独使用又能整合使用每一种人本工作的基本沟通技巧。当社工综合地运用这些技巧时,能够产生更大的效能,达到与别人有良好的沟通的目标。

技巧整合包括:
- 在谈话时的不同时间内选择适当的技巧;
- 综合使用多种技巧,例如在反映内容中同时反映感受;
- 与对方自然地、有意义地交谈。

第三章　个案工作实务

个案工作是社会工作传统的服务方法之一，它诞生的时间最长，至今已经形成了比较完整和独立的知识体系。

一　心理社会治疗模式

心理社会治疗模式是个案工作最基本的理论分析模式之一，它是个案工作者经常采用的一种传统的工作模式。心理社会治疗模式对社会工作的影响不仅表现在它是一种直接的个案工作方法，它的一些理论和假设也被广泛地接受。

正如社会工作备受各种不同理论的影响，心理社会治疗模式也以一种开放的姿态对其他各种理论兼收并蓄，如心理分析理论、自我心理学、社会学的角色理论、人类学的家庭理论，还有学习理论和系统理论等，形成了自己独特的理论模式。

（一）理论背景

心理社会治疗模式最早要追溯到里士满（Richmond）在 1917 年出版的《社会诊断》，书中提及重视社会环境条件对个人的重大影响。其实"心理社会"（psychosocial）这个名词是由美国史密斯学院的夏健士（F. Hankins）首先使用的。1937 年纽约哥伦比亚大学的汉密尔顿（G. Hamilton）在《个案工作的基本概念》中，再次引用这个概念，对心理与社会治疗的个案工作理论分析模式进行整理。霍利斯（F. Hollis）于 1964 年出版了《个案工作——一种心理与社会治疗》，沿用了汉密尔顿提出的"心理社会"一词，以及芝加哥大学的托尔（C. Towle）"人在情境中"的概念，还引用系统理论、家庭理论、角色理论、小团体理论和自我心理学等。霍利斯强调的模式是延续诊断派的传统，重视平衡个人内在心理、人际与环境等因素交互影响，发展成为与其他派别明显不同的理论流派，将心理社会治疗模式发扬光大。

（二）理论假设

由于心理社会治疗模式的理论基础是建立在综合多个不同的学说上，形成它独特的理论体系，理论假设主要包括以下几个方面。

1. 对人性的假设

心理社会治疗模式认为个体在发展中受到生理、心理和社会三个方面的影响，而三者之间的互动促成各部分之间不断的彼此影响。心理社会治疗模式借用系统理论"人在情境中"的概念，把个人的生理和心理发展、人际关系及个人与环境的关系都纳入研究范围。个人行为不是内在因素所决定的，往往是个人和社会环境互动的结果才决定人的行为，因此必须从人、环境和两者之间的互动来了解个人行为。研究一个人，不能把他看作一个完全独立的个体，要把他放到一定的社会环境中去认识，了解他所处的环境，比如他的家庭、邻里、学校、朋友、工作单位等。

2. 对问题产生的假设

心理社会治疗模式认为人之所以会陷入社会适应的困境，原因有三个方面：第一，个体早年未被满足的欲望或未被解决的情绪冲突压抑在心里，导致个体在成人世界中产生不适当的需求，以致干扰到当前的生活，妨碍人际关系的适应；第二，目前所处社会环境压力过大，致使其早年未解决的情绪问题又表现出来，进而导致行为出现偏差；第三，个体的问题还与错误的自我功能和错误的超我功能有关，在错误的自我功能和超我功能的影响下，产生自我认知曲解、现实感差、判断力弱、自我情绪控制力弱的问题，导致心理困扰和人际关系失调。心理社会治疗模式强调，在分析个体的问题时，要把问题产生的背景和现状结合起来考虑。

3. 对人际沟通的假设

个人与其环境互动，以及他的家庭和社会角色对个人超我和自我理想的建立都有重大的意义。霍利斯十分看重沟通，认为个人在与他人互动时沟通是不可或缺的媒介。而个人自我功能的强度、自我防卫机制和知觉等都是影响其人际沟通技能形成的重要因素。

4. 对个体价值的假设

心理社会治疗模式认为,每个人都是有价值的,具有发展自己的潜能。因此,开展心理社会治疗模式的宗旨就是要协助个人健康发展,充分挖掘和使用其潜能。

依据以上基本的理论假设,心理社会治疗模式要求个案工作者在采取该模式时坚持以下的工作原则:

①个别化;

②接纳;

③当事人自决;

④不批判态度;

⑤表里一致;

⑥保密;

⑦受控制的情绪反应。

(三)方法与技巧

心理社会治疗模式的具体实施过程是不可分割的整体,每个部分都是相互关联的,为了表述方便,将方法分为开始接触、心理社会研究、诊断、治疗目标和治疗技巧五步,来做进一步的探讨。

1. 开始接触

(1) 接触原因

社会工作者必须了解案主与工作者接触的原因和机构本身的服务性质。一位自愿求助于社会工作者的案主与一位被转介或强制安排和社工会面的案主相比是有很大区别的。在接案的首次面谈时,工作者必须向案主详细解释机构所提供服务的性质,分析协助他解决困难的可能性,让案主决定是否继续和工作者接触。

(2) 建立关系

由于案主前来寻求帮助是带着复杂感受和负面情绪的,开始接触时要使案主对工作者的善意和能力产生信任感。能否取得案主的信任决定了能否与案主建立良好的关系。在治疗的早期建立关系的阶段,工作者的态度和技巧是十分重要的,要让案主把他们的感受表达出来,以减轻焦虑、恐惧、罪恶感、无助感等感觉，获得案主的信任。

治疗是否有效基于工作者和案主之间所建立的关系，不应轻视一两个小时的会谈经验。因为这些关系可能会带给案主影响深远的帮助和希望，而工作者要保持充分的自我意识、督导和咨询的能力。

（3）进入治疗

案主能否从容地进入治疗取决于他是否愿意改变和希望改变多少。工作者如果能使案主对解决问题有正确的认识并充满希望，那是可以增加案主进入治疗的动机的。那些被转介来的案主通常会有较多的抗拒。若遇到超我特别强或自我形象低落的人，更要先行减低他们的不安和焦虑。在进入治疗期间，工作者可以和他们讨论一下前来求助的心情，协助他们澄清一些对社会工作者错误的想法，也可以建议他们通过短暂的试验期来决定是否继续接受帮助。这些处理的方法，通常能帮助案主建立起对工作者的信心。

2. 心理社会研究

深受弗洛伊德和里士满等大师的医疗模式影响，心理社会治疗模式采取"研究、诊断和治疗"的架构。心理社会研究是一个观察并把观察所得的资料有系统地整合的过程。工作者必须了解案主如何看待自己的问题、曾经如何处理这些问题，以及认为是什么导致他遇到这些问题。要得到这些资料，社会工作者要引导案主回顾经历，还要追溯到他的童年经验、家庭关系、价值观念、对自己的看法等，同时也要观察案主的情绪状态和身体状况，例如是否有忧郁、恐惧、畏缩等情绪，是否有失眠、疾病、伤残或接受医疗等生理问题。因为，"人在情境中"这个概念是要协助案主与自己此时此地的现实接触，使其更好地了解自己与其他系统的相互关系。不过，心理社会治疗模式所关心的重点仍是案主的意识部分，而不是潜意识的层面。

3. 诊断

诊断是指整理和分析案主的有关资料，并对其问题的性质、产生的原因以及发展的过程做出评估和推理的过程。霍利斯强调诊断并不只是给案主一个标签，而应该是一个科学化的过程。就一般情况而言，心理社会治疗模式的诊断包括三个方面的内容。

（1）心理动态诊断

心理动态诊断是对案主的超我、自我和本我的人格三大部分做横向的动态分析，以了解其人格的内部动力联系。弗洛伊德认为超我的强弱程度和自我的调节功能会直接影响个人的心理平衡。虽然案主的心理困扰与其外部环境有关，是其人际关系失调的必然结果，但同时案主的心理困扰又会影响人际关系。案主的理解力、判断力、意志力、防卫机制和自我理想等方面的问题，会影响其人际关系的处理，导致人际冲突。所以，对案主的心理动态进行诊断是心理社会治疗模式重要的诊断内容。

（2）缘由诊断

缘由诊断是把案主的过去经历和现今行为之间的互动做纵向的分析，以便把握案主问题产生的内在发展逻辑。心理社会治疗模式认为，案主的问题是一个逐渐积累发展的过程，包括由过往到如今的原因组成，只有了解案主问题产生和发展的具体过程，才能准确把握问题的实质。

（3）分类诊断

一般来说，案主的问题主要表现在三个方面，即生理、心理和社会。分类诊断就是把案主的生理健康、情绪状态和社会功能做临床的评估，以便全面把握案主的心理困扰和人际关系失调。心理社会治疗模式指出，案主的心理困扰和人际关系失调是各方面因素共同作用的结果，不能只从一个方面或者几个方面对案主问题做出分析，否则会对问题的实质把握不准确。

诊断是以当时的社会意识形态作为规范的。社会行为常规模式和角色期望都会影响个人如何看待自己、如何与人交往和期望别人如何对自己做出反应。例如在传统社会里，妻子都被期望较为温顺服从，而丈夫则较为主动和外向。一个具有支配性的妻子自然会唤起工作者的警觉性。心理社会治疗模式更主张诊断不应只局限在有问题的部分，工作者应该同时评估个体的长处和能力，以鼓励他动员本身的潜能和资源去解决问题。诊断也不应只集中在开始时，持续的评估过程能使工作者更客观和有效地认识案主及其情况。

4. 治疗目标

心理社会治疗模式的目标可以简单地概括为以下几点：

①减低案主的焦虑和不安；

②减低"人在情境中"系统功能的失调；

③增强案主的自我适应技巧和"人在情境中"系统的功能；

④增强案主的自我实现和满足感；

⑤改善案主的环境以解决问题。

总而言之，研究、诊断和治疗三者是相互关联和相辅相成的。研究过程包含诊断和治疗，诊断和治疗的过程也是研究的过程。工作者与案主也是在制定契约及治疗目标的过程中，一起参与和共同进退的。

5. 治疗技巧

心理社会治疗模式的具体治疗技巧包括很多，根据治疗技巧的影响对象，可以分为两大类——直接治疗和间接治疗。直接治疗是指个案工作者直接与案主接触并进行研究、诊断和治疗等过程。而间接治疗是指个案工作者通过改善其周围环境或者辅导第三者，从而间接影响、帮助案主。

（1）直接治疗

在直接治疗技巧中根据工作者与案主间的沟通状况，可分为非反映性直接治疗和反映性直接治疗。

非反映性直接治疗的技巧主要包括支持、直接影响和探索—描述—宣泄三种。

①支持

这是此模式尤其是开始接触时一个十分重要的过程。工作者通过表示了解、接受、同情、信任和乐于帮助的态度去减少案主前来求助时的不安和焦虑，并进而与其建立信任性的专业关系。专注的聆听、温情的语调、适当的点头肯定、友善的表情等都是表达支持的有效技巧。

支持过程中的第二步是对案主的保证。提供保证是工作者的一项重要治疗技巧，它直接影响工作者与案主之间信任关系的培养和建立，也是减少案主焦虑和担心的重要措施之一。不少案主对自己的问题怀着沉重的内疚和焦虑，急需工作者的了解和同理。但是给予保证是要契合现实的，如果把事情过分简化，甚至轻率地同意案主的某些行为，反而会令案主对工作者产生不信任感。所以提供保证需要讲究策略，既不能迎合案主的要求，轻易承诺，也不能让案主感到失望，放弃改变的愿望。

支持也可以是提供实物帮助。向案主提供实物帮助不仅可以解决案主的实际困难，更重要的是可以让案主了解到工作者对他的关心。

②直接影响

直接影响是指工作者通过直接表示自己的态度和意见促进案主不良行为的改变和心理困扰的消除。但是为了避免获得案主的信任后，不期然地给予太多自己的意见，在进行直接影响时，工作者要留意几个准则：第一，必须认清案主的真正情况并应先行与案主反复讨论他的问题，以求取得一些既主观又客观的了解；第二，让案主自行决定他是否需要指导而不滥用给人指导的权力；第三，协助案主，特别是有较强依赖性的案主运用自己的思考能力做出决定。这样，不但能够避免工作者给予错误指导的危险，也是对案主缺乏自决能力的一种训练，以降低他们的依赖性。

心理社会治疗模式的直接影响的具体方式按照非指导性到指导性的排列有五种：强调、建议、忠告、坚持和实际干预。

强调是指工作者用点头同意或表示重视的姿态去鼓励案主实践自己本有的念头。工作者可以赞扬案主的正向行为，强化其积极动机，以鼓励案主改变不良的行为。

建议是指工作者根据实际情况向案主提供某些建议，由案主自己做出取舍的决定。

忠告是指工作者向案主提出某些工作者认为必须采取的行为。与建议相比，忠告具有较明显的强制性，直接表现了工作者的价值观。

坚持是指工作者直接指出案主不良行为可能导致的严重后果，并且指导案主采取积极有效的措施。对于较严重的事态，如离家出走、伤害别人等会引起不良后果的情况，工作者在时间紧迫的情况下要当机立断，向案主指出事情的严重性及其应该采取的行动。因此，坚持的强制性更为突出。

实际干预是指工作者直接介入案主的实际生活，以避免案主生活状况的恶化。若遇到危急的情况，如把受虐待儿童带离家庭或把有暴力倾向的精神病患者强制送院治疗。在采取实际干预技巧时，工作者必须有充分的法律或人权理由支持其行动，而不是因为过敏反应行事。进行干预时工作者要具备坚定和仁慈的态度，以免引起案主的恐慌。

③探索—描述—宣泄

探索—描述—宣泄在实际的个案辅导过程中，出现在心理社会治疗模式实施的各个阶段。除了达到情绪疏导的目标外，它更有诊断的价值。所谓探索—描述—宣泄，是指工作者通过案主的描述和解释，探索案主的问题，并为案主的情感宣泄提供机会，以便疏导案主的情绪冲突，改变案主的不良行为。在这个过程中事实和感受均是了解的范围，其中包括四部分。第一，愤怒和憎恨。不少案主对表达自己的负面感受或攻击性情绪存有困难。若通过工作者接纳的态度，愤怒和憎恨得以宣泄后，案主对自己所处的情况便会有更深入的了解。第二，悲伤反应。长久以来的社会文化一直强调坚强，其实哭泣和哀伤是对悲伤的自然反应。不过工作者应当尊重案主的自我防卫，也无须催迫，待当事人预备好后便会自然宣泄。第三，内疚感。在协助内疚感的宣泄时，支持和反映性讨论必须同时使用。对一些案主来说，内疚感不完全是消极的，工作者可借此帮助案主反省自己的行为，从而提高案主的自我控制能力。第四，焦虑。焦虑有短暂和长期之分。对于前者来说，工作者要把话题转移到一些没有那么焦虑的事上，或与案主一同寻找解决问题的办法。对于后者来说，工作者要尽量避免受到案主的支配，通过运用支持的技巧，鼓励案主宣泄，继而探索其焦虑的成因。

反映性直接治疗技巧主要包括三种类型："人在情境中"反映、心理动力反映和人格发展反映。

① "人在情境中"反映

"人在情境中"反映是指工作者通过专门的治疗技巧协助案主对其目前所处的外部环境以及内心困扰做出正确的理解和评价。当案主遇到内心困扰和人际关系失调时，通常无法客观地认识和评价自己的实际生活状况。因此，工作者需要帮助案主摆脱错误的认识和评价，改变不良的行为方式。"人在情境中"反映主要涉及六个方面：第一，外在反映，包括案主对他人、环境和自己的健康的认识及评价；第二，外在及内在的反映，工作者运用引导技巧使案主了解其行为及决定是如何影响别人和自己的；第三，内在反映，工作者协助案主对自己的思想、感受和行为有更深入的意识；第四，对环境刺激的反应，这是帮助案主认识外部环境刺激与自己错误观念之间的联系；第五，自我评估，这是超我所谓的"对与错"和自我形象有关的自我反映；第六，对工作者和治疗的反应，案主在治疗过程中会对工作者产生怀疑和误解，工作者要向他们解释清楚治疗和专业关系的性质。

② 心理动力反映

心理动力反映是刻意了解案主内心的反应模式和倾向。在运用心理动力反映治疗技巧时，工作者需要指出案主经常采用的不良反应方式，并引导案主对自己的问题进行分析、理解，找到问题产生的原因以及发展的过程。

③ 人格发展反映

由于案主早年未被满足的需要和未被解决的情绪冲突对人格发展影响很大，所以工作者需要运用人格发展反映的治疗技巧，来帮助案主重新认识和评价自己早年的痛苦经历，调整案主的人格发展。

（2）间接治疗

霍利斯在 80 年代把间接治疗更名为环境工作。由于人与环境互动，除了直接与案主工作外，还需要改善他的环境。案主的环境主要有父母、朋友、亲属、邻里、同事和雇主等。改善案主外部环境的技巧有四个，即支持、直接影响、宣泄和反映讨论。支持是指接纳他人的意见，承认他们所付出的努力。直接影响是指工作者运用不同强度的影响技巧，去促成案主及其重要他人获得资源。宣泄是指工作者聆听案主重要他人的挫折感受，认同其需要。反映讨论是指工作者使案主重要他人了解对案主的反应和感受。工作者在运用间接治疗技巧时需要根据实际情况选择合适的角色和技巧，有效地帮助案主。

（四）案例分析与理论运用

1. 案例阐述

在上海某街道，有一名中度智障的小伙子叫王旭，今年 28 岁。出生时，母亲难产造成了他智力落后。由于智力问题，他一直没有交女朋友，和母亲生活在一起，父亲在其成年前逝世，家里还有一个在广州工作的姐姐。以前王旭的生活一直靠母亲照顾，但随着母亲年岁增大，患中风后卧床养病，只好雇保姆来照顾母子俩的日常起居。经济上依赖母亲的退休金和姐姐寄钱来支持。王旭前几年在福利厂工作，由于工厂效益不好，已下岗在家，每天无所事事，要么闷在家里发呆，要么在街道里乱转。家里很少有人和他聊天，已在广州定居的姐姐偶尔会打电话跟弟弟说几句，一般就姐姐说，弟弟听。他越来越封闭自己，见人就躲，不敢和街坊邻居打交道。母亲很心疼儿子每天闷闷不乐，心里有什么事也不说，更担心他以后没有能力照顾自己。

2. 介入过程

（1）开始接触

王旭的异常行为引起了社工小赵的注意，在居委会李主任的带领下，社工小赵来到了王旭家，不巧只有王旭母亲在。在说明来意后，王旭母亲很激动，希望社工小赵能帮助儿子不要害怕周围的人。

社工小赵在街道遇到王旭，会微笑着主动和他打招呼。一开始，王旭还是像以前一样，低着头不搭理小赵，或者快速逃离小赵的目光。之后几次逃离速度不是那么快了，加之母亲也不断地鼓励王旭，王旭不再害怕，逐渐对社工小赵产生了信任感，虽然还是不怎么说话，但已经有愿意交流的倾向，这对于建立专业关系是非常关键的。在和王旭交流的过程中，社工小赵便运用支持和探索—描述—宣泄的两个非反映性沟通技巧去了解他的真实情况并与他建立关系。王旭由于智力限制以及很少与他人说话，无论在说话能力上还是在说话的心理准备上都处于较低水平，因此社工小赵与王旭交流需要更多的耐心和接纳，在培养他说话的能力的同时还要给他说话的勇气。

（2）心理社会研究

"人在情境中"这个心理社会治疗模式的独特概念强调人际关系及个人与家庭、学校、朋友、工作单位等不同社会组合的互动作用，在与王旭建立了信任关系之后，社工就需要引导他描述他的家庭、童年经验和朋友关系等以便观察和了解他与其他系统之间的互动。由于智力限制和在人际交往中表现出单纯幼稚，社工小赵与王旭的交流有一定的困难，在探索其情况时只能得到一些简单的回应。经过了解，王旭怕别人嘲笑便不愿开口，使他难以建立与他人的关系。他的朋友、工作单位这些系统都是缺失的，来自家庭的支持也很有限。谈及家庭，王旭表示出很期待姐姐方面的关怀。对于母亲，他觉得自己已经长大了，也想有能力照顾她。

通过和重要他人——王旭母亲——的交流，社工小赵了解到一些情况。王旭小时候活泼好动，但由于智力问题，经常受到周围孩子的欺负，家里害怕他再受欺负，曾有一段时间将他关在家里，不许他出去。刚开始他会哭闹着要出去，父母就吓唬他，渐渐地他习惯一个人缩在家里，很少和家人说话。后来去福利厂工作，也是下班了就回家，不和单位的同事有其他交集。如今失业在家就更加封闭自己。虽然母亲常会鼓励他不要害怕和别人说话，告诉他大家不会笑话他，但是这一步他很难迈出来，也缺乏机会。

(3) 诊断

根据心理社会研究观察所得的资料，可以推断出"此时此地"的王旭处在一个脆弱的支持系统中，家庭功能的不完善、交往系统的缺失，让王旭只能按照他长期以来面对他人、面对问题的方式，用逃离躲避。

从心理动态诊断的角度来看，案主的理解力、判断力、意志力、防卫机制和自我理想等方面都存在一定的问题，影响其人际关系的开展。王旭觉得自己没有能力，也不愿意尝试，启动自我防御机制，为避免被笑就不和人讲话，以此来保护自己。

从缘由诊断的角度来看，童年时期父母的过度保护，采取了一种与外界隔绝的方式，使王旭形成了一种"周围的人很坏，都会欺负我"的简单刻板的印象。以至于成年后，王旭仍保留这种观念，延续这种行为模式。

从分类诊断的角度来看，案主的生理健康的缺陷是难以改变的，而且情绪状态比较消极，使他有很大的心理困扰和人际关系失调的问题。

心理社会治疗模式的诊断过程，除了要看到人的弱点外，也要关注人的能力。王旭虽然智力上有所限制，但他从小身体就比较好，肢体运动协调能力还是可以的。这是打开王旭与人交流的一个突破口。再加上他有一个疼爱他的母亲，热切期盼他的成长改变，能够给予他支持和鼓励。

(4) 治疗

治疗的过程其实早在开始接触及心理社会研究的过程中便已经展开了。社工小赵在和王旭及其母亲讨论后，制定了目标；在与王旭建立信任关系后，逐渐改变他的错误认知，并教会他人际交往的基本技能。

通过对王旭表现出接纳和关心，社工小赵能和他进行初步交流，王旭开始用点头或摇头来回答问题。经过几次谈话，社工小赵察觉到王旭"害怕被别人欺负"的观念一直限制着他的行为。社工小赵和王旭的母亲用各种形式传达给他不要害怕街坊邻居的信息,并带他出去接触周围的人,大家的热情让他不知道如何回应,始终不敢主动接触别人。在观摩街道组织的活动时,同样智障的学员们主动过来和他聊天,由于大家的智力水平接近,他很快融入了群体中,而且事后表示非常喜欢参加这样的活动。经过几次活动后,街道工作人员反映王旭的表现很好,除了准时参加活动,还主动回答问题,尤其是在体育活动中表现出色。

社工小赵根据这个情况,又适逢街道组织残疾人运动会,便鼓励王旭报名参加了比赛,接受为期一个月的集体训练。这对王旭来说,既是锻炼更是人际交往能力提高的一次机会。

在训练过程中,王旭从一开始不敢参与到活动中,到慢慢地乐在其中,整个人的精神状况都不一样了。社工小赵发现王旭开始注重仪表了,自从训练后,他慢慢改变着自己的形象,以前胡子拉碴的脸变干净了,也注意穿衣打扮了。连母亲也欣喜地发现了王旭的改变,王旭回到家会讲述训练的情形,内容丰富,还会发表自己的意见。

在一个月后的运动会上,王旭获得了优异的成绩,同时也完成了一次蜕变。见了街坊邻居,王旭大老远就打招呼,变得愿意和大家交流。

二 萨提亚治疗模式

萨提亚治疗模式由美国著名心理治疗师萨提亚(Virginia Satir)创立。她是第一代的家庭治疗师,向来被视为家庭治疗的先驱人物。

(一) 理论背景

萨提亚最初受到的教育深受心理分析学派的影响,但她逐渐在工作中发现该方法的局限性。1951年,她开始私人执业,转向尝试家庭治疗并取得了理想的效果。四年后,她加入伊利诺伊州精神病学院,教授家庭动力学。1959年,她联合其他人在加州创立"心智研究学院",并且举办了历史上第一个家庭治疗训练课程,推动了有关家庭治疗的研究和训练。1964年,萨提亚出版其重要著作《联合家庭治疗》,这本书被誉为家庭治疗的"圣经"。后来她研究人文心理学,进一步探究个人内在自我与家庭关系之间的互动作用，使其创立的疗法更充实和完善。

萨提亚治疗模式是建立在系统理论之上的。她认为人活在三个系统之中：第一，个人本身就是一个系统；第二，家庭是另外一个系统；第三，个人和家庭所处的环境又是一个系统。这三个系统不断互动，产生各种影响，每个人都会在这个互动过程中分别对自己和别人进行诠释，然后按照自我评价的高低和对别人评价的高低，形成个人的自尊。所以，自尊是系统互动的产物，而每个人的行为也是由各系统互动所产生的，也能反映出个人自尊的高低（Banmen，1986）。

（二）基本假设与概念

1. 对人的概念

第一，她相信人是善良的，每个人都有各种能力和资源，使人能够过快乐和有建设性的生活。个案工作的目的就是协助案主重新发现与利用自身的潜力，去处理他所面临的问题。

第二，人是由身体、心智、情绪、精神、感觉、互动等不同部分构成的，而这些部分不是孤立存在的，一个人若要完整地发挥它们的功能，就必须使这些部分和谐。如果某些部分受到忽略或排斥，就会产生身心的困扰。

第三，每个人不论种族、性别与年龄，都有一些基本的生理与心理需求，特别是爱与被爱的需要、被人欣赏与重视的需要。当人的基本需要在成长过程中被拒绝时，就会引发一系列的问题，最终结果就是人的自尊心的低落与丧失。

第四，人必须和其他系统不断接触，并从互动体验中逐渐建立自我观念，形成特别的行为模式。一个人能否建立健康的自我观念和行为模式，取决于他从人与人交往中所得到的感觉及自尊感的高低。

2. 对问题的概念

萨提亚认为问题的产生，并不在于发生了什么事情，而是在于人们对事情不适当的处理方法。有很多人和很多家庭，可能都曾遭遇同样不幸的事情，可是对其中某些人和某些家庭并不构成问题，而对另一些人和家庭却构成了问题。所以萨提亚认为，困难本身不是真正的问题，处理困难的方式才是真正的问题。

一个人如何处理发生的事是基于他如何诠释已发生或正在发生的事情，

以及如何使用自己拥有的资源，这一切都受过去经验的影响。在健康的处理方法下，危机可以成为挑战，变成促进个人和家庭成长的机会；但在病态的处理方式下，任何新的事物都被视为威胁，因此产生种种心理和行为的问题。

3. 对家庭的概念

萨提亚认为家庭是一个影响力强大和深远的重要系统，每个人都有一段时间生活在某种形式的家庭中，而且家庭经验是个人最早的学习经验。

家庭是塑造人性的工厂，一个有问题的家庭中的人往往表现为：①自我价值感低；②沟通是间接的、暧昧不清的、不真实的、不坦诚的；③规则是僵硬的、非人性的、不能协调的，而且一成不变；④与社会的联系是惧怕的、讨好的和责备的。

4. 对自我价值的评估

自尊是指个人对自己的感觉和想法，但它是个人及家庭心理健康的基础。当一个人自我价值感低落的时候，不单影响自己功能的发挥，更常会妨碍整个家庭功能的发挥。所以，萨提亚认为低自尊是可传染的。若父母的自我价值感低，对子女的影响尤其大。

一个人的自我价值感由四部分组成：①对自己的看法；②对别人的看法；③心目中认为别人对自己的看法；④根据别人如何看待自己所产生的对自己的看法。自尊与行为表现之间有密切的关系，一个人的自尊的高低影响个人的行为，行为则反映个人自尊的高低。一个缺乏自尊的人常常有以下特征：①自我否定，忽视自身存在的能力和资源；②不能清楚表达自己的需求和愿望，与他人的沟通是含糊的、间接的；③害怕错误与失败，不敢做新尝试或冒险；④倾向于让别人替自己做决定，凡事要寻求权威的赞许；⑤用种种心理防卫方式保护自己。

5. 对沟通形态的评估

沟通是信息的传递与接受，包括语言与非语言形式。语言形式是传递者口中所表述的内容，非语言形式包括说话时的声调、态度以及面部表情、身体动作和姿势。

沟通不良归根结底是由个人的自我评价的高低决定的。自尊低的人往往有恶劣的自我形象，为了掩饰这一自我形象，而产生了大量防卫性的行为。常见的不良沟通方式有四种：①讨好型，忽略自我，其行为好像认为自己并不重要；②责备型，忽略别人，总是摆出责备别人的样子，把自己的价值建立在别人的服从上；③超理智型，忽略自我和别人，无视自己与对方的感情需要；④打岔型，忽略自我、对方与情境，说话不切题，反应不到位。

6. 对家庭规则的评估

萨提亚把人们决定应该如何感觉、如何行动的规则，称为家庭规则。家庭规则常常表达为"应该如何"或"不应该如何"，一般不用专门制定和明确宣布，而是在家庭成员长期互动中形成的，然后心照不宣地遵守这些规则。

在童年时期，对孩子来说，遵守这些家庭规则与否关乎是否被父母接纳，他们没有选择的余地。如果这些规则过分严苛和缺乏弹性，对孩子的影响是很大的。有一些父母，把遵守家庭规则演化为子女是否被爱的条件，于是这些规则变成了"生存规则"。一个人若习惯于接受绝对化的家庭规则约束，将来在其他社会关系中也会很容易产生过分的自我抑制，僵化的家庭规则使人失去活力和创造性，一个人的感受、思想和行为如果都陷入框框，他便很难有活力和创造性。此外，僵化的家庭规则也使人陷入自我否定的矛盾和脱离现实世界。

当不良的家庭规则暴露出来后，个人或家庭就有机会去决定如何改变这些规则，使之成为有弹性、合适、可行的。治疗的最终目的是使个人能够获得自由去充分发挥自己的功能。

（三）方法与技巧

萨提亚认为治疗必须是"全人的"，要全面整理个人的内在经验和感受。她用"人的内在冰山"来形容个人的内在经验和感受。这座"冰山"包括八个层面：①自我，最底层的自我是个人存在的意志；②渴求，人类共有的最根本性心理需求；③期望，心理渴求演变成为具体化的期望，包括对自己和对他人的期望，也包括来自他人的期望；④观点，有具体期望时，不断评估自己的生活经验来验证自己的期望是否被满足，评估的结果会形成某些观点；⑤感受，基于期望是否得到满足，会产生不同感受；⑥感受的感受，当感受出现时，会引起另一些感受，是对自己的感受给予评价的感受；⑦应对方式，面对压力时采用的应对方式，包括一些心理防卫机制；⑧行为，冰山的最后一层，也是唯一外显的一层，行为是内在过程的结果，反映一个人的内在状态。

真正的行为改变必须经过重组内在经验才会发生,如果要改变外在行为而不重整"内在冰山",即使能做到,效果也不会持久。根据萨提亚治疗模式,完整的治疗程序可以分为三部分。

1. 追思过往

萨提亚对过去经验的重视表现出她还是深受心理分析学派的影响。她认为,人们现在的行为可以从其早年的家庭生活经验中找到原因,而只有找到了原因并进行妥善的澄清与处理,才能真正解决问题。妻子因丈夫埋头看报而觉得受忽视,无缘无故产生愤怒的情绪。如果追溯到她童年的经验,可能会发现,当父亲不理睬她的时候,她就觉得被拒绝。于是,她原本看似无理取闹的行为就变得可以理解了。

2. 重整旧经验

找到历史原因后,要用新的角度去看旧经验,从而对旧的经验赋予新的意义及新的感受,这是治疗工作的核心。如在上例中,让妻子了解到父亲可能是出于本身成长经验的局限而不善于表达情感,并非真正拒绝她。于是她就可以从旧经验及感受中被释放出来。

3. 统合新旧经验

若案主在整理旧经验时有任何新的领悟和体会,都需要经过一个统合的过程,使他所有的新发现都可以应用在个人现今生活中,这个过程也是把案主从过去的经验引导回现在的生活。如上例,这个部分就是帮助妻子区分过去和现在的经验,不要混淆她与父亲和丈夫的关系,于是她就可以在此时此地跟丈夫澄清她所感受到不被理睬的经验。

萨提亚根据经验发展了一套常用的治疗方法,包括很多治疗技巧,比如沟通游戏、角色扮演、模拟家庭会谈、家庭塑像、家庭图及家庭年表等。其中最重要的是"家庭重塑",通过角色扮演,重演家庭中曾经发生过的一些事情,使案主重估过去的经验,从而改变自己原有的感受。家庭重塑有助于达成家庭成员之间的理解与容忍,通过家庭重塑,了解、体谅、和好、爱取代了以前痛苦、愤怒、憎恨等感受。

(四)工作者的角色

在萨提亚治疗模式中,工作者的作用十分重要,萨提亚甚至认为工作者的个人品质比技巧更为重要，工作者不应高高在上、对案主发号施令，应该控制治疗的过程。工作者的角色包括：①解释者，让案主及其家庭了解他们之间所存在的沟通问题；②示范者，通过表里如一的沟通形式向案主及其家庭示范开放诚实和直接的沟通方法；③引导者，利用治疗过程去引导案主及其家庭成员学习改变，达到彼此接纳和建立更好的关系。

萨提亚认为在治疗过程中，工作者不应把注意力过分集中在技巧问题上，因为没有一种技巧是万能的，必须按照治疗进程及需要而灵活运用。她认为在治疗过程中，工作者的工作目标是：

①创造一个环境，让每一个人可以无须害怕地看清楚自己和自己的行为；

②与每个人建立信任和支持的关系，使他们都感到个人的价值受到肯定；

③使每个人觉得转变是可能的，并提供指导、提示、经验和技巧；

④示范如何去领会别人的意思，有不清楚时如何核对和澄清，如何觉察自己的感受及如何完成自己的目标；

⑤引导每个人学会思想、感受和行为的新途径。

（五）案例分析与理论运用

1. 案例阐述

钱女士，43岁，前几年下岗后一直在家，直到今年年初，在商场找到一份营业员的工作。丈夫从部队复员后在企业工作，工作繁忙，很少照顾家事。儿子晓凯，17岁，高一学生。童年时期一直受爷爷奶奶照顾，到小学才回到父母身边。晓凯任性调皮，初中后就不搭理家人，放学后不回家，逗留在网吧，回家做作业也是敷衍了事。钱女士多次因为晓凯的成绩被老师叫到学校谈话。上周晓凯与钱女士发生较大的冲突，并离家出走两天。现在晓凯虽然已经回家，但扬言要彻底离开这个家，找工作养活自己。

2. 介入过程

（1）接案

在收集资料的过程中，社工主要关注到以下情况。晓凯童年是在爷爷奶奶家度过的，虽然小学起就回到母亲身边，不过在他心里，爷爷奶奶才是最疼他的人。晓凯认为母亲对自己过于严厉，不怎么喜欢自己。父亲退役后，三口之家的生活时常有摩擦，晓凯一直提心吊胆，害怕父母把气撒在自己头上。父亲忙于工作，平常难得见到他，基本上和晓凯没有交流。自从钱女士下岗在家后，情绪不好，总和丈夫吵架。晓凯觉得在家没意思，就跟着同学去网吧玩。后来觉得通过离家出走可以表达对父母的不满，避开父母的争吵，也可以表示自己已经长大。

在初期会谈时，夫妻双方表现出互相不理解和埋怨的情况，特别是在教育儿子的问题上，丈夫认为是妻子太啰唆使儿子产生反抗心理，而妻子认为丈夫平时不管家，一有错误就推到她身上，才造成现在的局面。

(2) 预估

钱女士家庭存在的主要问题：

①家庭成员之间存在沟通问题。除了晓凯和父母之间存在沟通问题之外，父母双方之间也缺乏有效的沟通。

②晓凯的学习问题。晓凯因为沉迷网络，学习成绩下降，并有厌学情绪，一再表明要退学出去打工。

③家长缺乏有关青春期家庭教育的知识和方法。对孩子存在问题的产生，父母双方态度不一致。

④晓凯的网络沉迷问题。

(3) 制定目标

总目标：改善家庭关系，帮助晓凯继续学业，提高家庭的生活品质。

具体目标：①提高家庭成员之间有效沟通的能力，要保证每天都有直接、正面的交流；②帮助晓凯提高学习的积极性，改善其沉迷网络的程度，打消他退学离家的念头；③辅导父母新的教育孩子的方法以及与孩子良好沟通的技巧，使他们能够有效地促进孩子成长。

(4) 介入

针对服务目标，首先开展的是钱女士夫妇的婚姻关系辅导，帮助他们学习沟通技巧，学会分享自己的感受和正面表达自己的期望。通过提供相关的有效沟通的资料，帮助他们重新认识婚姻，认识自己和对方，用宽容的态度去接纳彼此，特别是在教育孩子的问题上初步达成共识。

另一个重要的过程是改善晓凯与父母之间的关系。首先是从改观晓凯对父母敌对的状态入手，扭转他对父母的误解，让他了解父母对他的爱。鼓励他表达自己的期望，也请父母说出对晓凯的期望。运用角色扮演的技巧，让晓凯懂得父母的处境，特别是理解父母的用心，而不是一再反抗。

随着家庭关系的改善，特别是家庭成员互动方式、沟通方式的改善，工作重点转移到对晓凯学业的辅导上。针对如何利用放学回家的时间等进行讨论，设定合理的目标，并由晓凯自己检查完成情况。

(5) 评估、结案

家庭成员分享了辅导以来的感受与收获，觉得家庭气氛大大改善。晓凯也觉得父母是关心爱护他的，任性的脾气有所收敛，学习也比以前有进步。特别是钱女士，觉得自己心态变好了，与丈夫、儿子的关系也有了明显的好转。经过一家人的努力，他们都学会了如何更好地相处。

三　任务中心介入模式

任务为中心介入模式的发展可以追溯到20世纪60年代，为了回应当时针对个案工作开展过程中服务效率低下的实际问题，雷德和沙尼（Ann W. Shyne）合作开展一项为了促进个案工作服务效率的研究。1972年，芝加哥大学的雷德与爱泼斯坦出版了《任务中心个案工作》一书，书中提出了一个新模式——任务中心模式。

（一）理论背景

在 20 世纪 60 年代，个案工作者遇到了一连串无法克服的问题，比如，案主拒绝为他们制订的长期治疗计划；案主认为工作者精于诊断但治疗效果不明显；治疗时间过长，使个案工作量堆积，困扰工作者等。个案工作者开始重新评估他们一贯的工作方法，并质疑传统的介入模式，考虑究竟长期治疗是否真的需要，是否可行，是否存在更好的治疗方式来取代。他们开始努力寻求出路，纷纷尝试探讨更有效、更可行的介入模式。

1972 年，雷德与爱泼斯坦出版了《任务中心个案工作》一书，具体讲述在有限时间内，实现由服务对象自己选定的明确目标的任务中心模式。此模式经历了不断的实践和研究探讨后，雷德认为以短期为特色的任务中心治疗模式是可行的。他发现，短期简短式与长期开放式的治疗可达到接近的治疗效果，而且在大部分长期治疗中，其治疗效果在治疗的初期就已显现。

（二）基本假设与概念

任务中心介入模式强调在有限的服务时间内集中为案主提供简明扼要的服务，以达成案主自己选定的、明确及有限的目标。任务中心介入模式认为，高效的服务介入必须符合五个方面的基本要求：①介入时间短；②介入目标清晰；③介入服务简要；④介入过程精密；⑤服务效果明显。从表面上看，似乎显得只重视完成目标，但理论背后则是以案主为本的信念。

1. 对案主的看法

相信案主有自主的权利。任务中心介入模式相信案主可自主，有处理问题的权利与义务，也有解决问题的能力和潜力。在整个介入过程中，个案工作者完全尊重案主的意愿。但案主在享有解决问题权利的同时，也要尽解决问题的义务。所以案主在解决问题的过程中主动性要相当高。

在介入过程中，工作者的宗旨是尽量发挥案主的能力与潜能，让他面对自己的问题时，做出有建设性的改变，让案主从这个经历中学习解决问题的方法，从而提高他将来处理生活问题的能力。

2. 对环境与人之间关系的看法

作为社会性动物，每一个人都同时扮演很多社会角色，建立了多种人际关系，同一时间要与不同的组织及制度交往，适应各种类型的社会互动，利用多样的社会资源,处理各种遭遇及应付种种社会性变迁。这些社会生活背后是种种要求和期望。因此,很多日常生活的活动都是为满足这些要求和期望而进行的。人一旦不能完成好生活中的任务,就会出现生活上的问题。雷德视生活上的问题为尚未满足的期望,有些长久未能得到满足的期望会令人产生情绪困扰,而面对或超越这些困扰正是解决问题的推动力。

要解决生活上的问题,有些人会寻求社会工作者的帮助,成为案主。在帮助的过程中,工作者会根据案主的问题及能力,与他共同制定一些任务。这些任务有助于他解决生活上的问题,让他可以继续处理生活上其他的任务。

这种生活上的问题和生活上的任务与案主任务之间的关系,暗示了任务中心介入模式对案主及其问题的态度。它指出不能应付生活上的任务并非一种病态,接受工作者的帮助亦非显示无能。案主只是需要帮助去应付某些生活上的任务,而集中、简明、短暂的介入足以帮助案主解决其问题。

3. 主要概念

(1) 案主的定义

①案主需要有能力去掌握他面对的问题,从而选取目标问题。因此,案主需要具备一定的与现实联系及认知的能力,而且他一定要自主或有能力得到自主。②案主一定要愿意承担为解决他的问题而制定的任务。案主必须能与工作者达成一个工作协议,规定双方要做什么及如何去做。③此模式在界定问题时,是以案主的看法为依据,同时也强调案主在过程中参与并负责。

(2) 界定目标问题

问题界定是一个复杂的过程,因为如何界定问题会受到文化、社会等因素的影响。任务为中心介入模式认为,要成为可以处理的问题需要具备四个条件:①服务对象知道这个问题存在;②服务对象承认这是一个问题;③服务对象愿意处理这个问题;④服务对象有能力处理这个问题,并有可能在服务以外的时间去尝试独立处理这个问题。

(3) 生活上的问题

雷德视案主的问题为生活上通常会出现而案主又想改变的情况。他将这些情况归纳成七类:①人际冲突,指两个人在互动中出现的问题;②社会性关系不如意,指问题核心在个人,而不在两人的互动;③与正式组织不协调，指案主不能协调的是一种制度或一个组织，而不是个人；④扮演角色的困难，指案主在扮演某一社会角色时，不能达到社会对该角色的期望与要求，或案主觉得不符合自己的理想；⑤决议上面对的困扰，指因角色转换或社会环境转变时，案主面对特别情况需做出一些决定来面对改变；⑥反应性情绪困扰，指因某些事故例如亲友逝世、疾病等而产生的情绪困扰，如抑郁、焦虑等；⑦社会资源不足，指由于缺乏某些实质资源，如金钱、住房等而产生的问题。

（4）问题与任务

问题反映案主面对和认同的困难，任务是为解决问题而订立的。任务与问题的关系就是手段与目的的关系。基于此模式强调案主参与、自主的理念，任务的订立必须具备三个条件：①服务对象的问题；②服务对象解决这个问题的能力；③服务对象的意愿。

（三）方法与技巧

1. 方法

任务中心介入模式工作方法的特点，是将工作者的介入过程分成一系列的阶段。这些阶段包括：①工作者与案主一同找出目标问题；②工作者与案主就目标问题、服务时间及服务安排协议；③根据案主对各个问题的焦虑程度，制定安排处理的先后次序；④双方根据选择的问题制定任务，同时分配任务给案主及工作者；⑤案主与工作者完成任务；⑥检查成绩，并计划案主在辅导结束后应继续完成的任务。

任务中心介入模式的核心是完成任务。介入初期，任务可以是一些概括的声明，指出案主要做的事。工作者要在介入过程中帮助案主修改任务，令它更集中、更容易掌握。后期是辅助案主完成既定的任务。

2. 活动与技巧

雷德与爱泼斯坦认为在任务为中心介入模式中，沟通是工作者与案主之间的桥梁。案主最关心的是他的问题和任务，而他此时此地的需要和感受都在他的问题和任务上。所以将沟通集中在这两个方面，足以满足案主的需要。

有效的沟通必须具备以下两个要素。一是有系统。由于任务中心介入模式的设计是层次分明、循序渐进的，工作者必须完成一个阶段才可以进入下一个阶段。有系统的沟通是指工作者的反应,必须有助于案主当前的介入阶段,达成此阶段的目的。二是有反应。有反应的沟通是给予案主适当的回馈,鼓励他表达自己,令他觉得是被理解、被接纳的,也有助于他了解辅导工作,去解决他的问题。所以沟通要能表达工作者对案主的关心及尊重,了解并能分享他的内心世界,也能澄清案主所表达的意思。

工作者与案主的沟通应集中在案主的问题和任务上,有效的沟通应针对这两个范围。此模式的技巧包括以下九个方面。

(1) 外露的了解

虽然此模式强调目标,但并不等于它忽视案主的情绪。在介入初期,工作者要留意案主情绪的反应。雷德强调情绪与认知能力的关系。因为此模式以案主的期望为主,工作者要清楚地表达他对案主的现状和经历的了解、同情、关心及接纳。

(2) 解释现状

在修订问题的过程中,案主要面对他的情绪,更要了解他周围的环境、自己的行为和他受他人及社会组织的影响。工作者运用探索的技巧去帮助案主增进对自己、他人、情况的敏感度及认识。在解释现状的过程中,鼓励行动,如认同并赞美案主的行为、态度、感受等,能够鼓励案主去面对在了解现状时可能带来的冲击与困惑。案主可借此过程提高对其本身和周围环境的了解,从而克服在完成任务时可能面对的困惑。

(3) 组织

组织与案主互动以及制定互动的方向,包括解释介入的目标及性质、时间安排、行动计划、案主参与等。

(4) 指引方向

在完成任务的过程中,除了在面谈时要帮助案主检查及选择任务外,工作者也要运用面谈以外的空间,建议案主做出决定及指引行为的方向。用指引性的问句令案主回顾现在的做法,或运用专业的意见去影响案主。

(5) 制定奖励

虽然任务为中心介入模式强调案主的自愿性和积极参与性,但制定奖励的原因和方式是能够令案主更加投入的。鼓励及外露的了解是工作者运用言语或行动去增强案主的参与,在完成任务时如果能够加强目标与解决生活上的问题的关联性,或指出案主可能没有看到的正面结果,可使案主更加积极地投入。

(6) 模拟情况

任务中心介入模式是需要案主在完成一系列的渐进式任务后，能面对生活上的要求。所以，在现实生活中试验解决问题的方法前，需在有保障的环境中去尝试。在模拟过程时，工作者的鼓励、示范及外露的了解可以促进案主尝试和掌握目标。模拟情况必须与任务及案主环境相配合，而重点在于预演案主在特定情况中的表现。

(7) 指导实习

面谈以外的实习可以有效促进案主评估及改进自己的行为表现。提供机会让案主充分利用面谈以外的时间，可以让案主确信他能够独立行动。但在理想境界出现之前，工作者需在面谈中指导案主的实际行为，而任务的执行有赖于这些实际行为的改善。

(8) 制订计划与检讨

工作者需要协助案主考虑不同的可行性，做出评估，然后以案主同意的任务及焦点去制订详细的计划。这个解决问题的过程，正是案主面对未来生活挑战而必须学的。检讨可以让案主回顾自己的成就和可以改进的地方。除了案主之外，工作者需要在过程中不断评估及检讨自己，更好地配合案主的需要。

(9) 以终结为动力

以终结为动力推动案主承担责任、积极参与以及自我检讨，这是此模式的特色之一。其技巧是在面谈开始时就规定结案的时间，于是在进行中能不断提醒案主剩余的时间。这种时间有限的感觉，可以使案主觉得要更加努力，除了珍惜面谈外，也会充分利用面谈与面谈间的实习空间，在完成一连串任务后可达到更好的效果。

（四）案例分析与理论运用

1. 案例阐述

小黄，男，23岁，初中文化程度。小黄的父母目前双双下岗在家，一家三口依靠每月的房屋租金来维持生活。一方面，父母对小黄很疼爱，但小黄总因为自己的相貌怨恨他们，态度冷淡；另一方面，父母只知道在物质上满足儿子，却不懂如何相互沟通。

小黄初中毕业后没有继续读书，一直待在家里。其间也曾去读过夜校，但因其学习基础差，无法跟上学习进度，不得不退学了。在年满18岁之后，开始出去寻找工作，尝试了许多工作单位，但没有一个愿意聘用他。小黄自认为是其外貌影响了就业。一来是他一米六的身高，二来是他长得有点古怪的脸。几次三番受到挫折，他便灰心，不再找工作，只是在家打游戏，还不断埋怨父母。

2. 介入过程

小黄目前最突出的问题是就业。外貌的影响再加上学识、技能有限使小黄在求职过程中不断受挫，加重了他的自卑情绪。小黄将失败原因归咎于外貌，而忽略了个人能力的不足，应对问题时采用消极的方式，用逃避现实和怨恨父母来掩盖自己的自卑情绪。

任务中心介入模式认为，问题产生是由于个人能力暂时的缺失。通过专业介入，可以挖掘或增强案主解决问题的能力，这样也有助于面对今后的问题。小黄的诸多问题都是由就业问题引起的，只有协助解决这个问题，其他问题才有可能得到缓解。

（1）工作计划

①与案主初步接触，建立良好的专业关系。
②讨论分析案主的就业问题，找出问题的原因。
③与案主讨论问题的解决办法，制定总目标和分目标；讨论确定一个具体的、短期的工作任务。
④在介入过程中对案主进行鼓励与奖励，当案主遇到困难时，一起解决。
⑤在任务顺利完成后，案主的自信程度得到提高，对父母的埋怨减轻，尝试引导案主重新思考对父母的态度，促成家庭关系的改善。
⑥回顾整个介入过程，对案主进行肯定，制订未来生活的计划。

(2) 服务过程

由于小黄几乎不与外界接触，并对外界有抵触情绪，一开始工作者与小黄建立关系很困难。在前两次会谈中小黄表现得相当紧张和拘谨，很少与工作者有直接的目光接触。

经过三次会谈，工作者与小黄初步建立了信任关系。工作者运用当面质问技巧协助小黄对自己的就业问题进行了全面的思考，使其认识到：仅有初中学历，又缺乏一技之长，无法满足如今单位的招聘要求。工作者鼓励他参加免费的职业技能培训，以掌握一技之长。小黄根据自己的兴趣，选择参加了电脑培训班。

工作者了解到小黄在培训班学习状况很好，及时给予了表扬，并鼓励他多与班上同学交往。一段时间后，小黄的精神面貌有了很大的改观，其自我形象也得到了提高。父母向工作者反映小黄变得开朗和精神了，还每天早上到小区锻炼身体。

当小黄整个形象和精神面貌有所改观后，工作者开始要求他正视与父母的关系。在会谈中，工作者聆听了小黄对他与父母关系的描述，全面地了解他的感受和看法。小黄表示，从内心来说，知道父母是关心他的，付出了无私的爱。工作者引导他多关心父母，积极改善与父母的关系。

工作者协助小黄制订了改善与父母关系的计划，内容包括：每次出门前主动与父母告别；主动关心父母，帮助做一些家务，并对父母的关心表示感谢；主动与父母进行交流，并听取父母的意见。

在小黄实施计划的同时，工作者也与其父母进行了接触，向他们介绍了青少年的心理特点，提供教育方法。父母对小黄发生的转变非常欣喜，也承认过去的家庭教育方式存在问题，表示非常愿意配合工作者与小黄一起努力改善家庭关系。

(3) 成效评估

服务基本达到了预期目标。工作者在对小黄及其父母做回访时了解到，小黄能与同学进行正常的交往，有时还一起出去游玩。家庭关系也有明显改善；而父母会注意关心小黄的心理状况和人际交往，不像过去仅仅从物质上满足孩子。小黄通过培训，既掌握了一技之长，又提升了自信。

四 理性情绪治疗模式

社会工作者在处理个案时，通常关注的是人的行为、环境，很少留意人的思想问题，但人的思想往往是构成情绪的根源。其实，人的感情、行为与思想是相互不断地影响的。虽然思想在人的情绪问题中扮演着一个非常重要的角色，但很多社会工作者在辅导过程中，更多的是重视当事人的行为、感受方面的改变，却忽略了通过帮助当事人改变其错误的思想，从而改变他们的情绪困扰。

理性情绪治疗模式是认知疗法的一种重要理论分析模式，它是一种强调改变引发情绪问题的错误思想的治疗法。它除了具有较有影响的 ABC 理论之外，还有一套相对系统完备的独特的个案辅导技术，并在临床实践中得到了广泛的支持和肯定。

（一）理论背景

理性情绪治疗模式是由美国临床心理学家艾利斯（Albert Ellis）在 1955 年所创立的。像其他的心理学家一样，艾利斯最初接受的训练是传统的心理分析学派，他专长在婚姻、家庭及性辅导方面，帮助夫妻如何和谐相处、如何教育小孩等。在初期的治疗生涯，他采取心理分析方法去帮助那些受情绪困扰的人们，但经过若干年的临床经验，他发现一个人早期的经验不能真正帮助案主解决问题，也不能导致案主在行为上发生改变。他还发觉大多数人都是完美主义者，容易自责及受到他人评价的影响，他们常将自己的"渴望"，如爱、被赞赏、成功、欢乐等，误认为"需要"，这显示人存在非理性信念的惯性，而这些非理性信念会导致负面情绪。艾利斯还认识到，使用反映感受和自由联想等非指导性治疗技术很难改变案主的非理性信念，温和及支持性的辅导关系也可能会加强案主的非理性信念。

传统心理治疗的限制以及临床经验使艾利斯摸索出一种主动、导向、教导式，兼顾理性、情绪和行为的方法，能有效地根治人的基本问题。因此，他于50年代早期便放弃心理分析治疗法，在1955年设立了理性情绪治疗法。在理性情绪治疗模式形成初期，艾利斯非常强调理性对情绪和行为的影响，他认为，一个人如果能保持理性的信念，就不可能产生情绪困扰，行为也就比较合适。

60年代后期，理性情绪治疗法逐渐被心理治疗界接受，当时兴起的一些治疗模式与理性情绪治疗模式有些相似处，如人际敏感训练团体、完形疗法等都强调采用主动、指导的方法。进入80年代，理性情绪治疗模式成为国际知名的一种理论分析模式，成为美国最流行的心理治疗法之一。

（二）理论假设及概念

1. 对人性的基本假设

艾利斯从人本主义的价值立场出发，假设人的存在是有价值的，这种价值不是由他的身份、能力或才智等决定的，也不会因为遭受挫折、能力欠佳或他人的贬低而降低，这是人一种固有的本性，使人趋于成长和自我实现。生活的主要目标是追求快乐地生存，人可以选择结束生命或活得不开心，但人的本性是追求生存的快乐。艾利斯认为在人的内心有两种倾向，一种是好的，发展出理性、健康的生活方式；另一种是不好的，发展出非理性的信念，过分概括化、易受暗示、逃避成长和追求完美等，这些容易造成不良的生活方式，产生心理失调。

人的思想、情绪、行为是同时存在并相互影响的。人的感受通常是其对情境所做出的反应，而且人的情绪往往会影响人的思想与行为，行为也影响人的思想与感受。无论是改变情绪、思想还是行为都会引起其他两者相应地做出改变。艾利斯又相信人有选择改变自己思想、情绪及行为的能力。情绪问题是由非理性的信念所形成的，是人自己而不是周围的事件引起情绪问题，所以人要对自己的情绪负责。

2. 心理失调的原因和机制

理性情绪治疗模式对求助者心理失调的原因和机制进行了深入细致的研究，并概括为ABC理论。A表示引发事件（activating events），指案主所遇到的事件，事件的形式可以是具体的事情，也可以是案主的思想、情绪、行为或对以前事件的回忆等。B表示案主的信念系统（beliefs），指案主对引发事件的认知和评价,既可以是理性的,也可以是非理性的。C 表示引发事件之后出现的各种认知、情绪和行为(consequences)。

一般认为,求助者的认知、情绪和行为是由引发事件直接导致的。但理性情绪治疗模式反对这种观点,认为在大多数情况下,A 与 C 之间还存在一个信念因素在起作用,只有通过案主的认识和评价引发事件才能影响到案主。而案主通常根据自己大量的非理性信念看待引发事件,这就导致案主的不良情绪和行为。

因此,理性情绪治疗模式认为,有效的帮助是应用一些辅导方法,帮助案主挑战自己的非理性信念,这个过程用 D (disputing) 来表示。协助案主克服各种非理性信念,最终使案主的情绪和行为消除困扰,形成一种有效的理性生活方式,达到目标 E (effective new philosophy)。

3. 非理性信念

非理性信念导致许多人的情绪困扰,根据其临床经验,艾利斯提出人有十一种非理性信念,不单令人产生情绪问题,甚至可能会导致神经官能症,下面列出这十一种非理性信念以及对应的理性信念。

第一,我们绝对需要每一位生活中重要人物的喜爱或赞许。艾利斯认为争取自己生活中重要人物的赞扬是必要的,但如果希望获得所有重要人物的喜爱则是一种非理性信念。因为没有人能够让所有自己遇见的人都喜欢,即使是自己付出了很多努力,也无法赢得所有人的赞扬。而且这样做,只会使自己失去足够的时间和精力追求自己的生活方式,变得没有自我、安全感。艾利斯认为,真正的自尊是建立在你喜欢自己及过着一种追随自己兴趣的生活的基础上。

第二,一个人应该在各方面,至少在某一方面有成就、有才干,这样才会是有价值的人。即使在某一方面,大部分人也无法做到出色,如果要使自己在所有方面都有成就,这是无法办到的,这是一种非理性信念。所以艾利斯认为,一个理性的人凡事会尽力而为,但不计较成败得失,只享受尽力而为的过程。人尽力而为,不为取悦他人,也不为超越他人,只求向自己交代,也能接纳自己所犯的错误。错误是可以忍受的,因为它是一个重要讯号,令人明白需要更多的时间与精力去达到目标。

第三,有些人是卑劣的,他们应该为自己的恶行受到严厉的责备和惩罚。艾利斯指出，没有人不犯错误，如果要求自己和别人不犯错误，那就是一种不切实际的想法。当别人犯了错误，就认为他们没有价值，应该受到严厉的责备和惩罚这种信念是非理性的。一个理性的人会设法从别人的角度看待问题，并阻止他们继续犯错误，即使尝试失败，也不会认为别人就没有了价值。

第四，如果遇到与自己希望不一致的事情，就认为很糟糕。艾利斯认为，烦恼和不安并不能使境况发生任何改变，相反，若纠缠在情绪困扰中只会使情况变得更糟。因此，如果遇到与自己价值观不符的事情，就认为很糟糕，这是一种非理性信念。一个理性的人会尽力面对自己的困境，并设法改变它，如果改变不了，也会平静地接受事实。

第五，人的不快乐是由外在环境原因造成的，人无法控制自己的悲伤和情绪困扰。艾利斯强调，别人不公平的指责不会伤害人，只有当案主对这些批评和指责敏感时，才会受到伤害。如果遇到不愉快的事就将责任推给外部环境，这是一种非理性信念。一个理性的人会知道情绪是由自己所控制的，因为它是受自己的看法、思想、评价、内化句子（internalized statements）等影响，要控制或改变自己的情绪并非不可能。

第六，常担心危险或灾难性事件的发生。考虑危险事件发生的可能性，并设法避免它的出现，如果发生了，就设法补救，这是理性的行为。但如果总是担心危险的事件发生，就会变得过分敏感，反而不能有效应付紧急情况。另外，这种担心只会加强内心的不安和焦躁，从而增加危险事件发生的可能性。因此，常担心危险或灾难性事件的发生是一种非理性信念。

第七，逃避困难与责任比面对它们更容易。逃避困难与责任可使案主得到暂时的安全和解脱，但同时会带来以后更多的麻烦和困扰，这是一种非理性信念。一个理性的人只有通过介入实际的生活，并承担起自己的责任，才能增强自己的自信心，使生活变得更好。

第八，人应该依赖别人，而且需要依赖一个比自己强的人。依赖别人只会使自己逐渐丧失能力，变得无法为自己做出决定，无法采取有效行为，这是一种非理性信念。一个理性的人应当承认，人的生存基本上是孤立的，需要为自己的行为负责，只有当人确实有需要时，才可以寻求帮助。如果为了表示自己的独立而拒绝别人任何的帮助，这也变成了一种非理性信念指导的行为。

第九，过去的经历对人目前的行为有极其重要的决定性作用，因为某个事件影响到案主，这种影响就会持续一辈子。如果案主以过去的经验作为逃避改变行为或解决目前问题的借口，这就是一种非理性信念。一个理性的人会接受过去经验对现实行为的影响，同时客观地分析过去对现在的影响，以试图改变目前的境况。

第十，应该对别人的困难和情绪困扰感到不安。一个人所感到的别人的困难和情绪困扰通常是由自己的非理性信念导致的，不应由其他人承担责任。如果因为别人有困难和情绪困扰就感到担忧，甚至以此为借口回避自己的问题，这是一种非理性信念。一个理性的人会客观地指出别人的问题，并帮助别人克服困难，如果无法做到，也不会因此而感到不安。

第十一，对于任何一个问题，都应该有正确的、完美的解决方法，如果找不到，就会很糟糕。世界上不存在完美的解决方法，认为找不到完美的解决方法就很糟糕，这是一种非理性信念。一个理性的人遇到难题时，会尝试不同的解决方法，从中找出一个较实际及可行的方法，纵使发现决定是错误的也会设法在错误中学到一些教训。

4. 非理性概念

当信念是绝对的、不合乎实际、不合乎逻辑及奉为信仰时，案主的思想会产生非理性的倾向。非理性信念的成分主要有十种。

第一，过分遍及化（overgeneralization），例如，因为我今天的惨败，我将会继续失败。

第二，错误遍及化（false generalization），例如，我的价值取决于我的行为。

第三，不合乎实际的结论（unrealistic conclusion），例如，今天的失败显示我们将会时常失败。

第四，非逻辑性的后果（non-sequitur），例如，成功对我而言很重要，我一定不能失败，这将会是灾难。

第五，定义式表达（definition statement），例如，我认为失败是残酷和不能宽恕的行为，这个界定令我觉得，如果我失败，我就是一个无价值的人。

第六，宗教性结论（theological conclusion），例如，上天要求我不要失败，如果我失败，命运便会惩罚我。

第七，自贬性结论（self-deprecation conclusion），例如，我无能、毫无

价值，不断尝试以达到成功，对我而言有什么作用呢？

第八，第二层次困扰的结论（secondary disturbance conclusion），例如，我的非理性信念和没有价值的感受，足以证明我是何等无用。

第九，失望结论（hopelessness conclusion），例如，我经过很长时间也无法改变自己的困扰信念、感受及行为，这真令人失望，我不能改变，我应该自我毁灭。

第十，自省性结论（self-reflection conclusion），例如，我自贬的评价很真实，也有事实根据，尝试改变或者否定它是徒劳的。

（三）方法和技巧

1. 辅导目标

理性情绪治疗模式将情绪分为健康及不健康两类。这个理论的基本辅导目标是帮助案主消除不健康的情绪反应。健康的情绪包括人的欲望、希望及当这些欲望不能满足时所产生的挫折感。因此，健康的正面感受包括爱、快乐、好奇心，健康的负面感受则包括悲伤、失望、后悔、沮丧、挫折、生气、不开心、易怒等。这些负面情绪被视为是健康的，是因为它能推动人们改变那些令他们不快的情境，争取想得到的东西。不健康的情绪通常包括抑郁、紧张、自恨、敌意、自贬等感受。它们被认为是不健康的，是因为它们不能推动人们改变不快的情境，反而会令情况更糟。另一个目标是帮助案主改变不良的非理性信念。理性情绪治疗模式认为，导致案主情绪和行为困扰的最根本的原因是案主的非理性信念，只是消除不健康的情绪反应还无法彻底根除案主的问题，因此需要进一步帮助案主建立一个更踏实、理性、宽容的人生哲学，以便更好地面对问题，摆脱情绪困扰。一个理性、健康的人应该具备以下几个方面的特征：对自己和他人有兴趣、接纳自己、独立、宽容、对生活充满信心、投入、具有冒险精神、具有开放的态度、能系统深入地思考和理解生活的限制。

2. 个案工作员的角色与功能

理性情绪治疗模式强调工作者需要积极介入个案辅导过程，主动帮助案主克服情绪问题。为达到以上目标，工作者明确的工作有四个步骤。

第一，指出案主的问题与他的非理性想法有关，帮助案主分辨什么是理性信念，什么是非理性信念。

第二，让案主知道，他之所以有情绪困扰，是因为他仍持有不合逻辑的想法或自我挫败的人生哲学。他应该对自己的情绪问题负责。

第三，改变案主的思考模式，放弃非理性信念。因为案主的非理性信念太过于根深蒂固，单凭自己是无法改变的，工作者必须给予他各种帮助，使案主明白自责引起的恶性循环。

第四，反驳案主的非理性信念，帮助其建立更理性的人生哲学，以使他将来不再陷入情绪困扰中。

3. 治疗过程

理性情绪治疗模式以帮助案主改变非理性信念为中心形成一套比较完整、明确的辅导方法，主要包括五个方面的内容：明确辅导要求、检查非理性信念、与非理性信念辩论、学会理性生活方式和巩固辅导效果。

（1）明确辅导要求

第一次面谈的重点应该放在关系的建立上，工作者需要向案主介绍有关理性情绪治疗模式的理论和方法，让案主明白，他的情绪和行为的困扰是由自己非理性信念引起的。另外，工作者还需让案主明确，如果要得到工作者的帮助，该怎么做。

（2）检查非理性信念

当工作者和案主建立了信任关系后，要给予案主机会诉说令他困扰的事，帮助他找出情绪问题事件背后的非理性信念，积极引导案主对自己的非理性信念进行检查。这个阶段的重点是把案主的注意力转移到产生情绪和行为困扰的非理性信念的理解分析上。

（3）与非理性信念辩论

在发现引起案主情绪和行为困扰的非理性信念后，工作者需要帮助案主与这些非理性信念辩论，找出不合理、不切实际之处，让案主认识到它们的危害，并鼓励其摒弃这些信念，积极改变目前的状态。

（4）学会理性的生活方式

在辨析非理性信念之后，工作者需要帮助案主找到合适的、理性的情绪和行为反应方式，运用现实的理性信念去替代非理性信念，并把理性信念与合适的情绪、行为连接起来，形成理性的生活方式。工作者需要运用一些专门的辅导技术帮助案主反复练习理性反应模式，学会理性的生活方式。

（5）巩固辅导效果

最后一个阶段是帮助案主把所学到的理性的生活方式运用到实际生活中去。工作者可布置一些家庭作业，巩固辅导的效果，鼓励案主在以后的生活中继续学习理性情绪治疗模式的理论和方法，积极健康地生活。

4. 治疗技巧

应案主的不同需求，工作者会用各种技巧去改变当事人的思想、情绪及行为。

（1）理性治疗方法（cognitive therapy）

让案主了解到他是一个完美主义者，帮助他区分理性与非理性的信念，直至他能采取一个对人、对己和对事更为宽容的人生哲学。其中的技巧包括如下九点。

①指出非理性信念。工作者帮助案主找出引发情绪困扰的非理性信念。

②与案主辩论非理性信念。让案主了解到他们的情绪困扰源于对事物的看法及自我言语，让他们不应坚持"应该"及"一定"的看法。

③进行对话。在辅导早期，向案主解释理性行为的基本原则是很有必要的，在明白后讲解的时间可减少，着重相互讨论。

④幽默。运用幽默技巧可令辅导过程轻松愉快，更好地进行下去。

⑤理性信念的练习。为了帮助案主去除"应该"和"一定"等非理性的想法，工作者可给案主布置作业，进行练习，包括鼓励案主自我辩论非理性信念，以改变自我言语模式。

⑥重复理性情绪法。工作者对案主不断重复 ABC 理论，确保案主真正清楚明确地掌握此理论。

⑦放弃自我评价。教导案主不要用自己的成就或表现来评估自己，而应以自己的存在与生存本身来评定自己的价值。

⑧探讨人生哲学。工作者可与案主讨论他们的人生哲学及他们对周围事物的看法，来帮助案主澄清他们对自己、对他人及对周围事物的看法。

⑨教育性辅助物品。有关理性情绪疗法的书本、录音带、电影、演讲、研讨会等辅助方法，经常会被运用去帮助案主改变思想上的谬误。

（2）情绪治疗法（emotive-evocative therapy）

①反映感受。开始时，工作者与案主谈及他的情绪困扰，反映他的感受，直至案主明白，非理性信念是情绪问题的根源。但艾利斯不强调情绪上

的反映，这种方法只在辅导初期应用。

②自我表露。为了能更好地表达同理心，示范应如何表达自己的情绪，工作者可适当分享自己的感受、欲望及反应。

③无条件接纳。工作者对案主是无条件接纳的，即使案主有非理性信念或不良的行为，他们也仍有自己的价值。同时，工作者教导案主接纳自己及接纳别人。

④示范。工作者可通过示范，让案主知晓如何采取不同的价值观。

⑤忠告。工作者要给予案主忠告，说服案主放弃错误的想法，采取更理性的观点。

⑥角色扮演。通过角色扮演重现令案主困扰的情况、感受、行为及非理性想法。借由角色扮演，指出案主想法的错误之处及它们如何影响案主的表现，以期改变案主的非理性观念。

⑦冒险/对抗羞辱的练习。鼓励案主冒险，如请他人坦诚告诉案主，他在他人心目中的形象如何，或者尝试向他人做自我表白。这个方法可帮助他看到，其实别人是可以接受他及他的感受的。

⑧理性情绪想象。工作者让案主想象一个令他受困扰的情况，然后尝试改变他的非理性想法，减少情绪上的不安，甚至继而改变他的行为。

（3）行为治疗法（behavior therapy）

①行为功课法。工作者鼓励案主在日常生活中实践所学的新行为，包括技巧训练、坦诚表达法、敏感消除法、肌肉松弛法等。

②惩罚或奖励。当案主有进步或改善时，工作者要及时加以赞赏，这也能更好地强化已取得的成果；但如果做不到时，也可以做出相应的惩罚。

（四）案例分析与理论运用

1. 案例阐述

张某，25岁，硕士研究生学历，知名公司职员。两周前被精神卫生中心诊断为"中度抑郁症"，目前正在服用抗抑郁药。最近一个月来胃口不好、全身疲乏、注意力分散、不愿与人交往，觉得活着没有意思。在和别人交谈时会出现思维和行动的迟缓。案主认为药物治疗并不能解决根本问题，希望社工能够帮助他缓解抑郁症状，重新找回自信和生活的动力。

2. 介入过程

①社工在与案主的初期接触过程中，运用会谈技巧来收集案主的详细资料（主要问题、问题史、个人成长史、家庭背景、人际关系以及对目前问题的看法），以便对其问题进行准确的评估。社工通过对案主的尊重、接纳、关心以及同理心的表达，与案主建立了良好的工作关系，获得了案主的信任。

案主生于条件较优越的家庭中，有一个姐姐，从小全家人在生活方面对他精心照顾，同时在学习和行为方面进行严格要求和管教。案主一直很争气，是个品学兼优的学生。在高考和之后重要的考试前，都出现过情绪低落、胃口差、恶心等现象，经过一段时间调适后，逐渐恢复正常。进入公司后，案主感到前所未有的压力，工作负担重，经验不足导致业绩平平。案主觉得辜负了领导的殷切期望，对自己也丧失了信心，觉得每一件事情处理起来都很困难；认为自己不行，不如别人。

②在问题确认的过程中，社工发现案主的问题表面上看起来是由目前工作上遇到的困难导致的，但实际上是由他的认知倾向引起的，为了达到他人设定的目标及要求，他努力地学习、工作；当他怀疑自己无法做到的时候，就会产生强烈的负罪感，进而自我否定，同时伴有身体的不适。

③社工在面谈中，需要让案主明确他所受的困扰是由非理性信念引起的。

案主：我什么都干不好，领导的期望又高，根本达不到。

社工：那你认为的"干得好"是怎么样的呢？

案主：领导要求两年之内当上部门经理，但以我现在的业绩完全不行。

社工：你是根据领导的要求来定标准，有没有考虑自己的实际情况？你新上任，对工作情况不熟悉，缺少技巧和客户资源。这些都是事实吧？

案主：是的，但又能怎么样呢？领导是不会体谅这些的，他只要结果。我什么都做不好，领导一定很失望。达不到别人的要求是不可以的。

社工：当你达不到别人的要求时，你在心里是怎么想的？

案主：我真没用，很对不起他们。

社工：你觉得达不到别人的要求很自责？

案主：是的。

社工通过对话引出了案主的非理性信念——"达不到别人的要求是不可以的"。在接下来的会谈中，社工重申已经确认的案主的非理性信念，并进行质疑和辨析。经过一番辩论，案主承认"达不到别人的要求是不可以的"这一想法是不合理的，并且意识到人应该为自己而活，应该有自己的生活目标。

④社工给案主布置家庭作业，从情绪、行为上改变案主的生活态度。把"人应该为自己而活着，有自己的生活目标"做成标语，每天大声念三遍。完成三件自己一直想做却未做的事情，体验"为自己活着"的感受。

在检查案主家庭作业完成情况后，社工向案主再次阐明了思想、情绪、行为之间的关系，强调情绪和行为间的相互作用关系。案主逐渐有了"只要努力、尽力了，结果就不强求"的信念。

社工建议案主制作"日常生活作息时间表"，要求把每一天要做的各种活动写在表格中。当他每完成一天的任务后，要对自己进行积极的鼓励，可以言语鼓励，也可以小小犒劳自己。对于不能完成任务的情况，也不要自责，告诉自己已经努力做了一些事情。

⑤社工和案主进行了销售人员与客户之间的角色扮演，练习如何与客户更好地沟通，使案主在明白每个人做每件事都是从不会到会的过程之外，也能提升其业务水平。

通过鼓励案主在日常生活中增加与朋友聚会、参加文娱活动的频率来实现"行为改变情绪"。案主表示其精神状态有所好转，但想到难以实现家人与领导的期望时，还是觉得郁闷。社工决定协助案主进行理性情绪想象。

社工：闭上眼睛，尽量使自己觉得舒服。在头脑中想象公司对你的业绩进行考核时，发现你没有达到公司要求，于是领导找你谈话，请想象一下这个谈话的场景。你走进了领导的办公室，领导坐在那里，看着你，你觉得怎么样？

案主：我觉得很紧张，他的目光冷冷的，让我心都凉了。

社工：领导对你说，他感到很失望，但这一切已经不可挽回了。你会怎么想?

案主:我感觉内心非常沉重,还有愧疚和自责。

社工:现在请把这份愧疚和自责换成遗憾。

案主:恐怕不行。

社工:你可以的,想办法鼓励自己,比如,我已经尽力而为了,很遗憾,没有完成。

案主:我想我可能明白了,感觉轻松了一些。我在工作中做了很多尝试与努力,每天都严格要求自己,即使没有达到领导的要求,我也已经问心无愧了。

社工要求案主回家练习理性情绪想象的方法,并持续做理性功课。

⑥社工协助案主回顾整个过程,让案主了解其取得的改变和成绩,告诉案主牢固树立理性和积极的信念,积极强化量力而行、尽力而为的想法,学会用积极的行为来干预消极的情绪,不断发掘自己的潜能。社工还推荐了一些对他有帮助的书和音像资料,使案主能够在以后的生活中继续学习理性情绪治疗模式的理论和方法,积极健康地生活。

五 叙事治疗模式

叙事治疗模式是20世纪80年代在家庭治疗领域内兴起的一种理论和服务模式。进入90年代以后,这种模式日益壮大,对家庭治疗的影响不断增大,被认为是继弗洛伊德的心理动力分析治疗和米纽秦等人的系统结构派家庭治疗之后,家庭治疗的第三波。

(一)理论背景

叙事治疗是最近20年开始崭露头角的,其代表人物是澳大利亚的家庭治疗员麦克·怀特(Michael White)。他创办了德威曲中心(Dulwich Centre),出版了季刊,并在上面发表了大量关于叙事治疗的理论和实践的文章。北美的一些家庭治疗员及学者对此深感兴趣,并积极实践该模式。他们在理论和实践上对此治疗模式做了进一步的探讨和推广工作,使叙事治疗在家庭治疗领域里成为90年代的新宠。

麦克·怀特在1967年从一名电机描图员培训成为一名社会工作者,早期的工作与精神病人有关,从而阅读了米歇尔·福柯（Michel Foucault）对于建制（institutions）和专家言说（expert discourses）的批判。麦克·怀特非常同意福柯对知识、权力及社会建制相互勾结,对社会大部分人产生压迫及非人性化的效果,由此产生许多现代人的问题的思想。70年代末,他通过检视家庭治疗学派的先驱者对家庭的理解,探究了家庭治疗理论背后的哲学基础,对雷戈里·贝特森（Gregory Bateson）关于人如何理解世界的论述非常感兴趣。麦克·怀特在贝特森的影响下初步形成了外化提问（externalization of problem）这个概念。80年代末,他接触到后现代思潮中对叙事的理解,将叙事的概念全面引入治疗中,创立了一套自己的治疗理论与方法,称为叙事治疗。

（二）基本假设与概念

叙事治疗是后现代主义的产物,后现代主义是因全面挑战现代主义的哲学基础、世界观和价值观而命名。后现代主义反对现代主义的观点,认为：①不存在超越时空的真理,一切理论都离不开特定的历史情境和价值系统；②反对追求永恒真理,认为这是强加于人类社会,是对个人自由的压抑；③关注语言,但认为语言表达的意义是不确定的,内部充满矛盾并有赖于个人的不断解释；④强调语言不是中性工具,是带有价值取向的文化产品,影响人对事物的态度；⑤指出权力通过对语言的控制,制造现实和真理,来限制人们认识世界的方式；⑥接受生活中的不确定性,认为生活的本质包括"不同"和"多样"、"变化"与"冲突"（转引自杨家正,2007）。

大部分家庭治疗法都是以系统理论和结构主义为基础,认为家庭系统客观存在某种共通的原理,可以用来解释家庭成员的行为。叙事治疗模式则不同,是以社会建构主义作为其哲学基础的,认为没有必然的共通原理在家庭系统内存在。

1. 叙事治疗的基本假设

第一,人不是被动地接受生活中的刺激,而是主动地为生活编写意义。

第二,人们在理解自己的经验时并不是简单分析,而是选取某些经验并以有意义的方式组织起来,构成自己的故事。个人经验在意义方面可塑性极高，因此辅导就是与案主一起再编写意义的过程。

第三，个人根据自己在社会结构中的位置、社会关于自我和人际关系的价值、风俗习惯等来给自己的经验赋予意义。个人生活就是围绕这一意义展开的。

第四，案主的许多问题在很大程度上是其所处的社会地位和面对的主流叙述共同压迫的产物。如一个母亲因为不能管教子女而前来求助，她除了缺乏管教子女的技巧外，更多的是缺乏丈夫的支持。女性在家庭及社会中没有权力，除了管教子女外，女性承担了额外的家庭责任，最后导致这位母亲更相信问题出在自己身上，觉得自己无能且失败。

2. 核心概念

（1）故事

特定的过去事件、现在事件和预计未来要发生的事件，以线性顺序联结起来，从而发展出某种关于自己、所处的关系、生活的蓝本，这个蓝本就是"故事"或"自我叙述"。故事帮助人整理经验，解释自我与外在世界的关系。某人生活了一天被看作"多"活了一天或"少"了一天生命，是受个人故事的影响产生的不同诠释。不同的诠释会影响个人的情绪、行为和感受。故事不仅决定个人赋予亲身经验的意义，也在很大程度上决定经验的哪些方面会被表达。麦克·怀特认为正是这些故事决定个人最终的行为表现，影响生命的方向抉择。

（2）故事的结构

故事可以分成两个部分：行动景况（landscape of action）和意识景况（landscape of consciousness）。行动景况由事件、次序、时间和情节等构成，展示了事件围绕主题展开的过程。意识景况由愿望、个性、意图和信念等构成，是个人故事中较长久的，属于意义的层面。

（3）决定性中的未决定性

麦克·怀特认为个人故事受社会的主导故事影响。个人关于人和关系的故事以主导故事的有关论述为架构，因此是早就被决定了的。但是个人故事也同样充满了不一致和矛盾之处。如果在不一致和矛盾中赋予新的意义，这就带来生活的某种重新诠释的可能性，也就是决定性中的未决定性，从而赋予个人对生活一定程度的控制感。这往往成为辅导的重要切入点。

(三) 辅导过程

叙事治疗主要包括三个阶段，即外化问题，发掘独特结果和编写新故事、巩固新故事。

1. 外化问题

鼓励案主客体化或拟人化他们遇到的问题，从而使问题成为一个与案主分开的客体。在辅导过程中，案主及其家庭成员往往会在他们的叙述中把问题和人连在一起，如"我这类吸毒的人，同其他正常人不同"。在叙述中，反映了案主的故事，他们倾向把问题"全人化"，这会使案主好像完全被问题控制，而不能自拔。治疗要处理的问题不是有问题的人，也不是其家庭系统，更不是其心理或童年经历，问题本身就是问题。在这样的信念下，叙事治疗员倾向以外化提问的手法使问题独立于案主之外，再与案主一起对付问题。如案主说："我抑郁的时候会经常想到死，觉得人生充满痛苦，不如一死了之。"叙事治疗员会回应："抑郁不单令你心情不好，它更令你觉得自己好像没有了生存的价值，它是怎样打击你的呢？你又是如何被它说服的？"外化问题过程就是使家庭成员不再继续把困扰问题"全人化"或"全家化"，而是认为面对的困扰只是外在的问题，不是他们本身，从而使这些外在问题变得不再牢不可破。

2. 发掘独特结果和编写新故事

外化提问可以使案主把自己与问题分离，更有可能发现与饱和了的故事互相矛盾的经验片段，从而利用这些片段编写新故事。值得注意的是，一定要由案主来决定什么经验片段是独特结果。当找到与问题故事相矛盾的片段后，治疗员便引导案主评估这些事件的意义。案主认为事件在对抗问题上有正面意义且意义重大时，才可视其为独特结果。发掘一连串的独特结果后，治疗员便与案主一起以这些独特结果来重写故事。麦克·怀特把独特结果形象地看作一些楔形石头，这些楔形石头若能以某种特定而有序的方式排列的话，就形成了一个拱形，从而具有非比寻常的承托力。

3. 巩固新故事

重新写成的故事如何存在下去是叙事治疗员非常重视的问题，特别是考虑到案主无时无刻不处于主导文化的影响下，如果找不到方法支持案主新发展的关于个人、关于关系、关于生活的故事，案主还是会被问题故事重新操控。所以叙事治疗员发展了一些技巧去巩固新故事，如利用书信材料或引入案主认为很重要的人物去见证和参与新故事的诞生及延续。叙事治疗员还会积极联系案主及其家庭成员组成互助团队或行动团体，通过大众传媒表达心声，策划社会行动以对抗主流文化对某些弱势群体的压迫。

（四）方法与技巧

叙事治疗模式在方法上也有独特之处，包括独特的发问技巧、使用书面文件、建立听众群和回应团队。

1. 独特的发问技巧

麦克·怀特建立了一系列发问技巧，其主要目的为外化案主的问题，解构"饱和问题"，发掘独特结果，重写故事。最初他称自己的发问风格为"相对影响提问"，就是在整个辅导过程中，围绕问题如何影响家庭生活和关系，以及家庭成员之间的关系如何使问题得以持续存在，来向家庭成员发问。

（1）外化提问

这是关于问题如何影响家庭生活和家庭成员之间关系的提问。用于第一次会见家庭成员时使用的提问手法，较为容易回答。麦克·怀特会让案主描述问题是如何影响他们的情绪、家庭、朋辈关系、社交和工作的。特别是会问到问题如何影响他们对自己及自己与他人关系的看法，这些看法又是如何影响他们的生活及与别人的交往的，接着问他们是如何陷入这些看法中的。在这样的用词和发问中，案主的问题往往会不经意地被叙事治疗员外化。

（2）发掘独特结果的提问

这些问题邀请家庭成员挑出与"饱和故事"中的家庭生活描述相矛盾的意图和行动。如：①你能否回忆起一个情境，你父母本来已被这个问题弄得水火不容，最后却又能设法弥补关系，同心协力地反抗这个问题的侵扰？②你能否找到一个例子，就是你想脱离这个问题的决心坚决到几乎成功使你从问题中解放出来？③我留意到你的生活即使不断地被问题困扰，你也始终有一定的控制力，你是否也注意到了这点？④你认为我会觉得你这些进步中哪些方面最令人注目？例句前两个问题是比较直接的，后两个则间接些。

（3）行动景况提问

这类问题是鼓励案主将独特结果放在一个根据特定情节并随时间而发生

的事件链上,将独特结果"历史化",从而有效引导出新的故事。提问可以是过去、现在或未来取向。如:①在采取这一步之前,你是不是几乎要放弃?如果是这样,你是怎么控制自己没有放弃的?回顾这个重要时刻,你是否注意到你做了什么促使自己最后坚决地行动起来?②你能告诉我你在什么情况下有这个行动吗?这个成绩是在什么情况下取得的?其他人有贡献吗?③到目前为止,你在自己的生活中见证了什么,可启示自己这一成就迟早都会发生?④爸爸妈妈的关系最近有改善,似乎他们为挽回关系一直在努力,你是否发现他们努力的迹象?有哪些迹象?⑤你是如何理解你的父母在这场危机面前能保持行动一致的?以上例句中,前两句是与近期历史有关,接下来两句是关于远期历史,最后列举了一个对家庭成员的提问,引入其他家庭成员参与新故事的编写是非常重要的。

(4) 意识景况提问

这类问题鼓励案主回顾由行动景况提问带出的思考,并解读这些由思考所透露的重要信息。通过揭示和巩固这些信息,达到重写故事的结果。如:①让我们对刚才的进展做一个反省,对于你的品位、吸引你的东西,你有什么新的结论?②你对丈夫生命中的这个转折点了解后,会如何影响你对丈夫的认识?在关系的早期你们在遇到问题时互相支持,你怎样描述你当时所经历的?

(5) 阅历的经验提问

这类提问是鼓励案主描述他们认为或想象中其他人怎样看待他们自己。此类提问比直接让案主反省更有启发作用,对重写故事有极大的帮助。如:①在所有认识你的人中,谁会对你这种对抗问题的方式最不感到惊奇?②我了解这些进展的基础,但在所有认识你的人当中,有谁最能提供有关这些基础的细节?

(6) 提问与结构

麦克·怀特认为结构化的提问能有效带领案主以新的观点检视自身的故事。他围绕行动、场景、人物、手段及目的五个方面去有组织地提问。用阅历的经验提问举例:①这么说来你妈妈是预言这一成就的最好人选,请给我一个例子?(行动)②她会怎样描述这个事件的场景?(场景)④她会留意到有其他人促成这件事吗?(人物)③如果她被要求去精确描述这个事件的过程,你猜她会怎么说?(手段)⑤她会怎样解释你的这个进步的目的?你

认为她知道你的生活意图吗？（目的）

2. 使用书面文件

叙事治疗员在辅导过程中经常使用书面文件，包括各种信件，如邀请案主来见治疗员的信、案主解除多余角色的信、预言信、为特殊情况准备的信，还包括文凭、声明。它们与治疗过程有关，是治疗过程中的一部分，不同于日常生活中的信件、文凭及声明。

3. 建立听众群

麦克·怀特相信"自我"是在人际关系的互动中形成的，他也意识到案主把在辅导中产生的新故事带回到滋养旧故事的生活情境时，这些新故事会遭到破坏。因此，他非常注重如何去巩固新故事，帮助案主建立新故事的听众，让这些听众注意和支持案主在新故事中所取得的进步，是最有效的一个办法。

麦克·怀特要求案主从认识他的人中，找到一个能见证新故事的人，也鼓励案主从朋友、亲属、同事中找新故事的听众，只要这些人能见证案主所经历的变化，就可成为新故事的支持者。

4. 回应团队

"回应团队"是麦克·怀特推崇的一种辅导方法。虽然同样是需要一组工作员一起参与辅导过程，但其运作及理念都有别于传统家庭治疗中运用的"顾问团队"。回应团队的成员不一定是专业的治疗员，可以随着工作环境的变化，邀请合适的人选加入。团队成员在旁聆听治疗员和案主之间的对话，其间他们不会讨论对个案的意见，他们只是聆听、发掘案主的特质及优点、理解案主的境况和可能的出路；然后，治疗员、案主与团队交换角色；治疗员与案主在旁聆听团队对刚才辅导过程的回应；讨论完毕后，治疗员会询问案主的意见。在辅导过程中，治疗员、案主与团队的角色可以转换多次，任何一方想听取对方的意见，都可以做这种交替。

（五）案例分析与理论运用

1. 案例阐述

小刘、小叶自孩子出生以来，婚姻关系恶化，已提起离婚诉讼。妻子小叶认为，孩子出生后，她几乎承担起了照顾孩子的全部责任，丈夫小刘既自私又不顾家。小刘也觉得小叶变了，原来热情、充满活力的一个人，现在变得情绪暴躁。两人不和的矛头指向了孩子。小叶和小刘的父母之间也常为孩子的教育问题起争执。

2. 介入过程

社会工作者运用叙事治疗模式进行介入，过程可以分为三个阶段。

（1）第一阶段：问题外化

社会工作者通过解构式问话，使小叶和小刘开始正视父权文化在两个人关系中的影响。孩子出生后，父权文化决定了他们为人父母的角色和责任。这些角色让小叶丧失空间来表达自己的意见，从而引起夫妻间的指责和愤怒，导致心理距离。辅导工作的第一步，就是要帮助小叶将愤怒情绪与自己分开。

社工：小叶，你似乎对目前的生活状况非常不满？

小叶：我太气愤了，小刘他不操心孩子的事情，而且还和他的家人联合在一起，对我视而不见。

社工：愤怒的感觉一定让你很难受，动不动就想发脾气的情况困扰着你，也影响了你与小刘及其家人之间的关系。

小叶：真的很难受，我真的不想一直处于这样的家庭关系中。

社工：小刘不操心孩子的事情，并和家人联合在一起，这些事情为什么让你非常愤怒，并且让愤怒控制了你？

小叶：因为我一个人要照顾孩子，实在是太忙太累了，我还得工作，哪有那么多的精力？他和他家人的关系那么紧密，把我当局外人一样，真是忍受不了。

社工：虽然我不能亲身体验你的感受，但是我很同情你目前的状况。你不觉得愤怒的情绪恶化了你与小刘及其家人的关系吗？

小叶：可能是吧。

社工：希望你能明白，愤怒的情绪干扰了你的生活，这对你很不公平。很多人和你有相似的情况，但没有离异，就是因为他们能够清醒地反抗父权文化中对女性的偏见，找到了新的生命意义与动力。你愿意让愤怒的情绪一直控制着你吗？（外化问题）

小叶：我当然希望改变。

社工：希望你明白，我并不想把我的价值观强加于你，要求你立刻改变。不要再继续生活在愤怒之中，是你唯一的选择。

（2）第二阶段：发掘独特结果和编写新故事

小叶逐渐明白小刘不照顾孩子和自己被孤立的根源在于传统父权文化，进而她要为自己的生活选择新方向，探索并编写新的生活故事。

小叶：小时候，父亲不怎么照顾家庭。所以，我觉得男性不照看孩子、不干家务活是很正常的。

社工：正是你早年经验和现在的生活情景产生了矛盾，也是社会性别文化对女性的压抑。

小叶：原来是这样。我觉得女性既要工作又要照顾家庭，很忙碌和劳累，我不想再这样生活。

社工：你能不能从你的生活中找到这样的例子，让你从愤怒情绪中解脱出来？（发掘独特结果）

小叶：有一天，孩子在幼儿园表现不好惹老师很烦恼，我让小刘在晚餐时间回家谈这件事然后再出去，这很有效。我觉得他在95%的时间里都做得很好，是个很棒的父亲，为这个家也做了很多事情。只有少数几件事情让我生气。

社工：我很高兴看到你能摆脱愤怒的情绪。你感觉怎样？

小叶：感觉轻松了不少。

社工：能告诉我，你是怎样培养冷静处理问题的能力的吗？

小叶：我把生活安排得井井有条，把家照顾得很好。

社工：你刚才说小刘95%的时间都很棒，在那之前你会怎么说呢？在你给他95分以前，你会给几分？

小叶：25～30分。他那时不像现在这样能把家里的事做好，对孩子照顾得也不好。现在他的行为已经改变很多。

社工：那你认为是什么使小刘能进步到95分？

小叶：我猜他是希望挽回我们的婚姻。

社工：好，所以婚姻很重要，可以产生这些改变，知道这一点，对你有什么意义？

小叶：我其实也对这个婚姻感到满意，只是……

社工：好，在你接下去之前……（转向小刘）你知道吗？小叶也对婚姻感到满意。根据小叶的话，你已经进步70分了。小叶有没有什么不同的行为，在一年前是根本不可能发生的？（开始编写新的故事）

　　小刘：她有很大的改变。她对我做的事愿意显露较多的称赞，虽然我以为，是我做了较多值得称赞的事，而不是她有所改变。她对我很支持，所以我在工作上更积极。

　　社工：这件事情真的有很大的不同。以前她会有所防御，现在比以前温和开放，你同意吗？（小刘点头称是）好，那你认为她改变了多少？

　　小刘：嗯，我不知道。我认为她也进步了70分。

　　社工：（转向小叶）你认为小刘的改变是不是也对你的改变有所影响？

　　小叶：嗯，他现在习惯给我打电话传达"我关心你"的信息，使我信赖他，也较少防御。

　　社工：很好！你还有什么例子？

　　小叶：他在计划的实行上也做得很好，真是令人难以置信。比如，给孩子洗澡，送孩子上学。我现在轻松多了，不必承担太多的任务。

　　社工：小刘，听起来你成了很积极的人，主动做很多事，负起了更多责任，是这样吗？

　　小刘：我确实更积极参与，减轻她的重担，我觉得很好。

　　社工：你认为是小叶的支持和帮助，促成了你的这些改变吗？

　　小刘：当她向我表达温暖、称赞我时，我觉得做所有事情都是值得的，这是很大的动力。

　　社工：当你们了解有这些改变，（转向小叶）你觉得很温暖，（转向小刘）你变得更负责任。当知道自己和对方的这些改变后，你们觉得以前的问题在未来能不能得到改善？

　　（3）第三阶段：巩固新的故事

　　小叶和小刘都能发现自己的特质并认识到对方的优点，这种自我叙事使夫妻关系良性发展。接下来他们设想与小刘父母的关系有所改善，创造另一个新故事。小叶与小刘试图改善原生家庭的关系，成为巩固新故事的一个议题。凭借在治疗过程中收获的自我成长的经验，社会工作者相信小叶能处理好与小刘家人的关系，成为更和谐的家庭。

第四章 团体工作实务

团体工作是社会工作的一种专业方法，既是以群体形式开展的社会工作，又是社会工作方法在群体处境中的应用，是群体与社会工作方法的结合体。其基本特征是社会工作者通过群体的组织动员和群体活动发挥服务对象的潜能，解决人们面临的问题和改善其生活质量。

一 团体的功能和限度

（一）团体的功能

团体工作之所以能够在学校、社区、机构、各类慈善组织、社团等地广为推广，是因为它具有正面的效益和功能。

1. 抒发成员的情绪

当成员能被其他成员全然接纳时，他便能很自由公开地发表及表达他的情绪、经验和感受、想法，这对成员焦虑的减低与目标的达成有相当大的助益。

2. 团体凝聚力的形成

由于成员间相互的接纳、尊重与协助，会因而形成一股强大的团体吸引力，进而衍生出对团体强烈的归属感与认同感，且会以能成为团体的一员为荣。

3. 彼此提携，相互成长

通过成员间相互的支持和再保证，让成员不会有无法抵抗的或害怕的感觉，反而更有信心去接受新的思想的挑战，并彻底去尝试和冒险去做一些新的行为表现，以全新的面貌去迎接新的生活。

4. 了解问题的普遍性

通过团体成员经验的分享和讨论，结果会发现其实大家所面临的问题或困难都很类似，甚至相同，有所谓的"普遍共同性"，而不会让自己再有孤独无依的感觉。

5. 利他主义的实现

成员在团体中能学会如何去关心照顾别人，这种无私的利他行为表现往往能帮助成员减低其病态的自我吸纳和只顾自己利益的心理，反而会提升成员的自尊。

6. 团体智能与技巧的传授和演练

通过团体活动的设计和运作，让成员在步入社会之前有机会能在一个安全性高且有支持性气氛的环境中去演练各种必备的生活技巧。

7. 乐观进取，常怀抱希望

团体成员在团体过程中，经由彼此的鼓励，常充满希望、保持信心，朝既定的目标勇往直前。

8. 从成员的回馈中，做更深入的自我了解

在团体过程中，从别人身上所得到的观察，加上己身的反省，以及别人的回馈中，让成员对自己的思想、观念和行为有更深入的自我了解和自我觉知，可作为自我改进的参考依据。

9. 现实社会的验证

团体是现实社会的一个缩影。成员在团体过程中往往会经历到一般社会中可能发生的各种状况，比如，该如何与人交往、沟通、协调、合作等人际方面的问题，以及当负面情绪产生时，如误解、曲解等，该如何去回应和处理这些不尽如人意的关系状况。

10. 团体约束力的呈现

团体中，通过团体规范和团体契约的约束力和规定，可以对成员形成约束力，如减低成员对领导权威的反抗、抑制成员某些不适宜的行为举动、协助成员忍受某些挫折及接受某些必要的限制和承诺。

11. 提供成员问题思考的多样性

在团体运作的过程中，往往能激发成员的内在洞察力且更深入地去探索可以用哪些方法来解决成员所碰到的问题和困难。

12. 符合经济效益原则

国内的几位学者认为团体工作之所以能颇受青睐、广为实施，最主要的是因为它符合经济效益原则。倘若能将有共同需求的人或有某方面适应不良者（如人际关系不佳者、自信心不够者、低成就者……）聚集在一起，可以团体辅导或团体咨商的模式来进行辅导，既省时、省力，更省钱，完全符合经济效益原则。

（二）团体的限度

团体工作的实施，虽具有上述的功能、优点，但也有它的基本限度。团体工作的限度列举如下。

1. 团体一致性压力的形成

团体因着重共同目标的追寻，相当要求团体的一致性，当成员有不同意见或异样的行为表现时，往往会被视为异类而排拒在团体之外。这种一致性会给成员带来相当程度的压力，也会因此抑制了个人自由表达思想和意见的机会。

2. 过度自我坦露的困扰

团体过程中，往往会鼓励成员适度地开放自己，与其他成员彼此交换经验、分享感受。但是，过度的自我坦露或过分的情绪宣泄，对某些成员来说，会是易受伤害的，因为可能会触及当事人的伤心处，或者事后当事人会后悔揭露得太深，让别人知道得太多。

3. "代替羔羊现象"的产生

在团体运作的过程中，有时候也会发生寻找"代替羔羊"的事情。学者林万亿便指出在下列几种情境中，寻找代替羔羊的现象会较容易发生。

①团体在处理紧张情况时，会企图以寻找代替羔羊的方式来控制冲突的结果，以平衡团体的紧张；

②当团体的角色分化有偏见时，则代替羔羊往往会固定发生在那些不利地位者的身上，如较无权势者或弱小者等；

③当团体与社会中的外团体发生冲突时，也会找那些团体中社会地位较低的成员做代替羔羊，以作为维持内部与外部均衡的手段；

④当成员与团体领导者发生冲突时，因成员不敢对领导者表示愤怒的感受，所以会寻找代替羔羊来作为泄愤的对象；

⑤当团体的凝聚力不强时，因团体不能处理内在的冲突，所以会寻找代替羔羊来为团体的不协调顶罪；

⑥当团体目标不能达成或不尽如人意时，代替羔羊现象也会容易发生。

4. "社会性闲散"效果的衍生

团体运作过程中，当团体人数增多，个人的付出会变得减少，这种在团体中浑水摸鱼的现象被称为"社会性闲散"，其中以"林格曼效应"最为著名。

5. 人多口杂，解决问题时耗时费力

团体工作时，因需尊重多数人的意见，多方考虑事情的各种因素，因此在解决问题时，往往耗时费力，尤其是在探讨比较专业性的问题时，团体讨论的方式便不甚实际。

6. 过度保护成员或成员过度依赖团体

个人在团体中的那份安全感往往会给人造成一种错误的印象，那就是：躲在团体中的感觉真好。团体会俨然成为成员挡风避雨的港口，而让成员忘记了他对团体也应负有共同参与、积极经营的责任。

二 团体动力

"团体动力"一词是由 K. Lewin 在 20 世纪 30 年代最早提出的概念，主要目的在于说明团体成员在团体内的一切互动历程与行为现象，团体动力意味着团体本身也就是一种动力和发展的过程。团体是具有社会互动的组织，并遵循共同的规范，因此团体的发展是动态的过程，具有目标性。如何消解团体的冲突，促进团体凝聚力提升，进而形成团体的动力，将有助于团队达成有效的目标。

团体动力是用来描述和探讨团体内或团体和团体之间的各种行为现象，这些包括团体的形成、结构、关系、成员互动、运作、沟通、目标达成、领导、决策、合作和冲突、绩效、权力等。团体动力是由开放体系、脉络主义与"辩证思考"所形成的一种思维模式，团体情境是个体现象、团体现象与人类生存发展经验的关系，结合个体、团体、社会情境以及文化脉络的互动接触，产生团体运作的动力。人是群居性的动物，人类的生活也是团体的本质。团体是社会生活的基础，团体提供成员们相互交流的机会，人与人在团

体中不断发生冲突与和解的现象,而就在此种交互作用中进而形成团体的共识,产生共同的力量,而这种团体的力量就是一种团体动力。

(一) 团体的沟通

沟通是通过符号把讯息进行传输的过程。它涉及传输讯息的媒介(如口语、文字、手势、坐姿等)。收发双方当收到讯息后将它编码和解码。如果收到的讯息再度发送出去,便称为"回馈"。每个沟通的组件都可能成为有效沟通的障碍。因此,社工必须敏感察觉沟通组件是否出现障碍。互动的前提是沟通。有效的沟通才能使团体的互动发生变化。有效的沟通是指双方准确地理解对方的讯息。

从团体的角度看,沟通的功能有四个。一是控制功能:沟通借助正式和非正式的组织关系(组织分工/守则、规范中的角色/行为等)形成共同认可的价值信念、行为和态度。二是激励士气功能:使成员清楚要做的事和知悉提高绩效的意见,以便形成共识和使良好行为的机制得到强化。三是表达情感功能:在团体内分享彼此的挫折和满足感,增进大家的情感关系。四是传输资讯功能:成员通过收发与团体有关的资讯或者把它进行分析过滤,然后做出决策或者提出各种可能的方案供团体选用。

成员的沟通障碍分为个人和团体两方面。

一是个人层面的障碍,包括:①早年生活对事物所形成的固定看法和思考方式(如对刑满释放人员有偏见或凡事非黑即白);②受对方角色和地位的影响(如对权威人士带有一些敬畏而不敢对质);③以往沟通的经验(如曾经在公开场合失言而怯于再尝试发言);④个人的价值信念和沟通技巧(如言多必失或语调低沉)。这些障碍会使个人对信息进行曲解、删减和一般化。

二是团体层面的障碍,包括:①成员的关系,如果双方关系恶劣,双方会把讯息曲解,甚至采取抗拒沟通的态度;②团体规范中对他人行为的期望都会影响有效的沟通,如果团体内不鼓励直接和开放的沟通,便会削弱讯息的准确性;③团体内部的竞争关系也会使成员为求击倒对手而刻意封锁和改变对手接收的讯息,结果讯息的流通性和准确性便会大受影响。

在工作实践上,社工首先懂得从动态中分辨出沟通的障碍(如批评中充满愤怒、过分执着于个人/专家的看法、不留心/不愿花时间澄清团体的议题、停留在不必要的详述和废话上，等等）；然后分析造成障碍的成因，从个人层面进行态度、思维和技巧方面的训练，或者从团体层面通过改善成员关系、调整规范中的不当行为/信念/期望或倡议合作方式来达到团体目标，这些都是有效改善团体内部沟通的方法。

从团体沟通网络（见图4-1）角度看，社工可以建立不同形式的网络来改善沟通。追求沟通速度的，可以考虑"轮状型"和"交错型"；而"链型"、"Y型"和"轮状型"的沟通可以使内容的正确性提高；要是重视成员的满足感和平等参与，"环状型"和"交错型"最宜；反之，如果一些场合需要有核心人物或处理较简单的问题，"轮状型"较为适合；处理复杂问题而又不需要互动的，"Y型"和"链型"是首选。

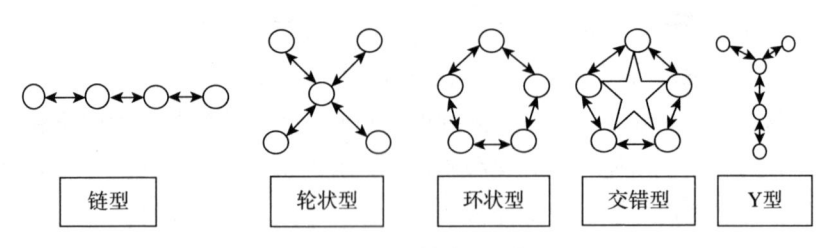

图4-1 团体沟通网络

（二）团体的问题解决

问题解决关系到团体成员如何克服困难和寻求解决问题的方法。它是实现团体目标所计划的活动和完成任务的重要部分。通过问题解决活动，团体成员的知识和技能获得增长，由此他们能更有效地一起工作。问题解决对各类型的团体都很重要，而对任务团体，即以完成特定任务为目的的团体尤其重要。

团体问题的处理往往都会有一套既定的流程，只是不一样的学者有不一样的说法，各有各的遵循模式，各有各的特点。下面简介几位学者的处理模式。

1. Egan 的三阶段问题解决模式

Egan（1982）的三阶段处理模式乃是将问题的解决分为循环性的三大阶段，每个阶段皆配合可利用的助人技巧来帮助成员达成阶段目标。各阶段的主要任务大致如下。

(1) 澄清问题阶段

该阶段的主要任务是协助当事人探讨及澄清与问题情境有关的一些经验及感受，让问题能够被清楚地呈现出来。

(2) 设定目标阶段

问题被澄清、界定清楚之后，下一个阶段的任务便是针对问题建构远景，设定目标。

(3) 促成行动阶段

目标敲定之后，第三阶段的任务便是协助当事人发展策略，寻求最佳的解决方法，之后便付诸行动，让目标得以达成，问题得到解决。

Egan 的理论采取循环式的模式，如图 4-2 所示，到了第三阶段付诸行动之后，如果目标达成，则问题便得到了解决；但是，如果目标无法达成，则又回到第一阶段重新再去澄清和界定问题。

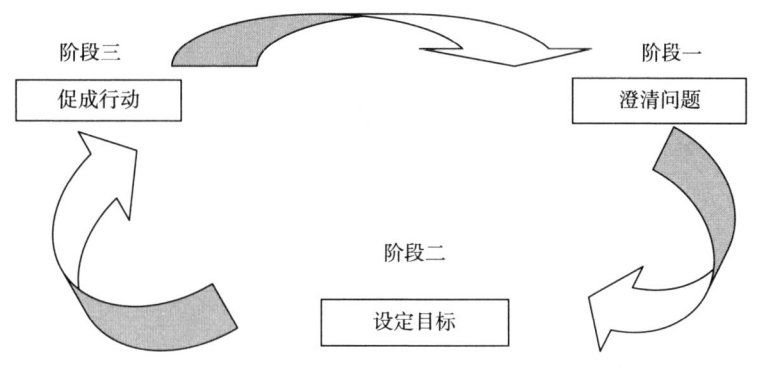

图 4-2　三阶段处理模式流程

2. Carkhuff 的四阶段问题解决模式

Carkhuff（1979）的四阶段理论系统将问题的解决分为四个阶段，每个阶段皆辅以较专业的助人技术而形成独特的处理模式。各阶段的工作重点大致如下。

(1) 投入情境阶段

求助者借助语言及非语言的方式向领导者表达其内心的问题和感受，请求专业的协助。在这一阶段，领导者可以使用一些基本的专注技巧，如倾听、观察、语意简述等技术来协助求助者投入问题解决的咨询情境中。

(2) 自我探索阶段

求助者开始探索自己此时此地的处境，描述事件的状况及了解自己当时的感觉和看法。在该阶段，助人者可以使用反应技巧，如对求助者谈话的内容、看法、感受给予反应，帮助求助者进行自我探索。

(3) 自我了解阶段

经过自我探索的阶段，求助者对自己及事件本身会有较深入的领悟，之后才能了解自己真正的感受及应如何面对问题、解决问题。在该阶段，助人者可以使用个人化的技巧，如个人的看法、个人的问题、个人的感受及个人的目标等，使求助者有深入的自我了解之后，才会有采取行动的动机。

(4) 采取行动阶段

求助者有了行动的动机之后，在最后的阶段，助人者可以采取促成行动的技巧，如清楚地界定目标、选择可行的解决问题的途径、发展具体的行动步骤，最后采取行动以完成问题解决的阶段。

综观该模式的问题解决流程，如图4-3所示，最大的特点是每个阶段皆辅以专业的助人技巧，让求助者不只解决了当时的问题，同时也可以将这些技术转移至情境之外的环境中，极大地提升了求助者在问题解决及环境适应上的能力。

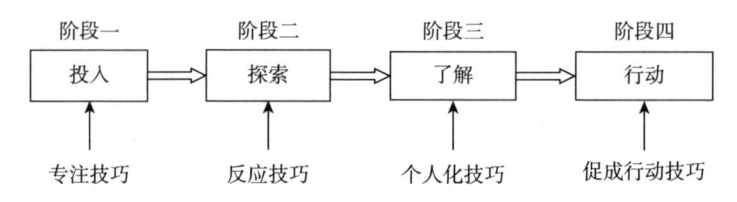

```
阶段一        阶段二        阶段三        阶段四
 投入   →    探索    →    了解    →    行动
  ↑           ↑           ↑           ↑
专注技巧    反应技巧    个人化技巧   促成行动技巧
```

图4-3 四阶段问题解决模式流程

3. D'Zurilla & Goldfried 的五阶段问题解决模式

D'Zurilla & Goldfried（1971）的五阶段理论，也是一个具有相当特色的问题解决模式。该模式五个阶段的主要工作大致如下。

(1) 问题的定向阶段

该阶段的主要任务是培养成员具有下面的几种能力：

①当问题发生时，要有确认问题的能力；

②要能接纳问题，把它当成生活中易于掌管和处理的一部分；

③要相信能够解决问题；

④要具有能"停下来且思考"的能力。

（2）问题的界定与目标的设定阶段

该阶段强调评估的过程，主要任务是如何把不相关的资料从相关的资料中区别出来，将问题界定清楚，并且制定期待的目标。

（3）选择方案的衍生阶段

该阶段的主要任务是提出各种可能的解决方法，衍生各种可能的选择；当问题发生时，勿鲁莽行事，宜暂缓下判断，因为一方面在过程中会慢慢衍生出很多较好的解决方法，另一方面当越多的解决方法出现时，则找到最好的解决方法的可能性越高。

（4）下决定阶段

这一阶段的主要任务是针对各种可能的解决方案逐一考虑其不同的影响效果、后果及对别人产生的影响。换句话说，应对所有衍生出来的解决方案进行评估，试着从各个方案中找出它们的优点、好处，之后再做最有效的抉择，挑出最好的一个。

（5）解决方案的执行和验证阶段

该阶段的主要任务是执行所选出来的解决方案，然后评估其效果如何。一般的做法是将观察到的结果与第二阶段预定目标的期望结果两相比较，如果目标达成，则问题便得到解决；如果不能达成，则必须从第二阶段开始重新界定问题。该模式可以用图4-4表示：

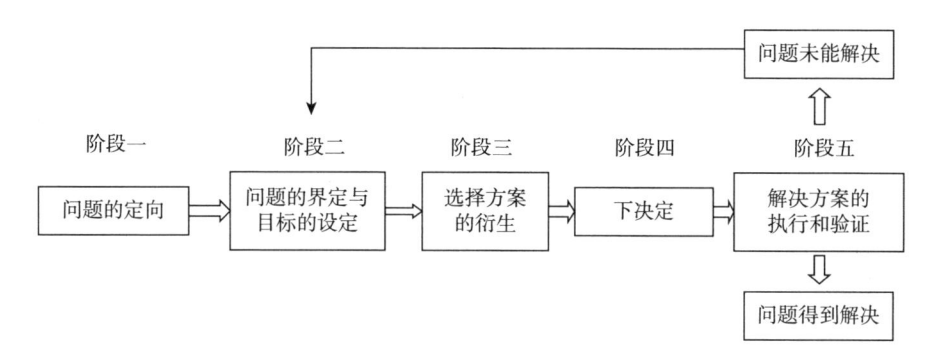

图4-4 五阶段问题解决模式流程

4. Johnson & Johnson 的七阶段问题解决模式

Johnson & Johnson（1989）指出：团体如果要进行一个较有思想且深思熟虑的讨论时，问题的解决应依一定的流程进行。在 Johnson & Johnson

(1991)所著的《结合在一起——团体的理论与技巧》一书中,论及问题的解决流程时,便将之分成七个阶段,每个阶段也都有其特定的工作任务。

（1）先建立积极的相互依赖性

团体的问题要能得到解决,其先决条件是要先确定团体是否建构得很好,是否具有积极的相互依赖性,团体成员是否有孤注一掷的共识与决心。

（2）确认与界定问题

问题确认得越清楚,越有助于团体问题的解决。另外,团体的视野、任务和目标等也都往往会与问题的界定有密切的关系。

该阶段的另一项重要工作是厘清期望达成的与实际的情况中两者之间的矛盾、不一致,也将有助于问题的界定。

（3）收集与问题有关的各方资讯

问题一经确认和界定,接下来便是收集与问题的本质、重要性、存在等有关的各类资讯。有关资讯的收集,Johnson & Johnson建议可以运用Lewin（1944）与Myrdal（1944）所提出的力场分析的原理分析问题存在的阻力和助力是哪些,进而去思考如何排除阻力、增加助力,让不利的因素得以消除、有利的因素得以发挥,使问题能够完全解决、目标得以顺利达成（Johnson & Johnson, 1991）。

（4）系统地陈述各种选择方案

资料收集完成之后,接下来便是系统地陈述及评估各种可能的选择方案,并分析其优缺点,以作为采取最后决定的参考依据。一般而言,资料评估得越明确,所做的选择越不会被忽略或合理化掉。

本阶段的工作要特别注意的是:资料在进行评估与分析时,需要有创造性的、不同的及独创的思想,因此,过程中也需要有一些智慧性的不同意见及挑战来加以刺激,而使用得最为普遍的方法便是"论战"。进行的方式是:将团体分成几组,各指定一选择论点,之后,开始进行团体论战。各组成员必须全力支持各自的论点主张,且针对别人的批评加以驳斥、辩护。换句话说,每一选项均可以从各种不一样的观点来加以批判、讨论,最后才加以综合整理,整合出最好的解决方案。

（5）决定解决方案

所有的选择方案在经过充分讨论之后,希望能采取一个考虑充分的、完全被理解的及最为实际的行动,让团体目标得以实现。

一般而言，解决方案最好的产生方式是以团体一致的意见为佳。所谓团体一致的意见，就是指团体所达成的共识。虽然共识不易达成，需要耗费较长的时间去讨论和修正彼此的观点及看法，但民意基础坚实，最值得推荐实施。

（6）解决方案的再修订

解决方案确定之后，必须提交给机构团体让所有与方案的执行有关的个人或相关团体有机会表达修改意见。该做法的主要目的是希望最后的解决方案在执行的时候，能获得所有参与人员内在的承诺，即获得有关人员全力的支持与一致的肯定。

（7）评估执行的程度与成果

最后的解决方案付诸实施之后，接下来要做的便是成果的评估了。一般而言，评估工作可以从两个向度来进行。

①过程评估：是指在过程中评估最后的解决方案是否被成功地执行。

②成果评估：是指评估最后的解决方案在执行之后的结果及影响。

评估之后，如果发现最后的解决方案能够达成团体的预期目标，亦即实现了团体欲完成的目标时，则团体的问题便得到了解决；反之，如果无法达成团体的预期目标，则必须明确指出哪些问题已获得解决，到什么程度，哪些问题尚待解决。然后必须再回到前面的第二个阶段，重新去确认与界定问题，开始另一轮问题解决的系列探讨过程。

从上述的说明，我们可以发现 Johnson & Johnson 的七阶段问题解决模式提供了一种系统且明确的问题处理方式，对团体辅导者来说是一个很值得参考的带领模式。

（三）团体决策

1. 定义

学者王政彦为"团体决策"下了一个简明扼要的定义：团体决策是基于集思广益与满足参与需求的目的，根据决策内容的性质，由两人以上的团体来做决策，其决策过程强调成员之间的充分讨论与互动。从上述的定义内涵，我们可以清楚地看到团体决策的目的、主体、形成的过程，与个人决策有明确的不同。

2. 团体决策的技术

（1）脑力激荡法

该法是 Osborn（1963）率先于纽约广告公司所创用，该技术在一般性的团体讨论中被广泛地使用到。具体实施步骤如下：

①在进行讨论之前，领导者必须把要激荡的问题先界定清楚，且以一个单一问题为主；

②开始之前，要有 10~15 分钟的暖身时间，让成员能够完全熟悉进行的程序和应守的规则；

③活动进行过程中，领导者可以用旁敲侧击的方式来催化提升成员的想象力和创造力；

④尽量营造轻松自在及合作的气氛，让意见得以很自然地运转衍生出来；

⑤成员所表达的思想或意见要立即摘出并做记录，且尽量使用成员所表达的字句，如果能有一位协同领导者负责此事，则效果更佳；

⑥原则上，每人都应表达意见，且一次以一个意见为主；

⑦如果带领的是 15 或 20 人以上的大团体，则以举手发言为最佳，以免次序混乱，且方便记录；

⑧该法适用于一般性的问题讨论而较不适用于解决专业技术的问题。

（2）创意类推法

该法是 Gorden（1961）首创，是用来解决问题的一种创意性思考方法。该法的使用主张成员以来自不同的背景、训练、经验者为佳，而领导者以脱离常规的方式带入讨论，以激荡不同的思想、选择及思考方式。

该法的实施步骤较为简单，与一般问题解决的流程大致相同，其程序的进行大致如下。

①先由领导者系统地陈述问题，目的是让成员清楚地了解要探讨的问题本质在哪里。

②之后，要求成员根据问题提出他们的意见和解决方案。在成员表达意见的过程中，领导者应注意不要因自己的地位、角色、权力等因素关系，而影响到成员意见的表达。换句话说，领导者应尽量避免有强制、压迫或威吓、胁迫等事情发生。

③接下来进入讨论的阶段，它是本技术最重要的部分。领导者以脱离常规的方式跳出一般传统的处理模式，帮助成员重新去构思问题，提出问题的

解决方案。这种跳离传统模式的思考方法是创意性思考能力衍生的重要来源。

(3) 名义团体技术

该技术由 Andr'e Delbecq 和 Andrew Van De Ven（1971）在《应用行为科学学报》的专文中率先创用。该技术用来衍生思想、解决问题及形成一致性舆论最为有效。具体的操作步骤如图 4-5 所示：

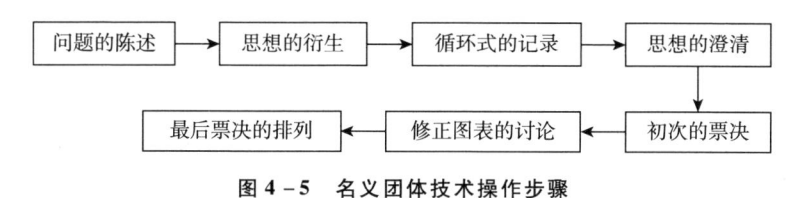

问题的陈述 → 思想的衍生 → 循环式的记录 → 思想的澄清 → 初次的票决 → 修正图表的讨论 → 最后票决的排列

图 4-5　名义团体技术操作步骤

(4) 戴尔惠技术

该技术是由 Dalkey N. & Helmer O. 于 1963 年在美国 Rand Corporation 所发展处理的一种收集专家意见来预测未来的团体决策技术。实施步骤如图 4-6 所示。

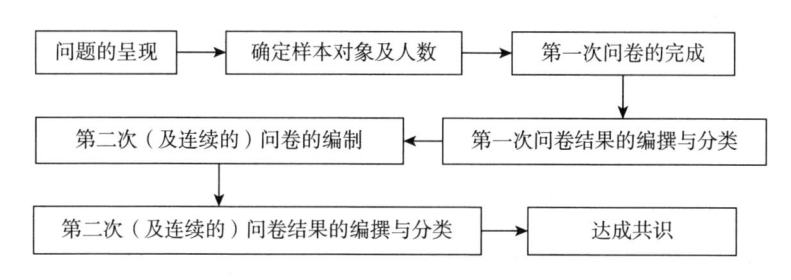

问题的呈现 → 确定样本对象及人数 → 第一次问卷的完成 → 第一次问卷结果的编撰与分类 → 第二次（及连续的）问卷的编制 → 第二次（及连续的）问卷结果的编撰与分类 → 达成共识

图 4-6　戴尔惠技术实施步骤

（四）团体的冲突

1. 定义

冲突是一个过程，起始于一方感觉到另一方对自己关心的事情产生消极影响或即将产生消极影响。

2. 冲突的来源

(1) 竞争

冲突的最普遍根源来自团体成员不一致的需求、价值和目标。当团体成员为一些回报和权力而竞争时，当竞争关系到团体中的个人利益时，冲突就会产生。当在团体中不能实现个人目标时，团体成员会退出团体。

（2）任务类型的冲突

当团体讨论为实现团体目标所必须完成的任务时，这种冲突便可能会出现。在讨论过程中，团体成员不同意其他成员提出的任务类型或意见，这样就可能会出现冲突，这样的冲突可以提高决策的质量。

（3）工作次序的冲突

当团体成员不同意团体所要完成的工作次序时，这种冲突随之发生。这些团体成员对社会工作者如何安排和组织可以有不同的看法。这种冲突是建设性的，因为它有助于提高团体的效率。

（4）性格冲突

团体成员间的性格冲突可能不是什么实质性的分歧，它与成员对其他人的对抗性态度有关。这种冲突通常是不可避免的，并且对团体的效能是无益的。

3. 两种不同类型的冲突

（1）功能正常的冲突

从冲突的结果看，功能正常的冲突支持了团体目标，提高了团体工作绩效，提高了决策质量，激发创新，是一种激励手段。从冲突的特点看，冲突双方对实现的共同目标都十分关心，彼此愿意接受对方的观点，大家以争论为中心，沟通不断增加。

如何引导或激发功能正常的冲突：第一，建立制度，如奖励制度、竞争机制，对持不同意见者进行奖励；第二，采取民主的领导方式，如分权、沟通、建立团队；第三，其他方法，利用模棱两可或具有威胁性的信息，引进外人、重新建构组织，提高相互依赖性，任命一名批评家等。

（2）功能失调的冲突

从冲突的结果看，功能失调的冲突降低了团体绩效，阻碍了团体目标的实现，团体凝聚力下降，成员之间明争暗斗。从冲突的特点看，双方对赢得自己观点的胜利十分关心，不愿听对方的意见和观点，由问题的争论转为人身攻击，沟通减少，以致完全停止。

如何解决功能失调的冲突：第一，沟通和谈判，坦率真诚、强调共同的目标、折中；第二，回避；第三，找第三方调解；第四，运用权力；第五，人员调动。

4. 团体间冲突的控制策略

(1) 保持沟通

化解冲突是一项艰巨的工作，并不是团体面对的所有冲突都能化解，出现冲突时，团体工作者介入的即时目标不是立刻终止团体成员间的分歧，而是应该保持沟通渠道的畅通。如果两部分人之间沟通不畅，就不能在他们中间处理冲突。

(2) 提供反馈

当社会工作者着手处理团体内的冲突时，第一步要认清问题，确定介入目的；第二步要给团体以反馈，描述他观察到什么并告诉团体成员他想要他们做什么。

(3) 早做准备

有时冲突的出现是因为团体与社会工作者意见不合。在这种情况下，社会工作者应该试着同团体一起明辨问题，搞清楚真正困扰团体的问题是什么，这是了解团体成员如何理解问题以及对这种情况是何种感受的最佳途径。社会工作者不应该把团体成员的不同意见当作对他个人的拒绝，他应适时表明自己的观点并避免袒护任何一方。

(4) 积极倾听

社会工作者应该仔细倾听团体的意见，支持和鼓励团体成员，鼓励他们表达自己的想法。积极倾听有助于社会工作者了解团体成员的愿望和需求，而令人满意的解决方法正是关心所有有关人士的需求和愿望。

(5) 培养合作的关系

在团体活动中，冲突会被看作问题。社会工作者应向团体成员指出冲突实际上是他们正在处理自己的问题，还应在团体成员之间保持公正，在团体成员间培养信任和合作的气氛。

以上五种方法可以有效地帮助社会工作者处理冲突，因此，一旦冲突有了可接受的解决方法，并且团体成员准备处理它，社会工作者应立刻采取行动。但是，如果经过很多努力后，仍没有可行的或可接受的解决方法，那么只有采取最后的解决方法——解散团体。然而，这是不到万不得已的时候，绝不可轻易使用的方法。

5. 团体成员化解冲突的方法

团体成员通常都有自己处理冲突的方法，一般地，选择化解冲突方法的依据是他们要达到的目标和他们是否希望同团体的其他成员保持良好的关系。下面是一些成员在团体中化解冲突的常用方法。

（1）退出

使用退出的策略，团体成员将停止反对其他成员的想法，甚至可以离开现场。团体成员用这个策略可以同其他成员保持良好的关系，甚至可以因避免冲突而放弃自己的目标。

（2）压制

压制是胜利的一方，通常是较强的一方压倒另一方，强迫他们接受自己的目标和观点的方法。团体成员使用这个策略可能使团体非常重视自己这一方的目标，另一方的目标及与另一方团体成员的关系是次要的。当团体的效能可能有问题时，这个策略可以立刻产生有益作用。然而，长远来说，这不一定是一个成功的策略，因为失败的一方可能不会准备与胜利的一方合作。一个极端的情况是较强的一方在多数人的支持下，会将较弱的一方驱逐出团体。

（3）妥协

妥协是每一方都做出一点让步，这样被打断的活动就仍能继续。团体成员使用这个策略时要适度地关注他们自己的目标和他们与其他成员的关系。他们寻求冲突的化解，双方都有所得也都有所失。

（4）整合

整合是为双方创造一个新的目标，使团体成员都能得到他们想要的结果，同时又不能破坏他们之间的关系。为了达到这个结果，团体成员必须创造和形成一个新目标，团体中也必须有信任的气氛，这样团体成员才可以把冲突看作缓和个人之间紧张关系的手段。

三　团体工作的基本技巧

专业团体工作涉及很多技术性的东西。美国加州州立大学富尔顿分校人群服务与辅导系教授、团体辅导专家杰瑞德·柯瑞曾经指出，开展团体工作需要采用的技巧有：

①团体前准备工作的技巧，包括建立团体、招募成员、筛选成员、给定目标等技巧；

②团体开始阶段的技巧，包括团体聚会物理环境的安排与布置、成员相

互认识、成员建立信任感、处理抗拒、成员自我评价等技巧；

③团体转换阶段的技巧，包括处理防卫行为、处理问题成员、处理冲突和处理对领导者挑战等技巧；

④工作阶段的技巧，包括处理所有成员同时产生的强烈的情绪、处理投射和自我觉知到的其他问题等技巧；

⑤结束团体的技巧，包括结束每次聚会、团体成员分手、继续评价与追踪、团体评估等技巧。

（一）团体工作前准备工作的技巧

1. 团体工作流程和团体工作计划书的制定

团体工作和其他社会工作一样都是一门技巧，因此，团体工作方法不仅需要在情境中灵活和创造性地使用，而且更需要遵守它的科学性。正因为如此，在团体工作正式开始、中间乃至结束阶段，都需要根据团体工作流程来逐步推进（见图4-7）。

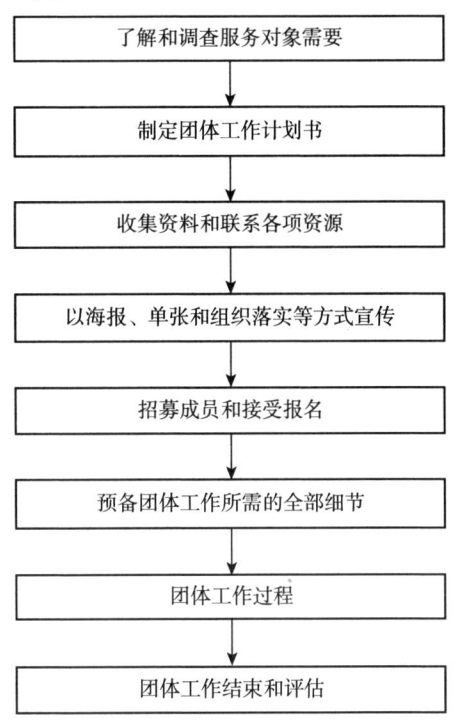

```
了解和调查服务对象需要
        ↓
  制定团体工作计划书
        ↓
  收集资料和联系各项资源
        ↓
以海报、单张和组织落实等方式宣传
        ↓
   招募成员和接受报名
        ↓
 预备团体工作所需的全部细节
        ↓
      团体工作过程
        ↓
   团体工作结束和评估
```

图4-7　团体工作流程

在上述的流程中，其实可以划分成两个阶段，一是团体工作前期准备阶段，二是团体工作过程阶段。在准备阶段，有一项工作至关重要，即制定团体工作计划书。一份详细的计划书对规划团体非常有用，因为它把团体视为一个整体，帮助团体领导者澄清团体的理论基础，考虑团体可能的成员、团体领导者的工作和团体聚会的环境等。团体计划关系到团体将采取的方向并为领导者达到所设定的目标提供一个合理模式，正因为如此重要，所以团体计划书应该越明确越好。以下是设计团体工作计划书时需要考虑的几个问题：

- 团体最主要的焦点是什么？是教育、成长、相互分享或行为改变？
- 团体的目的是什么？团体领导者希望达成什么？
- 团体将服务于哪些人群？什么是这一人群不合适的需要？
- 团体将由几个领导者带领和由谁带领？
- 团体将包含哪些成员？如何选择成员？
- 为了实现团体的目的，团体的人数多少为好？
- 团体成员要有哪些准备？
- 在团体里将讨论什么主题或话题？
- 将在哪里举行团体聚会？
- 在团体第一次聚会之前，除了团体成员还要通知谁参加？
- 团体开始时需要订立什么基本规则？
- 团体领导者有哪些角色？

上述主要问题一般都包含在一份团体工作计划书之中。通常而言，一份完整的团体工作计划书主要由基本理念、主要理论、目的和目标、团体活动主题的内容、预计困难及解决方法、评估方法、经费预算等几个部分构成。表4-1是一份团体工作计划书的样本，可供在开展团体工作时参考。

表4-1 团体工作计划书

一、团体名称：_____

二、基本理念：_____
_____

三、主要理论：_____
_____

四、目的和目标：_____

续表

五、服务对象和招募方法：_____
_____

六、团体活动安排：
第一节

日期和时间	地点	主题	具体内容	所需物资

注：团体活动通常安排8~12节，因此需要设计和安排相应节数的活动内容。

七、预计困难和解决方法：_____
_____

八、评估方法：_____

九、经费预算：

收入项目	金额	支出项目	金额
总计		总计	

十、其他事项：_____
_____

在上述计划书中，关于"理念"，主要陈述开展该团体工作所相信和秉持怎样的价值原则，即表明出于怎样的动机来帮助团体成员；关于"理论"，则需阐明开展团体工作依据什么样的理论来做指导，如心理社会理论、社会学习理论，或者认知理论？在不同的理论背景下，团体工作的着重点和工作手法等都有所差异。关于"目标"，则主要陈述团体为什么聚会、将如何进行工作，以及参加者将被期待什么等内容。

以上所讲的团体工作计划书是一个仅供参考的样本，具体内容当然可以根据开展团体工作的具体实践情况以及具体的服务领域（如儿童团体工作、青少年团体工作、老人团体工作、妇女团体工作、残疾人团体工作、医务团体工作、学校团体工作，等等）来加以增加或删减；但是有些内容的安排经过实践证明不可过多地删除而低于某一个限度，例如，团体活动安排的次数（节数）通常不可低于10次，否则，团体活动就会失去它的有效性。

2. 团体成员的招募和筛选

一旦决定开设一个团体并且团体的性质、目标以及成员的资格都已经确定下来之后，接下来就要招募团体成员了。大致而言，团体成员的招募方法有以下几种。

- 如果工作者手边就有预备成员资料的话，可用当面会谈的直接接触方法。这种面对面的直接接触是最有效的成员招募方法，但是在时间上需要更多的花费。
- 以邮寄、张贴海报或布告栏公告等方式告知大众，让有兴趣者前来应征。
- 在社区里用影片介绍、板报、演讲或讨论等方式进行宣传。
- 在社区里通过居委会、学校、各种文娱和康乐团体等加以宣传，或请社区内各行政单位协助推荐合适人选。
- 函告目标对象家庭，鼓励相关家人报名参加。
- 利用电视、广播、报纸、杂志等大众传播媒介进行广泛宣传。
- 与社会上各种组织、机构、团体等主要负责人接触，恳请协助宣传和推荐。

然而，不论采用哪一种方式宣传，活动通知单上都必须写明以下几项内容：①团体成立的目的和目标；②团体活动的日期、地点、次数和期限的长短；③参加团体所需的费用及其他相关的开支（倘若无须费用支出也请说明）；④负责机构的名称及电话号码；⑤团体工作者的姓名、电话、专业经历和训练等个人资料；⑥团体工作者及团体成员的权利和义务；⑦其他相关的安排事项，如交通服务（或就近的公交线路走向）、婴孩托管和茶水点心供应等。

经过宣传后，倘若有许多人前来报名参加团体活动的话，则要对报名者进行挑选。之所以安排选择的过程，原因有三。第一，需要了解申请者意愿，向未来团体成员澄清有关疑虑，明确团体存在的理由，准备日后要探讨的一些主题和方向。第二，需要剔除有偏差人格特质的应征者，如自杀性的、精神病的、面对极端的危机的、高偏执狂的、妄想的、极度自我中心的、有仇视心的、行事行为是独霸性的、有侵犯性的以及有自恋狂的等。这类应征者更适合以个别咨询、个别治疗等方式接受辅导。这些人有些是非常脆弱的，无法忍受在团体中受到伤害；有些是非常情绪化的，对挑战他们的人会以武力相向，他们一旦进入团体，很快就会破坏团体的安全感直至使团体分崩离析。此外，对于一些处于极度不安的状态、无法坐在房间或参加任何正在进行的活动的人，极端习惯于使用否认、防卫而无法接受别人任何建议的人，没有意愿花费时间、努力、金钱定期参加团体聚会的人，等等，加入团体，也同样需要谨慎考虑。这几类人并非不能从团体中获益，而是他们的行为和心理功能可能不适合某一个特别的团体类型。第三，安排选择报名者这一环节，还基于以下一些因素的考虑。

（1）团体的性质是"同质性"还是"异质性"

团体的同质或异质，主要指成员在人格特质、受教育程度、成长背景、社会和经济地位等方面的异同。如果要成立的团体属于一个发展性工作的学习团体、成长团体（如人际关系的培养、自我的肯定和增强等）或专业训练团体，则宜选择同质性较高的成员，因为组成成员程度相近，易于交流。如果要成立的团体属于治疗性、任务性或创意性思考等团体，则成员的挑选要着重从异质性考虑，因为异质性团体贵在它的"社会多样性"，通过成员丰富的多样性及不同的人格特质，可以互相刺激、彼此观摩学习，让团体的发展更具有多元性。以下是一个团体工作者在决定团体成员的同质性和异质性时经常要考虑的因素：

- 性别：单一性别或两者性别？
- 年龄：相同年龄或有大范围的年龄层？
- 婚姻状况：结婚、单身或混合？
- 智力程度：一个狭窄的或宽阔的智力范围？
- 教育：一种受教育程度如高中毕业生或是混合的学历程度？
- 社会经济地位：相同的社会阶层或是分布不同的社会阶层？
- 自我强度：相同的忍受力和相近的问题处理能力，或是某个大范围程度的信心和适应能力？
- 问题：成员真正要处理的问题是相似的或是不相同的？

（2）团体成员的性别组成状况

有研究资料显示：如果选择的成员全部都是女性，其团体特征具有高度的凝聚力，拥有较愉悦的团体气氛，成员的参与性高，且都能体会到团体经验；如果挑选的成员全部都是男性，其团体特征是对指定的任务十分努力且相当持久，但是团体工作气氛较为低沉；如果挑选的成员是男女性混合，这样的团体调和了男性组和女性组的同质影响力，也结合了两组好的影响因素，所以，男女性混合组的特征是高凝聚力、高参与感和高任务导向。

当然，男性女性的选择不同会影响团体的效果和效率。性别的选择也与团体的类型具有密切的关系。一般而言，治疗性团体通常以同一性别团体较为有利；而任务性团体或成长性团体则以混合性团体较有利于目标的实现；但是某些特定目标的团体宜采用单一性别，如受虐妇女自强团体，等等。

（二）团体工作早期历程的技巧

当预期团体成员被通知聚会时间、地点并且第一次聚会时，就意味着团体工作进入了开始阶段。专家指出，团体成员第一次聚会从开始起以后的15分钟至关重要。原因有如下三点。

- 团体成员会对此次聚会在心里计分。一组陌生人第一次聚在一起，开始分享他们的想法、经验和感情，他们将被要求去冒险，突破他们感觉舒服的行为模式，所以，在这前15分钟里，经过观察和思量，团体成员会权衡如此冒险值不值得。
- 在团体开始以后的15分钟内的工作模式在未来的几周或数月会继续下去。这些共同使用某一个场所的陌生人将跨出建立团体凝聚力的第一步，他们做出有意义的自我披露并期待彼此诚实和适当的回馈。
- 在开始以后的15分钟里，团体成员就已经对工作者和其他成员充满了疑问，并且渴望这些疑问能够尽快且圆满地被给予解答。这些疑问是：团体工作者是否会喜欢我？如果我说错了话，团体工作者会不会取笑我？团体工作者会不会尊重我和我的感受？当我被攻击时，团体工作者会不会保护我？其他的团体成员是否会伤害我？其他成员的问题是否比我还严重？其他成员会支持、同情我，还是会攻击或威胁我？我可以信任其他团体成员吗？等等。

概而言之，这个阶段的团体成员所具有的明显特征是：既期望拥有自主权又渴望参与或认同互补的他人，因而会面临挣扎和两难，这种状态会持续一段时间。

因此，团体工作者在设计第一次或者前几次聚会的团体结构和内容安排时，应该特别考虑完成下列这些目标。

- 成员自我介绍。
- 发表一个简要和开放性的陈述，介绍该团体的基本情况，同时也让成员提出他们觉得紧急的主题或关心的事情。

- 邀请成员提出有关自己需要的想法，比较其与机构对此所能提供服务的看法是否相符，并给予回馈。
- 澄清团体工作者的角色以及团体工作者在团体运作上的方法。
- 直接处理会阻碍团体有效发挥功能的任何障碍。
- 鼓励以团体成员之间的互动模式，来取代只是团体工作者或团体领导者与每个成员之间的讨论。
- 发展让每一个团体成员都可以感觉到的安全和支持的团体文化与气氛。
- 帮助成员为他们和团体的未来发展规划一个试验性的计划。
- 澄清团体成员和机构之间的相互期待。
- 讨论下一步的工作并取得共识。
- 鼓励成员对于团体的有效性提供诚实的回馈。

这些目标有些可以很快完成，有些目标如成员对于团体的效果的回馈等则需要经过多次的聚会、沟通才能实现。但无论如何，为了更好地实现目标，团体工作者在团体开始阶段需要充分运用如下一些技巧。

1. 同理

所谓同理就是一种设身处地的态度，是一种能够站在别人的立场来理解他人的行为与感受的能力。按照分类，同理至少可以划分两个层次：初层次同理和高层次同理。

（1）初层次同理

当使用初层次同理时，团体工作者让团体成员知道他了解其感受，以及在这些感受之下的经验和行为，而并不采取挖掘探讨的方法。对于团体成员而言，初层次同理可以协助其以他自己的参考框架表达和澄清问题。对于团体工作者来说，在团体的早期阶段，同理心是建立关系和搜集资料的技巧。同理心使团体工作者能够建立与团体成员间的共鸣，协助成员发展开放和信任的关系，也协助成员分享个人的经验和对问题的看法。

（2）高层次同理

高层次同理不仅是了解团体成员的陈述，同时也是一种了解团体成员所隐含的或是没有完全表达出来的意思的能力。这种同理在于处理团体成员的经验与行为中被忽视的正面以及被忽视的隐蔽面。在团体工作的过程中，工作者在倾听团体成员的交流和讨论的同时，可以问自己一些问题，从而帮助自己进入更高层次的同理，这些问题是：这个团体成员只说了一半的事情是什么？这个人在暗示什么？这个人说得不清不楚的事情是什么？我在这个明确的信息背后听到了什么？图4-8介绍正确与不正确同理所引发的流程，以供参考。

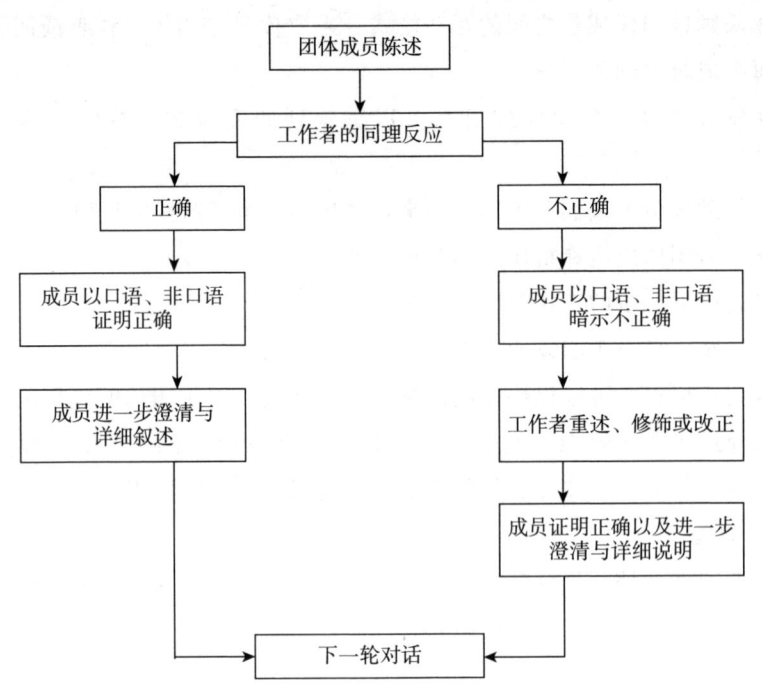

```
                    团体成员陈述
                         │
                    工作者的同理反应
                    ┌────┴────┐
                   正确       不正确
                    │          │
            成员以口语、非口语  成员以口语、非口语
              证明正确          暗示不正确
                    │          │
            成员进一步澄清与    工作者重述、修饰或改正
              详细叙述          │
                    │     成员证明正确以及进一步
                    │       澄清与详细说明
                    └────┬────┘
                      下一轮对话
```

图 4-8　正确与不正确同理引发的流程

2. 真诚

真诚包括诚实与开放的心胸。这种真诚在团体工作过程中，团体成员会通过以下三点感觉得到。

· 团体成员会感到与这样的团体工作者互动是不复杂的、率直的，而且是合宜的。

· 团体成员会感到团体工作者不再扮演任何专家或权威的角色。

· 团体成员会感到团体工作者是看得见的，而且在传达坚忍和保证的感觉。

说得具体一些，真诚技巧的运用是在工作中工作者要将生气表达出来，也要把温暖说出来，同时还要适度地披露自己。此外，团体工作者在团体进程中始终要意识到以下几点。

- 觉察自己如何面对敌意的反应，特别是针对自己的敌意和挑衅。
- 当团体成员表达对团体或工作者的领导的关心时，不可以表现出防卫的态度。
- 如果在团体工作中犯了错误，要面对团体成员承认自己的错误。
- 如果对团体成员的问题不知道如何解答，不要捏造答案。
- 不用回答团体成员所问的所有问题，而是尽可能地把问题抛回给成员，并且促使他们努力思考。

3. 温暖

温暖通常是指一种"非占有的温馨"，它包括积极重视与尊重。积极重视是表现在团体工作者对团体成员感兴趣且关心他们，因而具有接纳的意味。尊重是表示团体工作者尊重成员的努力，即使努力失败了，工作者也要一方面表示遗憾，另一方面承认成员曾经努力去克服困难的事实。

4. 示范

在团体初次聚会期间，成员无疑希望能够得到友善、安全的氛围以消除紧张，所以团体工作者要协助成员感受满足、接纳、欢迎和包容，以及协助成员把焦点放在个人与团体的需要上。因此，工作者就要以示范作为引导，尝试表现一些行为让成员去模仿，如感受满足感、提问以及给予回馈，等等。

（三）团体工作中期历程的技巧

团体工作中间阶段包含了团体形成、团体冲突和团体维持等几个阶段，不同阶段团体工作者采用的技巧有不同的侧重面。

1. 团体形成时期的技巧

在团体形成时期，工作者需要采用的技巧有：支持与鼓励参与；协助综合过程，即促使成员整合于团体导向的行为中，引导成员从互惠契约进入互助契约；增强互动模式的稳固性，即工作者作为一个媒介者不断地促使成员的互动，持续地推动成员为他们的目标和任务而工作。其中，支持和引导互动的技巧需要予以展开叙述。

在团体过程中尤其是团体形成时，个别团体成员和团体本身都需要团体工作者的支持。团体工作者可以有多种提供团体支持的方式。

- 可以鼓励团体成员表达与团体主题有关的想法，邀请团体成员提出意见和感觉，然后让成员知道他的表达被人了解。

- 当成员面对发生在他内在或外在的困惑或危机时，团体工作者可以帮助团体成员。任何时候，当成员正冒险进入一个新的、令人害怕的领域时，他不能确定会发生什么，这时候团体工作者也可以提供支持。
- 团体工作者可以鼓励团体成员自由地讨论他们的感觉，尤其是像害怕、生气、悲伤、愤怒或痛恨等感觉，对很多成员而言，他们无法区分感觉和想法的区别。

在团体形成时期，为了推动团体朝着既定目标前进，团体工作者就需要扮演比较主动的角色，积极引导团体成员互动并不断强化他们之间的互动。具体来说，可以通过以下三种手法来发挥团体工作者的互动技巧。

（1）连接

所谓连接，是将个别成员沟通中的相同要件连在一起的技巧，用以减少成员之间分离的感觉，帮助成员彼此有更紧密的认同，以增强团体凝聚力。此外，运用这个技巧的重点是成员之间的相似性而非差异性，通过将成员连接在一起以增加他们之间的互动而非团体工作者与成员的互动。

（2）阻止

所谓阻止，就是团体工作者通过干预的方式以保持团体正常的互动，以及避免团体或某些成员做出不好的或不适当的行为的一种技巧。这种不好或不适当的行为包括侵犯别人的生活、讲很长的话、一直向别人提问、攻击别人，等等。阻止也可以是一种保护成员的引导互动的技巧。它经常被用于保护成员避免受到不适当的批评而成为代罪羔羊，或被其他成员伤害。

（3）设限

所谓设限，就是团体工作者在关键时刻设定好界限，使团体在互动中有框架并避免成员的互动逾越或偏离团体的目标。

2. 团体冲突时期的技巧

在团体冲突时期，工作者需要采用的技巧有如下三点。

- 稳定系统，即工作者以高度和谐的态度，表达对成员的温暖、诚恳、接纳、同理和尊重，尽可能地去调和成员的关系。
- 把论题抛回团体，即工作者不担任最后的决策者，而是作为一位提醒者并充当创造思考的媒介，用启发性与示范性的表达以鼓励成员表达不同的看法，让任何引起争议的话题能通过成员共同的参与得到共识。

● 善于利用冲突，即工作者澄清冲突的本质，作为一个支持者协助成员去解决冲突带来的紧张。对于上述三种技巧，本节将稍加展开讨论。

对于一个团体的过程而言，冲突是不可避免的，关键是团体工作者和团体成员要创造这样一种环境，即让冲突可以被提出来和被众人了解，并且将之转化为团体成员正向成长的经验。要完成这个工作，除了要保持一种没有焦虑的态度，尤其是当成员觉得受伤、被说坏话、被扭曲事实、过早离开聚会、指着对方大声说话、感觉苦恼的时候，还要随时运用以下一些技巧。

（1）避免助长输赢的情境

输赢的情境是以竞争为基础的，它会导致输的一方失去动机，降低团体凝聚力，从而使团体的冲突或问题更加严重。为了避免冲突演变成这种状态，团体工作者需要从事以下几项工作：指出冲突双方共同的立足点；说明问题分歧；让主要冲突的双方阐述彼此的立场。

（2）澄清和解释过程

在争议的情境中，沟通的线索会变得更加混乱，对于语言和非语言符号的错误解释，会导致更多的困惑、生气、焦虑和受伤的感觉。对此，团体工作者应该做的是：尽快让双方对冲突有一个共同的定义，以便能有效地处理冲突；与参与冲突者再重新回顾引起冲突的事件，尤其是语言和非语言的行为；帮助成员将问题分类，把问题分成几个部分来处理，并且澄清彼此同意和不同意的范围；让没有参与冲突的其他成员分享他们的观点和看法。

（3）与整个团体维持关系

在团体冲突的过程中，团体工作者始终要引导成员认识到团体中的冲突不只是两个人的事，也会直接或间接地影响团体中的每一个人。对团体工作者来说，整个团体越了解解决冲突的利害关系，则可用来解决冲突的资源越多。

（4）设立标准和基本规则

面对冲突，团体需要有一个结构和彼此同意的规范，以保护成员免受伤害、虐待和尴尬。这些规则最好在团体一开始的时候，就以一个实际的方式做界定。有效解决冲突的团体规范包括：生气是可以的；不可以攻击、侮辱和说坏话；即使生气，仍然应该留在这个房间里。

3. 团体维持时期的技巧

在团体维持时期，工作者需要采用的技巧有：导引；支持，即工作者通过支持来增强团体的自我管理、自我引导的能力；鼓励表达差异性。

在这个时期，由于团体已经拥有自决、自理、自我修正与自我引导的能力，所以，团体工作者适合担当催化者的角色并应该处于边缘的位置，此刻，导引是最重要的催化技巧。这里，导引技巧是指工作者为成员提供忠告与咨询，而不是规定与管理，同时，也不是引导团体朝工作者所设计的方向去做建议与咨询，而是朝着团体已经决定的方向探索和前进。一句话，导引的贡献在于目标的引介和朝向实现目标的行动。

（四）团体工作结束阶段的技巧

在这个阶段，工作者需要运用的技巧有：通过对团体的了解达到团体分离的准备，这个准备包括有足够的时间来计划最后的聚会、感受结束、摘要和评估等；引导感受的表达；催化团体结束。

1. 团体结束成员分离的技巧

处理分离的技巧重点有如下三点。

· 如果有足够的结束时间，通常需要至少三次聚会，三周前就应清楚地申明结束将发生于三周后，倒数第二周到最后一周则处理成员的感受、一些未完成的事务，以及办理结束的仪式。

· 结束阶段的沟通与互动结构、人际关系与凝聚力都有明显的差异。结束必须是离散性、个别化和低凝结性的。工作者有时可以采取拖延会期、缩短聚会时间，以及不解决冲突或不注意共同性等方法来刻意消除凝聚力。

· 由于团体结束的最后仪式在于表现社会地位的转变、表达分离的感受、强调悲伤中的积极力量等功能，所以，对于最后的仪式，团体工作者不可轻视。通常最后的仪式可以用赠送礼物、颁奖、拍照留念、临别感言、分别聚餐，或其他足以流露感情的方式来处理。

2. 团体工作记录技巧

记录是每一位团体工作者在工作告一段落时应该做的事，一个好的态度是在每一次聚会后保持完整的团体记录。由此，团体工作记录可以划分成两种类型：团体过程记录和团体总结记录。

（1）团体过程记录

这种记录是叙述式的，详细记录每次活动的过程，记录表格的样式如表4—2所示。

表4-2　××服务社团体工作过程记录

团体名称：
团体节数：
聚会日期：
聚会地点：
出席成员：
缺席成员：
团体目标：
阶段目标：
记录时间：
社会工作者：

团体过程：（请详细描述本次聚会的角色分工、互动、凝聚力、士气、决策、领导形态等情况）

团体过程评估：（请分析本次聚会完成阶段目标的情况、其有利因素和不利因素，并拟定下次聚会的目标与工作纲要）

表4-2仅供参考，社会工作者可视机构和服务内容的需要加以改良，其中团体过程一栏可以再加细分，并可印制一些空白页以便随时附加填写。而团体过程评估栏也可以分为评估与下一次聚会的计划及工作两部分。

（2）团体总结记录

团体总结记录，又称团体摘要记录或团体编年记录。如果团体是短期性的，如十节以内，通常只做一次总结记录加上每次聚会记录即可；如果是长期团体，则每逢适当的阶段，应该做一次团体摘要记录，以免因团体节数过多、时间过长而无从整理。总结或摘要记录的表格参照表4-3。

表4-3　上海市新路社区服务中心团体工作总结记录

团体名称：
团体成员：
聚会时间：
聚会地点：

续表

团体目标： 团体成员特性： 记录时间： 社会工作者：
团体组成原因：（请摘述本团体接案缘起、问题特性、组成经过、选择标准等）
团体过程摘述：（请摘述每一节团体聚会的过程并加以贯连）
团体工作评估：（请根据团体工作评估的方法进行自我评估并讨论改善的方法）

3. 团体工作评估技巧

评估一个团体工作是否具有成效以及团体和成员的目标是否实现，这是团体结束过程的另一个重要部分。有许多搜集资料的方法用于团体的评估，它们是报告书、内容分析、社会计量学、单一主体研究设计测量、专用测量表，等等，这些方法或评估技巧，每一个都涵盖了丰富的内容。限于篇幅，本节无法一一展开讨论，在此只把最常用的一些团体评估表开列于后，供我们在开展团体工作时参考或使用（见表4－4、表4－5）。

表4－4　团体成员自我评估

根据下面的叙述对你自己在整个团体聚会的参与给予评分 　　　　　1　　2　　3　　4　　5 　　　大部分从不　　　　几乎总是 ＿＿1. 我是这个团体中一个主动和有贡献的成员。 ＿＿2. 我愿意与其他成员有相称的个人投入。 ＿＿3. 我希望在团体里尝试新的行为。 ＿＿4. 当感觉出现的时候我努力去表达我的感觉。 ＿＿5. 我努力以我对他们的反应直接面质他人。

____6. 我专注地倾听他人,并且对他们的言语直接做反应。
____7. 我借着给予反馈我所认为及我所感知到的他们,分享我对他人的看法。
____8. 我要参加团体聚会。
____9. 我提供支持给其他成员而不是解散他们。
____10. 我以没有防卫的态度接受回馈。
____11. 我注意我对团体领导者的反应,并分享我的反应。
____12. 我对从这个团体中我所得到和没有得到的负责。
____13. 我将把我从团体中所学到的应用至团体外的生活中。

表 4-5 本次团体聚会的评价（成员）

下面是七个有关你对本次团体聚会的满意程度的叙述。使用这个量表,在下面的横线上填上适当的数字以表示你的看法。

1. 非常满意   2. 满意   3. 没有任何感觉   4. 不满意   5. 非常不满意

我觉得:
____对于分享我个人主题的时间。
____对于领导者在团体中的投入程度。
____对于聚会场地的舒适程度。
____对于在团体中的信任感。
____对于其他成员彼此的尊重程度。
____对于在团体期间的诚实度。
____对于在团体里进行分享的程度。

其他任何你想要说的:

（五）团体工作过程中的其他重要技巧

除了上述以团体发展为顺序来说明工作者需要运用的基本技巧外,以下技巧贯穿于团体的整个发展阶段。

1. 与团体成员的沟通技巧

工作者与团体成员达到有效的沟通有很多影响因素,例如,如何有效地发出和接收信息、团体的沟通网络、团体的结构因素（规模大小、成员地位等）,以及团体内的气氛和信任程度。其中,工作者必须掌握以下五种技巧。

（1）语意简述

指工作者能够正确而且非评断性地简述说话者的信息内容和感受。

（2）知觉查核

指工作者用知觉描述的方法来查核自己是否正确地感知到了说话者的知觉感受。

（3）信息含义的磋商

在沟通过程中，当工作者无法了解说话者的信息含义时，工作者有必要耐心地和说话者协商交流，直到信息能够被正确了解和取得共识。

（4）积极的倾听

积极的倾听是工作者对说话者表达的一种尊重的态度和有兴趣倾听的意愿。因此，工作者在倾听时要做到：停止说话；聆听重点；引发问题；注意聆听一些没有预料到的信息；在未完全听懂对方想表达意见之前不要急着与对方争辩；避免分心。

不过，要做到真正的积极倾听并不是一件容易的事情，不少社会工作者在助人的过程中虽然也在积极倾听，但是有太多的因素在阻碍他们的积极倾听，以至于会产生以下几种常见的无效倾听。

• 不适当的倾听。在与团体成员交谈中，工作者或者陷于自己的思绪，或者开始思考如何回答，或者他们的心思全被成员的问题塞满，或者助人心切，或者因为成员的问题与自己的遭遇雷同而心神不宁，等等，造成工作者分心或没有听见对方在说什么。

• 评量式的倾听。工作者在倾听的时候，以好坏、是非、善恶、可接受或者不可接受、喜欢或不喜欢、中不中肯等来评判团体成员所说的话。

• 经过滤的倾听。在倾听中，工作者会有意无意地根据性别、籍贯、社会地位、教育背景以及生活形态等因素对成员加以框定分类。其实，这样的过程就是在对成员及其述说做文化上的过滤，而这种过滤过程通常掺和着工作者的偏见。

• 以事实而非以人为中心的倾听。不少工作者在倾听时只是关注许多资料方面的问题，以为只要知道了足够多的有关成员的真相，那么成员的问题就会迎刃而解。搜集资料却遗漏了本人，这实在是倾听的偏差。

• 同情的倾听。有不少团体成员是社会中弱势群体的一员，生活艰难、遭遇悲惨，这种成员会引发工作者的同情的感觉，有时候这种感觉太过于强烈，致使成员所说的故事发生扭曲，也会导致工作者在未完全对事件真相了解清楚之前而偏袒或服从于团体成员，结果反而会影响问题的解决。

上述几种倾听都是无效倾听,但又常常存在于团体工作的过程中,对此,团体工作者应该保持高度的警觉。

(5) 专注的行为

它可以用语言和非语言的方式呈现出来。

语言方面,例如可以用"对对……"等语言语调来使对方知道工作者在专注地倾听,也可以用话语来引导,鼓励对方,如"你想谈些什么?","你是否愿意多告诉我一些关于你妈妈的事情?",等等。

非语言方面,"非语言"就是指肢体语言,它往往也透露出一些重要信息,表达出我们是不是专注地在与对方沟通。一般而言,良好的肢体语言表达应该遵循"SLORE"原则。

S:指与对方沟通时,双方座位的角度。原则上是直角(square),即90度,这种角度较自然也较方便接收信息。L:指与对方沟通时,身体的姿势宜向前倾(lean),表示有心、愿意倾听对方说话。O:指与对方沟通时,心态应该是开放的(open),不装腔作势和敷衍了事,而是富有同理心地与对方沟通。R:指与对方沟通时,身体可以是很轻松自在的(relaxed),不会给对方带来任何压力。E:指与对方沟通时,应该注意彼此眼神的接触(eye-contact),看着对方说话,也是一种尊重和礼貌的表示。眼神四处飘散会给对方带来不安和不受尊重的感觉,所以应尽量避免。要注意的是,看着对方是指眼神自然地接触,而不是去瞪眼盯着看,这样同样会给别人带来不舒服和不礼貌的感受。

2. 主持团体讨论的技巧

关于团体聚会中讨论的技巧有很多,不可能一一详述。然而,以下强调的这些技巧对主持和掌握聚会讨论是必不可少的。

(1) 总结技巧

在讨论中,总结是经常使用的沟通技巧。它是集所有互动或聚会的重要维度之大成的技巧。在讨论中,会产生各种观点和意见,它们可能是支离破碎的,甚至是有冲突的,所以,对社会工作者而言,重要的是要不断总结讨论的内容,使团体成员对他们所说的和所赞同的事物有一个清晰的印象。

工作者可以用总结来检查是否已经得到团体成员传来的信息并做正确的

解释，也可以用总结去处理难题或问题，把它拆成不同部分，使讨论更容易和更深入。总结能帮助团体集中注意力，带领团体成员把精力放在特别重要的讨论议题上。

（2）集中焦点的技巧

一种使团体成员在讨论中集中焦点的方法是，社会工作者建议团体每次讨论只处理一个议题或一个问题。他可以向团体成员指出，他们的讨论是否脱离议题，并要求他们只做与任务有关的陈述。社会工作者也可以制定一些规则限制团体成员，使他们的交谈始终围绕着议题。

（3）关切的技巧

这就是让团体成员知道，社会工作者密切关注着他们在说些什么或做些什么。社会工作者应该关注语言或非语言的沟通，避免判断和评价团体成员。

（4）保证公平参与的技巧

公平的参与并不等于相同的参与。公平参与以团体成员期望的参与为标准，又充分考虑团体成员的能力，这个能力的范围包括知识、信息和其他对讨论有贡献的成分或者成员在团体中担当的不同角色，等等。例如，如果一个成员在某一方面有特殊专长，团体就可以指望这个成员为团体在这一方面提供更多的信息，而对于另一个对这一方面知之甚少的成员的期望就要低一些。如果一个成员是讨论的领导者，其他成员可以指望他更多参与；而对一个新成员，他仍然需要时间定位，其他人就不能指望他有太多参与。在讨论或团体活动中，社会工作者必须有技巧地保证每一个人能按照他的能力与角色进行参与和发挥作用。

（5）阻止和支持的技巧

阻止的技巧在前面部分已有论及，事实上这个技巧同样贯穿于团体的过程。有些团体成员会趋于在讨论中处于支配地位，而其他人就会趋于沉默。社会工作者就不得不用一些阻止的技巧来中断这个成员的支配行为，以使其他人有机会阐明他们的观点。至于沉默的团体成员，社会工作者应该运用支持的技巧，比如说给予鼓励和奖励。

（6）质询的技巧

质询是一种用来告诉一个团体成员他言行不一致的技巧。这是一种特别的传递信息的方法，用来影响一个成员改变他的行为。

(7) 回应感觉的技巧

在团体聚会和讨论中，社会工作者必须因团体成员的感受向团体成员表达同理，以便培养信任和鼓励他们做更深层的理解和探索。

四　各种理论背景的团体工作实务案例

（一）以增权理论为基础的老人权益争取团体工作案例

1. 案例介绍

当今社会，人口老龄化现象越发严重，养老院成了很多老人安度晚年的选择。但是公立养老院床位少，无法满足所有申请者的需求。因此，大部分老人选择了床位相对较多，但花费较贵的私立养老院。

黄女士的父亲入住某私立养老院，她每次去探望时，发现养老院食物的种类及调味不适合普通糖尿病、高脂肪和胆固醇的老人，更严重的是，养老院中强调的"糖尿餐"与普通餐没有差别。由于她几乎每天都去探望父亲，对于那些没有家人探望的老人，恐怕得到的看望还不及她父亲，她深深体会到私立养老院工作人员的素养问题。还有一些老人曾参观过公立养老院，感觉公立养老院的设施、服务各方面都比较好。就算私立养老院得到政府的监察，但只能监察表面设施，例如床位数目、居住面积及环境设施等，对于医护人员的护理常识、日常工作态度及食物质量等却难以监察。就算老人们不满意，也不敢或不懂向院方或有关部门投诉。

2. 老人权益争取团体增权服务方案设计

团体名称：老人增权服务团体

团体性质：支持团体

参加者：养老院失权老人

时间：2011年2月17日～4月8日　周日下午3：00～6：00

参加人数：失权老人8～10人、社工1人、义工3人

活动地点：养老院老年活动中心

（1）准备阶段

现在的老年人虽然经济生活有了一定保障，但是在现实生活中可以发现，不少老人在各种权利的享受和保护方面仍有许多不足，从而影响了他们的晚年生活及其质量，因此，从增权取向的社会工作来看，仍有许多服务空间可以开拓。

①增权的定义。"增权"是现代社会工作理论的一个重要概念，意指赋予或充实个人及群体的权力。在现实生活中，由于社会利益的分化和制度安排的原因，处于社会底层或社会边缘的弱势群体总是缺乏维权和实现自我利益主张的权力和能力。如果要改变这种状况，就必须对权力进行再分配，走增权的途径。

②增权的层次。增权涵盖以下三个层面。一是个体层面的增权。所谓个体增权是指个体得以控制自身的生活能力以及对所处环境的融合与影响能力，包括实际控制能力和心理控制能力两个方面。对于不同的弱势群体对象来说，个体增权的侧重点不同，各元素的权重也有所不同。二是人际关系层面的增权。离开人与人之间的关系，任何人都无法提升自己的权力和能力。人际关系层面的增权，一方面可以增加一定的社会资源或社会资本，另一方面可以提升自己的形象，争取公平的社会环境。三是社会参与层面的增权。社会参与层面的增权目标指向对社会决策的影响，表达自己利益诉求和参与社会资源的分配，争取到与健康社会和进步文化相匹配的社会公正和社会平等待遇。

③增权的模式选择。增权的模式有两种：个体主动模式与外力推动模式。前者旨在提高个体增权的主体性和主动性，后者旨在通过外力推动和保障以实现、激活弱势群体的主体意识，通过客体与主体互动的不断循环和构建以达到持续增权的目的。

（2）规划阶段：设计团体

①服务对象的选择。通过与养老院老人及其家属联系，向他们介绍活动的目的、内容和要求，并了解每个老人在养老院的权益受损情况，然后再通过个别访谈确定参加人员名单。

第一，向养老院老人了解情况。

采取访谈的方式了解：一是养老院内牵涉老年人生活的社会、人文与自然环境，以及服务资源的分布；二是存在失权现象的老人的具体情况。

第二，向老人家属进一步咨询相关信息。

a. 老人的基本情况：年龄、性别、婚姻状况、文化水平、健康状况等；

b. 老人的社会支持网络：家人、邻居、社团、社会服务机构；

c. 老人的失权情况：频率、内容。

第三，评估老人的需要、所拥有的资源和失权状况。

a. 老人的生活需求分析：老人所享受服务的种类、项目、形式、数量及其服务时间安排等。

b. 老人家庭和子女的详细信息：年龄、性别、婚姻状况、文化水平、职业。

c. 老人的个人能力：健康状况、拥有的技能、对生活的看法。

②初步制定团体工作目标。第一，使老人积极面对自己的生活，重新认识自己的处境，提升自我潜在的能力。鼓励老人发出自己的声音，与他们分享自己的感受和经历。第二，使老人认识一些相同境遇的人，建立相互支持的网络。第三，提高老人的互助维权的意识，敢于向社会提出自己的要求和需要。

③成员的特征。老人增权服务团体成员有如下特征。

第一，年龄在60~80岁的老龄人员；第二，有基本的自理能力，意识清晰；第三，存在某种程度上的失权行为，可能存在以下现象：免疫系统反应能力降低、慢性进食紊乱和营养不良、自伤或自我忽略、患忧郁症、恐惧和焦虑、自杀倾向。

④招募义工。一名主要是记录团体过程，两名是在开展团体的时候从旁协助。

⑤团体的理念：保密、坦诚、尊重、倾听。

⑥所需物资及日程安排。

a. 所需物资：礼物、茶水、点心、义工。

b. 工作日程安排如下：

日期	任务
2月17日~3月2日	访谈；招募义工；组前筹备工作
3月2日~3月30日	组织团体工作
3月25日	反馈会谈和探访
3月30日~4月8日	检讨及跟进工作

c. 预计困难：招募不到足够的参加人员；工作员不能够及时控制老人的情绪。

(3) 开始阶段：过程设计

主题	日期	目标	工作内容
第一节：缘来一家人	3月2日	1. 让成员与工作员相互认识；2. 让成员清楚团体的目的和内容	1. 工作员自我介绍；2. 老人之间进行介绍，相互认识；3. 讨论对团体的期待，并确定工作目标；4. 确立团体单元内容及团体规范；5. 彼此留下联系方式；6. 社工向所有人宣读团体的目标和章程
第二节：爱的释放	3月16日	1. 鼓励老人说出内心感受，重新认识自己的处境；2. 与他人分享自己的感受和经历；3. 认识相同境遇的人，建立相互支持网络	1. 鼓励老人说出自己是否遇到过权益受到损害的情况，他们是如何处理的；2. 让老人对自己的处境进行评估；3. 大家倾诉完以后可以一起讨论，以后遇到类似情况应该怎么办；4. 鼓励成员之间相互帮助
第三节：我的事情我做主	3月30日	1. 让老人关注自己的权益；2. 让老人了解维护自己权益的方式和途径；3. 提升老人的维权意识	1. 请专家介绍有关老年人的法律法规，应该拥有哪些权利；2. 让老人自我探讨自己在哪些方面存在权利缺失；通过什么途径得以维护自己的正当权益；是否曾参加过有关维权的活动或加入相关团体和社团
第四节：经验分享	4月6日	1. 成员自我评估；2. 团体是否延续及成员相互支持方法的讨论；3. 让成员的最后一次团体活动能以较轻松方式结束	1. 让老人积极回顾几次团体活动中的收获和不足；2. 让老人完成一份有关自我权益意识的评价量表；3. 工作员应评价团体活动的成败及每个成员的发展

(4) 结束阶段：结案和评估

通过以下方式来了解团体工作目标的实现程度。

第一，在团体前的面谈以及团体的最后一节活动时，安排老人完成同一份问卷，以比较他们在参加团体前后自我能力和解决问题的能力是否得到有效提升。

第二，在团体最后一节活动中，团体成员分享以往团体活动的感受和经验，并提出进一步完善的意见。

第三，根据工作员及义工在团体进行时的观察和分析，对团体工作进行专业反思。

（二）以增权理论为基础的单亲妇女互助团体工作案例

1. 案例介绍

近年来，离婚数字不断上升，单亲家庭逐渐增多。研究显示，一般单亲家庭存在不少生活上的困难，包括经济困难、个人心理上的适应不良、管教子女的困难、自我形象和价值低落，以及缺乏亲人和朋友的支持。另外，社会人士对单亲家庭有一定的偏见及误解，认为"单亲家庭大都是有问题的家庭"，影响了单亲家庭成员对身份的适应。

社工在个案接触中发现个案的工作手法令受助人长期摆脱不了不幸者的角色。较有效的方法是通过建立互助团体，令成员体验到自己并非最孤独，而自己过去的经历可以成为别人借鉴的地方。最重要的是，互助团体协助成员建立支持网络，发挥个人潜能，增强他们的能力感。

2. 单亲妇女互助团体增权服务方案设计

（1）团体背景资料

团体名称：相信自己——妇女自助团体

团体性质：自助团体

参加者：离婚妇女

时间：2011年7月11日~8月16日　周六下午7：30~9：30

参加人数：10人

活动地点：中心团体会议室

（2）目的：增强离婚妇女重获自信的能力

（3）具体目标

①提高参加者的自我观念；

②增强参加者处理问题的信心；

③强化参加者的彼此支持。

社会工作实务：过程、方法和技巧

(4) 团体活动安排

日期	主题	目标	内容和形式	所需物资
7月11日	人生的挑战	促进彼此认识	1. 简介目标与内容、团体规范及合作契约 2. "握握手，好朋友" 3. 二人一组找同伴 4. 人生路大组分享 5. 合唱《漫步人生路》及总结	1. 合约 2. 笔； 3. 个人档案本
7月18日	释放与宽恕	认识自我的情绪	1. 冥想练习：这一刻我的感觉 2. "烦恼来自何方"讨论 3. "情绪与健康"分组讨论 4. 大组分享和练习 5. 拍穴位练习，学习"哈"功	1. 录音机； 2. 柔和音乐
7月25日	"疼"自己	促进自我再对焦，唤起自我需要	1. 同伴分享生活感受 2. "我眼中的我" 3. 团体练习和分享 4. "健康在我手"练习 5. 高歌一曲《问我》 6. 回家作业：送一份小礼物给自己	1. 录音机； 2. 练习纸
8月1日	珍惜我拥有	强化自信心	1. 说得出，做得到——送了什么礼物给自己 2. 离婚心得分享——我的改变（分组）、离婚路上的良方灵药 3. 开心呼吸大法 4. 回家作业：我的心声	1. 练习纸； 2. 录音机； 3. 轻松音乐
8月8日	推己及人	促进彼此支持	1. 冥想练习：新生活 2. 我的心声分享 3. 人生之十四最——讨论与分享 4. 开怀齐高歌《妇女自强》	1. 录音机； 2. 柔和音乐
8月16日	豁达成长路	强化家庭凝聚力	1. 同伴分享：说说你的孩子 2. 支持源泉：分享 3. 高歌一曲《红日》	录音机

(5) 评估方法

一般而言，团体工作的评估方法包括以下几种：参加者组前和组后量表、成员出席率、成员口头意见表达、成员调查问卷、工作员专业判断等。

（三）基于交互模式的失业青年团体工作案例

1. 案例介绍

金融危机后，整个社会进入了一个经济低迷时期，加上经济生产模式的转型，令就业市场呈现一片不景气现象，使一直存在的青年人失业问题凸显。青年人尚未投身社会、做出贡献之前，便需面对"毕业等于失业"的困境，他们的自信心受到打击是可以理解及需要正视的；加上这群困境中的青年人大多是因为成绩不理想而不能升学，更是由于个人自信心不足及人际相处技巧欠佳而未能找到工作。

这群青年人拥有相同的背景——学历相同，面对相近的问题——需要寻找一份工作、投身社会，所以运用"交互模式"团体工作的介入手法，可以达到青年人之间的互助支持及提升解决问题的能力。

2. 失业青年交互模式团体服务方案

（1）理论概念

交互模式强调人与社会是一种互相依赖的关系，人的行为受到社会系统的影响。而通过成员及社会工作者共同约定目标、共同解决问题的过程，个人的社会功能便得以修补。

同时，交互模式相信个人具有互惠互助的能力及动机，只要将拥有相近问题或处境的个人吸纳进团体，便能够通过互助的方式去处理团体内的个人困难。所以，团体的功能是将个人的问题带入团体中，再变成团体成员共同处理的任务。因此，交互模式强调团体的特点是成员有共同的团体目标，并追寻共同做出的决策。

正是如此，团体才是交互模式的重点，团体的介入也是社会工作者的重点工作。因为交互模式着重由团体提出有待处理的问题，所以本模式的另一个特点是没有一个预先设定的治疗目标，一切的治疗目标、团体方向均是由成员共同商量出来的。

交互模式还提出了五项工作原则供社会工作者参考：

①让案主发现自我需要与社会期望之间的共通点；

②认同及处理这些本来被隐藏的共通点；

③提供意念、价值观等支援；

④提供视角；

⑤建立案主与工作者体系的界限。

（2）团体背景资料

团体名称：青年自强

团体性质：互助支持团体

成员：大学毕业的待业青年人

人数：10人

团体时限：一年

地点：中心活动室

（3）目标

①增加成员对自己未来的自信心及能力。

②加强成员对自己未来职业取向的方向感。

（4）团体活动安排

日期	目标	介入手法
2011年6~7月	1. 让成员互相认识（包括基本背景、个人兴趣）； 2. 建立成员间的信任及沟通； 3. 分享及调节成员的期望	1. 互相认识活动：生命树、自画像、水晶球； 2. 信任感活动：瞎子摸象、星光引路； 3. 分享期望及团体方向：烧烤、集体旅行、钓鱼、唱K、聚餐
2011年8~9月	1. 增加成员的信任感，以至能够共同解决问题； 2. 确立成员对个人未来职业取向的定位	1. 每次活动前的成员分享（如求职情况、个人问题分享），由成员一同回应及做出支持； 2. 团体户外活动； 3. 职业性向测验及分享；职业期望的分享；不同行业介绍及分析；求职面试技巧、模拟面试及分享
2011年10~11月	增加成员对自我能力的信心及肯定	1. 组内支持活动：每次活动前的成员分享并由成员一同回应及做出支持； 2. 社会服务：探访，订立服务目标；曾经多次为智障人士、老人、区内儿童提供服务； 3. 试工活动：在本中心担任文职、询问处及图书馆管理员职位

日期	目标	介入手法
2011年12月~2012年1月	1. 分享成员对团体未来方向的看法； 2. 由成员自行组织团体及计划团体目标	1. 组内支持活动：每次活动前的成员分享并由成员一同回应及做出支持； 2. 团体内务工作：组成团体不同职位，处理组内行政工作，制作团体告示板、组衫，拟定组名和通知
未来	交由成员计划	

（四）以回忆理论为基础的老人治疗性团体工作案例

1. 案例介绍

大部分老人在退休后会面对不少困惑，如为经济拮据、失去生活保障及安全感而忧心；不用工作，空闲时间骤增，终日无所事事、百无聊赖，较易胡思乱想；子女成长后因工作关系或结婚而另组家庭，彼此接触机会减少，更易产生疏远及空巢感；此外，丧偶及同辈的亲友因老迈而相继逝世，更易引发哀思。以上这些种种打击，令退休生活苦多于乐，老人们难以凭借个人力量排遣消解，产生生命无奈、自怨自艾等负面情绪。这些悲观的情绪往往会维持一段颇长的时间，情况令人忧虑，为他们解忧脱困实在是刻不容缓的事。

2. 老人回忆治疗团体服务方案

（1）理论概念

回忆理论自从被 Butler（1963）运用在"生命回顾"中，成效非常显著，所以回忆理论在个案辅导及团体治疗工作中成为不可或缺的部分。

在个案辅导方面，通过心理辅导技巧将老人过往的经历重新认定其成就，在维持老年人自我观念方面特别有帮助。研究发现，借回忆过去愉快的经历及成就等正向记忆，可以增强老人的自我概念，也可以使老人认同过去，回忆可以协助增强认同感，以支持个人生命的完整连续性。

在团体辅导方面，运用回忆在团体中能有效地催化老人的心理治疗及行为改变，团体可以提供特殊的行为修正建议，并给予回馈。

团体治疗有积极的治疗效用，运用回忆作为团体工作技巧，通过彼此互相支持与共患难的心情,去提供一个理想的媒介协助他们处理疾病、丧偶和生活上的危机。

(2) 团体背景资料

团体名称:快活人生团体

团体性质:治疗性团体

成员:受助老年人

人数:8人

地点:老人活动中心

(3) 目标

①协助老人缓解情绪上的困扰,重拾自我的观念;

②通过生命回顾,让成员认同其成就,建立自尊与自信;

③拓宽生活圈子,积极构建人际关系及与社区接触,拥有积极的晚年生活;

④促进老人在团体中的沟通与互动,发扬互助互信的精神;

⑤鼓励老人开放自己,加深彼此的了解,建立团体的凝聚力及归属感。

(4) 团体活动安排

主题及地点	目标	内容及形式	工作者角色/责任	所需物资
第一节:初相识 地点:老人活动中心	1. 协助老人互相认识; 2. 澄清及了解团体规范,培养互助互信的精神	1. 互相认识"我是谁"; 2. 制作自画像; 3. 播放录影带《生命历程》; 4. 团体规范:包括守时、保密; 5. 填写《人生交叉点》评估表; 6. 交流感受; 7. 回家作业:带童年照片	1. 带领团体讨论,促进老人间的互动关系; 2. 澄清者:澄清彼此的期望、团体规范	1. 录影机; 2. 录影带; 3. 画纸、笔; 4. 评估表
第二节:童年篇 地点:老人活动中心	1. 增加成员间的交往; 2. 分享童年及青少年生活的美好回忆	1. 童年玩趣:谈及童年玩意; 2. 交流童年如何度过快乐的节日; 3. 回顾中日战争; 4. 交流感受; 5. 回家作业:为参观历史博物馆做准备	1. 资源提供者:搜集童年生活玩意;搜集中国节日食物和节日来由; 2. 辅导者:纾解战争带来的困扰及遗憾	1. 录影机; 2. 录影带

续表

主题及地点	目标	内容及形式	工作者角色/责任	所需物资
第三节：参观历史博物馆 地点：历史博物馆	1. 加深成员间的凝聚力和团体认识； 2. 重温过往的生活及工作，加强团体讨论与分享	参观历史博物馆	1. 组织者：带领成员互相认识彼此的工作形式及类别； 2. 组织及安排参观	
第四节：工作篇 地点：老人活动中心	鼓励沟通，分享彼此的工作模式，加强自我满足感及建立自我形象	1. 讨论每位成员的工作及成就； 2. 讨论工作的重要性、乐趣及其贡献； 3. 交流感受	1. 促进及鼓励成员投入团体的历程； 2. 评估团体目标成效	1. 录影带《工作片段》； 2. 录影机； 3. 讨论提纲
第五篇：婚姻篇 地点：老人活动中心	鼓励成员开放自己，建立团体的归属感和互助互信	1. 分享照片（结婚照片、结婚的服饰照片）； 2. 畅谈初恋的经验； 3. 谈论传统婚姻的仪式； 4. 交流感受	1. 搜集中国旗袍、传统婚姻仪式等； 2. 照片及资料提供	讨论提纲
第六节：父母篇 地点：老人活动中心	1. 分享成员初为父母时的喜与乐及其成就，促进成员的自我价值感和自我认同； 2. 加强彼此之间支持及互助的态度	1. 分享养育子女的成就感； 2. 管教子女的心得； 3. "离巢感"：子女婚后离开父母的感受； 4. 交流感受	1. 加强及认同成员的成就； 2. 辅导者：处理成员情绪及困扰	1. 照片； 2. 讨论提纲
第七节：老年篇 地点：老人活动中心	1. 协助成员面对晚年生活，提升自尊感； 2. 了解老年人的晚年生活需要	1. 晚年需要； 2. 如何面对年老； 3. 健康之道； 4. 交流感受	促进者：促进团体互动互助	讨论提纲
第八节：未来篇 地点：老人活动中心	1. 协助成员积极面对晚年生活，强化其生活目标； 2. 协助成员重整经验，计划未来	1. 如何计划晚年生活； 2. 写出《我的愿望》； 3. 交流感想； 4. 制作检讨表	1. 检讨者； 2. 计划者	1. 纸张； 2. 讨论提纲； 3. 评估表
跟进工作	协助成员融入社区，与人建立紧密的关系	为每一位成员订立服务目标及鼓励实践	1. 支持者； 2. 中介者：联络中心同工安排活动	

（五）基于社会互动理论的初中高危辍学者防治性团体工作案例

1. 案例介绍

辍学生的需求问题一直受到老师及青少年工作者的关注。以往人们普遍认为辍学生或者高危辍学生都是那些学习成绩差、经常破坏校规、师生关系恶劣、对学校造成负面影响、经常缺课、对学校没有归属感、来自问题家庭等特征的人群。但在实际的个案接触中发现，成绩好的也有可能辍学，其核心原因是当事人与学校的冲突。冲突包括学生及老师，甚至学生与学校风纪之间的互动结果。

2. 初中高危辍学者社会互动防治团体服务方案

（1）理论概念

社会互动理论，主要包括以下几个方面。

第一，这个理论揭示了社会互动的物质条件。

人们的社会互动只有在一定的条件下才能发生，马克思在《费尔巴哈》一文中揭示了社会互动的物质条件。他说："迄今为止的一切交往都只是一定条件下的个人的交往，而不是单纯的个人的交往。这些条件可以归结为两点：积累起来的劳动，或者说私有制，以及现实的劳动。如果二者缺一，交往就会停止。"（马克思，1988）在这里，马克思从宏观的角度说明了在私有制社会中，交往要在一定的历史条件和现实条件的基础上才能进行，离开了一定的物质基础，脱离了现实社会，人们之间的社会互动就无从发生。

第二，这个理论指明人的需要是产生社会互动的根本原因。

人为什么必须进行社会互动，产生社会互动的原因何在？马克思认为：有生命的个人的存在是社会存在的首要前提。要维持有生命的个人的存在就必须使个人的肉体组织能够活下去；要使个人的肉体组织活下去，就要不断地满足肉体的物质需要，就要与外界打交道，从自然界中寻求可以摄入肉体的物质，或者利用外界提供的东西再创造出食物和用品（马克思，1988）。然而，人与自然界所发生的物质交换关系，依靠单个人的力量是难以维持的，要进行生产，人们必须以一定的方式结合起来，在共同活动中建立一套分工制度，通过分工合作来满足个体的需要。正如马克思所说："他们如果不以一定方式结合起来共同活动和互相交换其活动，便不能进行生产。为了进行生产，人们便发生一定的联系和关系。只有在这些社会联系和社会关系的范围内，才会有他们对自然界的关系，才会有生产。"（马克思，1988）马克思关于需要与社会互动的逻辑关系是：人的需要是社会互动的根本原因，而社会互动则是满足人的需要的可靠保障。

第三，这个理论分析了社会互动层次，指出经济互动是其他一切互动的基础。

尽管马克思关于社会互动的论述是多方面的，但是，在这些论述中仍呈现一定的层次性。在社会互动的层次中，经济交往是其他一切交往的基础，他说："物质交往——首先是人们在生产过程中的交往，乃是任何另一种交往的基础。"既然人们要活下去就必须进行生产，那么生产过程中的交往是其他任何交往的基础，就是理所当然的。而在物质交往之外，人们还有更多的交往活动，比如思想、观念、意识，也就是说，人的精神交往是人们物质交往的直接产物。这是马克思对物质交往和精神交往的一个最明确、最概括的说明。马克思在《政治经济学批判·序言》中更清楚地表达了社会互动的层次。在这个层次中，经济交往是基础，在经济交往的基础上发生政治交往和思想沟通。

（2）团体目标及策略

高危辍学生团体服务主要是以促进他们完成初中课程为目的，基于现已了解的学校和高危辍学生的冲突互动情况，制定出以下工作策略：

①提高学生与学校产生冲突付出的代价，增加学生与学校合作得到的好处，令学生愿意尝试去控制自我的行为；

②增加机会让成员多参加需要与学校和老师共同合作才能完成的事情，让老师对成员有正面的态度。

（3）团体内容

第一阶段主要是让团体对成员产生吸引力，并令成员得到与学校合作后的满足感，进而令成员自愿地学习及运用自我控制，减少与老师等方面的冲突。

由于要让团体能长期对成员产生吸引力，但团体活动的设计永远不会比由青少年自己量身定做的那么好，所以，在开展团体活动前必须了解"既然他们经常表达不喜欢读书，是什么吸引他们留下来，而暂未选择离校？"了解到他们虽然不喜欢读书,但仍享受学校生活的原因后,可针对此类需求在校内开展各种不同形式的团体活动,如篮球赛等,让他们对团体工作产生兴趣,同时对学校有一个新鲜且正面的感觉体验。

到第二阶段,主要是制造机会让成员参与学校的义务工作,原则上是同老师共同参与,可以使双方有一个和谐的沟通合作机会。比如,团体可以参与到学校圣诞晚会的筹备工作中。在过去,这些高危辍学生可能很少参与到该类活动中,但在当晚,所有成员一起出席并负责招待学校老师、同学及预备饮品,校长对团体成员的整体表现感到满意。最重要的是,活动结束后安排个别老师与成员倾谈,老师可能会因为某些成员在本次筹备活动中的表现而对他们有所改观,学生也能感受到老师的态度转变,有助于日后老师与学生之间的相处。

(六) 基于经验学习法的儿童创意性团体工作案例

1. 案例介绍

游戏是儿童的主要工作,他们能从游戏中学到一些基本的生活技巧,以适应将来的生活。毋庸置疑,游戏与儿童成长有着不可分割的关系,但应用到团体工作上,需注意以不同的形式、创意等满足他们玩乐和学习的需要。现需要为儿童合作沟通能力的锻炼提供一个学习的机会,设计一个游戏方案。

2. 儿童创意团体服务方案

(1) 理论概念

经验学习法着重通过活动、参与式的学习方法刺激个人的思考、反省及行为学习,再加上群体及朋辈间的互相交流、分享、讨论及彼此回馈,借以将个人经验重整,建立一套新的信念、思想、行为系统。这个过程是出于人的自我探索,而非工作员的灌输、教导或者权威人士的指令,游戏就是探索历程中最有效的催化剂。因为是参加者亲身的投入参与,所以他们会更自觉地投入学习,分享他们个人拥有的经验。经验学习法十分注重简述及经验的凝聚和延伸的环节。向儿童简述游戏的目的和玩法,除激发其参与动机外,还能即时引发其关注此时此刻的游戏处境,让其过往的经验重现在脑海中,作为游戏后和经验凝聚前的准备,这是一个极为重要的经验累积过程。

游戏过后,需要与儿童一起回顾游戏的过程,更重要的是让他们在讨论历程中能够将此次游戏的经验做出反省和凝聚;经验凝聚前,儿童要不断与自己过往的生活经验做对比和交换,且兼收并蓄,学习和吸收别人"好"的经验,并在日常生活中不断实践。在继续凝聚过程中,不断反省,从反省中延续有关经验到不同的生活处境。持续反省就是经验凝聚和延续最重要的动力。

(2) 团体背景资料

团体名称:麦兜团体

团体性质:成长教育

成员:6~8岁儿童(12人)

时间:2011年7月20日~2011年8月5日 下午3:00~4:30

(3) 团体活动安排

由于篇幅原因,此处只介绍其中一节团体活动的过程及相关分析。

游戏:超市游踪

目的:为儿童提供合作沟通机会

内容:活动前集合,向儿童们介绍此活动并解说该环节背后的目的,让他们有心理准备,不是玩那么简单,而是要学习如何与别人合作。将儿童分成三队,每队给予50元,在30分钟内完成指定购买活动。过程中,社会工作者除了要维持秩序外,还要不时提醒有关游戏的要求和限制,使这个环节得以顺利进行。活动后,在颁奖前,进行总结环节,然后将有关"战利品"于茶会中派送。

过程与分析:这是一个现实生活的体验,让儿童亲历大型超市的情境,被场内的食物吸引,感到面前有很多"选择":糖果、汽水、花生、雪糕……此时,儿童会不知所措,在欲望和游戏规则下,未能取得平衡,会有很多原始本能出现,例如疯狂地叫喊着、乱跪、四处张望……希望将所有喜爱的食物和饮品占为己有……

这次的游戏能为儿童提供一次合作沟通机会,在游戏过程中,每位儿童都要使出浑身解数,以最快的时间用尽指定数量的金钱买到合适的食物和饮品。在此过程中,如果有成员不合作,例如,独自选购会造成超支,合作商议会损耗购物时间,如何取舍?这需要凭借成员间的默契和应用个人的团队合作经验了。通过团体互动，每个人要检视自己是如何与组群沟通的：其中有些成员是没有沟通的，显得比较被动；另外，部分成员则是合作领袖式地在指挥行动。

那些儿童合作沟通经验的表白和分享是非常迅速的，且表现极为自然和童真，不戴假面具：露出喜气洋洋的面孔，因为买到想买的食物和饮品；互相指责的声音也有不少，因为因争买东西而延误了比赛时间……这些"行为现象"会成为协助他们做出个人团队合作经验归纳和建立合作沟通新概念的重要素材。所以，在总结环节，应使用6W+2H的提问技巧，"6W"包括who（谁）、when（何时）、where（在哪里）、what（什么）、why（为什么）、which（哪个）；而"2H"则指how（如何）以及how many（多少）。例如：你们如何能做到这样的成功？谁最尽责？什么原因导致A队获胜？协助儿童做出反省，孕育团队合作新概念，协助有关的经验凝聚和延伸，鼓励儿童将这些概念运用到日常社交生活中。

第五章 社区工作实务

社区工作包含了多个不同的工作模式,这些模式除了在介入策略和介入方法上有不同之处,所着重的目标和背后的理念也有显著的分别。根据罗斯曼(J. Rothman)的理论,他提出了社区社会工作的三种模型——地区发展、社会策划与社会行动,这三种模型的工作目标、工作原则与工作方法有很大的差异。在本章中,将重点介绍这三种模型和社区照顾、社区教育这两种常用的模型,以及社区社会工作中的一些基本技巧。需要注意的是,由于各种模式各有其特点,但不是决然分立的,所以社区工作者往往需要根据实施的场合不同选择其中之一,或者混合使用几种模型。

一 地区发展模式及案例分析

(一)地区发展模式的含义

根据罗斯曼提出的,地区发展模式是社区工作的介入模式之一。地区发展模式是指社区社会工作者协助社区成员分析问题,发挥其自主性而广泛参与、利用社区资源的工作过程,以期能够培养社区成员的民主意识,鼓励他们通过自助和互助解决社区问题,增加对社区的认同,改善社区关系。

地区发展模式的特点主要包括:第一,较多关注社区共同性问题;第二,通过建立社区自主能力来实现社区的重新整合;第三,过程目标的重要性超过任务目标;第四,特别重视居民的参与。

(二)基本假设

根据谭马士对现今社会现实的分析,可以认识到社区工作的必要性,主要存在以下七方面的问题：

①社区网络日趋解体；

②居民对公民责任欠缺承担；

③市民普遍冷漠，不愿意参与公众事务；

④人口流动加剧和居民的高度异质性使沟通合作不易；

⑤居民、组织之间欠缺交往及沟通的渠道；

⑥社区内缺乏民主参与的渠道；

⑦不同利益群体之间容易形成对抗，阻碍社会和谐。

了解社区现状存在的问题后，对于地区发展模式，我们需要了解它存在的一些基本假设，以便了解该模式存在的合理性，假设主要包括：

①社区居民是理性的，应该愿意参与社区事务；

②社区问题的主要成因是缺乏良好的人际关系与解决问题的技术；

③社区中的居民是孤立的，或者社区为传统所束缚，社区领导者思想保守，对民主程序一无所知，缺乏解决问题的能力；

④社区是应当也可以实现和谐的。

此外，从公共利益角度出发的假设主要是：倾向于理性主义，认为对社区的共识是可能取得的，社区中各团体与阶层的利益是可调和的，只要找到共同的利益所在，分歧便可化解，问题也可以解决和改善，社区内的公共利益是可能实现的。

（三）地区发展模式的目标

地区发展模式的社会工作任务目标在于建立社区自助能力来实现社区的重新整合，使居民与团体通过互助和参与加强沟通和合作，重建和谐的社区关系，并且能够掌握自助能力，切实具体地解决社区问题，使社区生活得以改善，增强居民对社区的认同与归属感，从而改变社区。

任务目标的实现需要过程目标的推动，所以过程目标也是十分重要的。根据谭马士对于过程目标的具体内容的界定，主要包括：

①各种社会网络的重新建立；

②居民互动及交往的增加；

③邻里关系的改善；

④居民及团体之间重建紧密的联系；

⑤居民认识到参与的重要性,并愿意承担责任;
⑥居民对社区更加认同及投入。

(四) 实施策略

地区发展模式所采取的基本策略有五个。第一,促进居民之间的交流。促进居民之间的交流主要是针对社区居民之间的冷漠和疏离所采取的策略。第二,团结邻里。团结邻里主要是针对社区中部分邻里关系不良而采取的策略。第三,社区教育。社区教育主要解决的是居民对社区资源不熟悉或陌生方面的问题和培养居民骨干。第四,提供服务和发展资源。提供服务和发展资源主要针对的是社区服务和社区资源缺乏的问题。第五,社区参与。社区参与主要解决社区面对的部分共同问题。

具体下来,可实施的具体策略主要包括:

①立足社区居民公共利益的扩大,通过沟通、对话和讨论促使成立不同居民团体;

②社区组织之间的协商、妥协与合作;

③注重居民的组织和教育,培养居民发展项目的能力;

④对社区群众的争取、包容,并使其参与到发展项目中来;

⑤以内部资源的动员、参与、行动为主,以外界资源的帮助和技术引进为辅;

⑥对社区精英的争取、团结和支持,但应注意到的是社区的公共事务应由自下而上的民主决定,避免精英决策;

⑦对应相应的社区问题,地区发展模式中的工作策略也不尽相同,可以参考表5-1。

表5-1 地区发展模式的工作策略

社区问题	工作策略
居民的冷漠及疏离感	个人发展: 1. 以互助活动增强居民办事能力和责任感; 2. 通过成功的合作经验鼓励居民参与并增强他们的自信心
邻居关系恶劣	团结邻居: 1. 通过多元化社区活动增强社区归属感及认同感; 2. 建立基层联络网以改善邻居间的沟通,进而改善邻里关系

续表

社区问题	工作策略
对社区资源陌生	社区教育： 1. 提供帮助，了解现有的社会服务及社区资源常识； 2. 鼓励居民善用社会常识和资源来改善生活
对政府有关部门不满	社区参与： 1. 提供建设性的途径表达意见和争取改善的方法； 2. 倾听居民表达不满，反映民意，疏导激烈情绪； 3. 建立政府与居民的联系和沟通，促进互相了解
缺乏地区资源	资源发展： 1. 挖掘及训练社区党员和积极分子； 2. 引进外来专业人士及人民代表做顾问； 3. 鼓励地区组织联盟，加强声势
环境及设施问题	解决困难： 1. 通过集体参与解决问题； 2. 通过建立居民团体或组织系统增强社区的力量
缺乏社会服务	服务提供： 1. 提供社区服务，例如转介服务、社区活动、教育活动等； 2. 发动社区资源，以互助形式提供服务

资料来源：甘炳光等，1998。

（五）社会工作者和案主的角色

由于地区发展模式注重居民参与，并强调参与者的自立、自助和成长，因此社区社会工作者主要扮演的角色有三种。第一，使能者。社区社会工作者协助居民表达对社区问题的不满，鼓励和协助居民组织起来，帮助他们建立良好的沟通渠道及人际关系，促进共同目标的产生与实现。第二，教育者。社区社会工作者通过开展培训，帮助居民掌握解决问题的技巧和组织技巧，培养积极参与和自助互助的精神。第三，中介者。社区社会工作者协调各方面的社区团体和个人，促进他们之间的沟通和合作，调动社区资源，改善社区的问题。

相对地，从案主的角度看，案主被看成有相当丰富的未开发潜能的公民；案主在相互的互动以及与社会工作者的互动过程中，被看成积极主动的参与者。

（六）评价

事物总是存在两面性的，从客观的角度看，一方面，地区发展模式的优点在于：一是营造良好的社区氛围；二是提高居民的能力，强调和平与合作，通过自助以满足需要，从中提升解决问题的能力；三是推进社区民主，它运用人本主义的工作方法，强调的是一个发展的过程，重视和尊重居民的自决；四是契合中国文化传统；五是减少冷漠、提高居民的归属感，增强居民自我形象、自信及自主性，发展社区网络。

但另一方面，地区发展模式的缺陷在于：一是无法解决整体资源分配不均及制度不合理所产生的社区问题（需要政府的政策、立法等的介入）；二是调和不同利益群体的手段不足（缺乏资源、领袖）；三是民主参与导致成本高而效益低。地区发展模式相信通过社区居民广泛的民主参与，便可达到解决问题和自助的目的。但是这种参与会花费不少资源和时间，不符合成本效益的计算原则。

（七）地区发展模式在中国的适用性

中国当前的社区建设提倡的基本思想是和地区发展模式相一致的。比如在中共中央办公厅颁布的 2000 年 23 号文件《中共中央办公厅、国务院办公厅关于转发〈民政部关于在全国推进城市社区建设的意见〉的通知》中就明确提出，"坚持政府指导和社会共同参与相结合，充分发挥社区力量，合理配置社区资源，大力发展社区事业，不断提高居民的素质和整个社区的文明程度，努力建设管理有序、服务完善、环境优美、治安良好、生活便利、人际关系和谐的新型现代化社区"。中国社会有着和谐的传统文化基础，注重乡土意识和邻里互助，再加上中国政府对基层社区高度重视居民自治的基层民主建设，这些都是适合地区发展模式的有利条件。当然，因为我国传统的高度统一的单位制组织结构还未转化为功能分化的多元组织结构，政府部门习惯于对基层社区下命令，实行行政领导，再加上市场经济机制的影响逐渐扩大，影响了居民关心、参与社区公共事务的积极性。

(八)案例分析

1. 案例背景

　　近年来,自然灾害频发使灾前预防和灾后重建成为当前我国社会发展中的重要课题。冰雪灾害、汶川大地震、青海玉树地震,以及近期的洪涝灾害,使我们在承受自然灾害造成的巨大破坏时又不能不鼓起勇气重建家园。在这些自然灾害中,"5·12"汶川大地震依然是目前减灾救灾研究中的一个重要实例。接下来将基于社会工作在汶川灾后的已有实践以及国内外关于灾后社区重建的实践和研究,将社会工作在参与灾后社区重建过程中以地区发展模式为视域,做相对的分析。

　　中国关于灾后社区重建的实践很多,主要是在政府主导下先进行临时安置,然后由政府组织进行灾后家园重建,而相关社会组织参与灾后社区重建的实践相对较少。学界对灾后社区重建的研究在汶川大地震之前几近空白,汶川大地震之后,学界开始关注灾后社区重建,相关研究成果大量出现,有的学者从灾后参与的角度出发认为在拟定灾后重建机制与真正推动重建工作时,必须从社区开始,采用居民可以直接参与的模式,(李宏伟、屈锡华、严敏,2009);有的学者也提到,发挥灾民的主体性是灾后重建必须考虑的因素。另外,有关学者提到在灾后社会重建过程中需要充分整合各种资源,实现灾后的有效重建(杨发祥、何雪松,2010)。

2. 案例分析

(1)灾后重建中的问题与服务对象

　　受灾后面临的问题多是村庄被夷为平地,居民流离失所,身心都受到很大的伤害,如何将幸存的多个村庄整合起来,包括人力和资源,这是灾后社区重建面临的现实问题。在重建过程中,我们需要将所涉及的居民组织在一起协商探讨,使他们共同参与到灾后重建中来。我们最终的工作目标并不指向某个单一人群,而是兼具同质性与异质性的不同人群共同组成的新的社区或临时社区。

(2)地区发展模式的优势

　　灾区重建存在一个基本条件即多元主体,包括中央政府、地方政府、对口支援政府和单位、企业、NGO、志愿者、灾民等，都是灾区重建的实施主体。在多元主体中，由于灾民是最直接的受害者，故他们也是其中最主要、最直接的主体。所以在灾后紧急救援之后，灾后救援应该开始向社区重建推进，灾后居民应该积极主动面对、参与灾后社区重建的问题。

地区发展模式作为一种社会工作的社区工作介入手法，强调的是当地居民的民主参与、团结合作、自我帮助、自我组织，利用当地的资源、当地的技术、当地的创举和领袖，来解决当地的问题，促进当地的发展。地区发展模式认为人是理性的，社区中各团体与阶层的利益是可调和的，社区的公共利益是可能实现的。只要社区内的多数人广泛地参与决策和社区活动，就可以实现社区的变迁和发展。所以地区发展模式注重灾区居民的主体地位，认为灾后重建不但是政府以及各类社会组织的事情，更是灾区居民自身的事情，他们作为主体的参与才是灾后社区重建的关键，同时强调在灾后社区重建过程中各个主体之间要自助和互助，实现共同的发展。换言之，"让我们聚集在一起来商量这件事"，也就是激发社区居民的广泛参与，以确认他们的需要和解决他们自己的问题，增强他们的归属感与凝聚力。由此可以看出，作为社区工作的主要模式，地区发展模式的理念和工作方法有利于灾后社区重建的实现。

（3）服务目标

经历重创的四川灾区，在灾后救援工作结束之后所面临的是社区重建工作，除了解决实际生活问题、寻找资源外，还必须重新建立社区凝聚力与归属感，恢复社区居民重建生活的信心与希望，建立一个有能力的社区。而作为一门助人的专业，社会工作有责任为灾区重建提供专业服务。

（4）服务的过程与方法

在政府主导、社会参与的灾害救援和灾后重建模式下，社会工作者首先需要依托组织机构得到政府的允许然后才能进入灾区现场参与灾害救援和社区重建。

在进入灾区之后，首先，社工需要了解社区重建的整体情况和灾民的需求，并在与政府和灾民的协商过程中拟定初步的规划。其中，规划的目标主要应该涉及社区经济发展、社区社会发展和社区文化发展等内容。

其次，建立和发展居民组织，在充分尊重灾后社区居民的自主性的前提下，寻找社区重建的切入点，减少灾后社区重建的阻力，挖掘当地人才，利用当地的资源和技术，并采用商讨和沟通的策略不断化解服务过程中的问题和矛盾，激发社区居民参与的积极性，逐个完成任务目标和过程目标。

最后，在社会工作服务撤离之前，通过评估测量介入成效并做好离开和结束前的工作。

二 社会策划模式及案例分析

（一）社会策划模式的定义

社会策划模式是罗斯曼提出的三大社区工作介入模式之一。社会策划模式是在了解社区问题的基础上，依靠专家和外界权威机构的意见和知识，通过理性、客观、系统化与有控制和指导的分析，对解决社区问题进行有计划的由上而下的改变的过程和方法的一种工作模式。

其中，需要注意到社会策划模式强调专业人员的参与，强调理性设计的社区计划在社区变迁中的作用。只有专门的计划者运用专业技术知识才能制订合理的社区变迁计划，引导复杂的变迁过程。此外，社会策划模式强调有关实质性的问题，比如青少年违法、住房、精神健康等问题的技术程序解决重点。

由定义可以看出，社会策划模式的特点概括而言就是理想、精心策划、有控制和由上而下的变化。具体来说主要表现在以下四个方面。

第一，注重任务目标的实现。

第二，强调运用理性和科学的原则处理问题。一方面强调过程的理性化，包括工作中设定清晰的目标和价值取向，设计可行性方案，预估方案的效益与代价，比较与选择代价最低、效果和效率最佳的方案实施；另一方面强调技巧的科学化，特别是运用科学方法，包括运用定量和定性研究方法收集、处理和分析资料，来协助做出决定。

第三，注重由上而下的改变。社区社会工作者扮演专家的角色，运用知识、科学的决策能力及其权威，推动及策划改变；权威和专家与社区居民是一个主体和控制的关系；采用的多是行政安排和组织工作的方式，避免自发冲突。

第四，指向社区未来变化。社会规划是通过分析当前和过去的资料，预测将会发生的事情，并设计应对的对策，其目的是尽量降低社区未来变化的不稳定性。

(二) 基本假设

社会策划的基本假设主要包括以下几点：第一，社区中存在许许多多具体而复杂的问题，在复杂的环境下，要达成社区变迁，必须依靠专业人员和专业技术；第二，崇尚理性的力量，运用理性，可以制定清晰的目标和标准、形成决策等；第三，社会问题可以通过渐进的方式解决，人类的能力是有限的，渐进式的策划是必需的。

从公共利益的角度看，公共利益的假设是：倾向于理想主义，认为社区内各团体的利益不受政治利己主义的影响，应当强调知识、事实与理论，应当采取一种客观中立的态度。

(三) 实施策略

选择社会策划模式进行社会工作服务时，就应该有一套比较规范的策略步骤。

第一，明确组织的使命和目标。社区工作者一般都是社会服务组织的职员，其所服务的组织或机构都有一套服务信念和使命，用来表示其存在的价值和提供服务的意义。

第二，分析环境和形势。社区工作者要收集环境发展趋势方面的资料，了解对计划有影响力的人士和团体，分析他们的利益和需要及他们与计划的关系、对计划的期望和要求。

第三，客观地认识自己的能力。

第四，界定和分析问题。明确社区问题存在的现状、特点、成因，发现目前解决这些问题的方法之不利或不足之处。

第五，确定评估需要的主要方法。参与性方法，即由服务对象参与确定需要；社会指标方法，即用社会或专业所认可的指标数字来推断出需要；服务使用情况方法，即通过目前使用服务者的资料也可反映出需要的情况；社区调查方法，即通过问卷调查科学化地了解居民的需要。

第六，建立目标和达成目标的标准。目标代表了工作的方向和预期所要达到的理想效果。

第七，列出、比较并选择可行性方案。目标建立后，就需要列出所有能达到目标的可行性方案和策略，并确定各个方案的理论依据，使问题的成因、解决方法和效果联结起来，以便能够评估各个方案的收益与代价，掌握其效果和效率。

第八，测试方案。选定方案后，便需要决定执行机构，包括人力、预算和大致的工作程序等。

第九，执行方案。在执行方案期间，策划者需要监管整个运作程序，以免工作偏离轨道。

第十，评估结果。评估和总结工作并不一定要等到计划执行结束后才进行，事实上评估设计也是策划工作的一部分。

（四）社会工作者与案主的角色

在社会策划模式中，社会工作者主要承担两大角色：技术专家和方案实施者。社会工作者需要强调专家的角色和专家的参与，需要从事调查研究、方案拟订，并与各种不同科层体系及各种不同学科的专业人员建立关系；对事实进行汇集与分析，并对方案进行控制与实施。

相对地，对于案主而言，案主更倾向于被看成"服务的消费者"，他们享受各种社会规划的成果，如住宅、娱乐、福利等；他们的主动性与积极性主要表现在服务的消费上，而不是政策或目标的决定上。

（五）评价

社会策划模式由于崇尚理性和专家权威，并运用了一套较为科学的策划技术和方法，因而使其与其他模式相比有着明显的优点。一是保证服务质量。因为事先已经考虑清楚如何解决社区问题，加之社会工作者又拥有所需的技术和能力，所以可以保证所提供的服务的质量。二是较有效率。社会策划模式比较注重专家的作用，因而使决策和行动都可以有更高的效率。

但是，社会策划模式也存在一些缺陷。一是社会策划模式属于机构层面的工作，居民扮演的角色较为被动，只限于对计划提出一些修改意见，居民的深度参与和能力未被开发。所以从根本上看，这个模式较为保守。它以效率为重点，忽视居民意识和能力的培养。具体表现在：一是居民参与率低；二是服务对象对所提供的服务的依赖性提升，可能导致被动民众群体的出现；三是社会策划是由社区权力精英所聘请的专家制定的，所以，社会规划本身较多地反映了权力精英的共识。

（六）社会策划模式在中国的适用性

当代中国正在由计划经济体制向社会主义市场经济体制过渡。关于市场和计划的论述是：市场是基础机制，计划是宏观调控机制，计划引导市场。其实在很大程度上中国仍然是比较强调计划性在社会发展中的作用的，这是与社会策划模式相一致的一个社会特点。另外，中国社会的转型主要是在经济领域，在社会和政治领域仍然保留乃至强化自上而下的行政性领导，这也与社会策划模式下的社会工作方向和方法相一致。但是中国的市场经济体制改革以及政府财力的下降导致政府调控力度降低，不能为社会策划模式的运用提供相应的经济基础。这正是中国社区服务的大社会背景和社会基础。

（七）案例分析

1. 案例背景

  城市改造是一项复杂的工程，特别是城中村改造作为中国城市化进程的独特现象，既涉及城市物理空间格局的变迁，又涉及城市社会空间布局的调整。近几年，全国各个城市都开展了规模不同的城中村改造工程。在推进城中村改造中，人们更多地关注物理建筑空间变化或由此引发的经济利益配给问题，而较少地关注社会空间尤其是社区层面的变化。因此，接下来将以社区工作作为切入点，结合社会策划模式对城中村改造中的社区工作进行分析。

2. 案例分析

（1）城中村改造中的问题与服务对象

当前城中村改造过程中面临重重困境，概括后主要就是关于社区整合的困境，这些困境不仅制约了社区发展，而且对城市化进程产生影响。其中，城中村改造影响最大的主体就是村民，由村民组成的村集体是城中村改造的对象，也是城中村改造的直接利益相关者。城中村的改造不仅直接涉及他们的房屋、宅基地等私人财产，更关系到他们在改造后的社区生活情况。

在城中村改造中将社区整合困境细化后包含三类问题。

一是归属感问题。就居民个体而言，特别是对于长期居住于城中村的居民，他们对城中村生活有着强烈的依恋感与认同感，进而升华为对城中村社区的归属感。城中村改造无疑破坏了原有生活与社区景观，也削弱了居民个体对原有社区的认同感，甚至这种认同感会逐渐消失，以至于社区归属出现危机。

二是交际问题。在改造过程中居民之间由改造引发的各种纷争逐渐增多，原有居民邻里关系呈现紧张态势。此外，改造后的社区新进居民与原有居民之间也将面临适应性人际交往问题，人际障碍成为城中村改造的一个问题。

三是社区利益的不协调。在城中村改造过程中，居民在拆迁补偿标准和期限上经常与村委会、开发商发生争执，村委会经常与开发商联合，这反映出居民利益、开发商利益和村委会利益尚未协调一致。改造后新建小区的治理主体与过去治理主体不同。由于过去管理模式的惯性思维，新建小区居委会只是注重管理、轻视服务，物业公司忙着收缴物业费，注重管理力度，而轻视服务质量。这些问题导致社区整体治理失调。

在社区地域范围内，无论是居民个体、居民之间还是社区整体，都引发了大大小小的危机，这些危机使被改造的城中村社区未达至良好状态，社会整合也就难以实现。但是，城中村改造过程本身即为人们理性地推进城市变迁的过程，社区整合问题需要人们进一步理性地策划解决。

（2）社会策划模式的优势

由于社会策划模式强调通过依靠一种实际的、理性的途径解决问题，并假设理性的居民采取的行动能力是有限的，需要专业人员与专业技术渐进式的帮助。该模式认为，在复杂的工业环境下，社会变化导致社区变迁进程面临各种问题，需要训练有素、高技术水准的策划者给予帮助，由他们引导复杂的变迁进程，解决其中的问题。城中村改造是我国城市计划性变迁表现的重要行动之一，城中村改造中的社区整合问题是变迁进程中的实质性问题，该问题与社区息息相关。因此，从社会策划模式视角分析城中村改造中的社区整合问题具有较强的适用性。

（3）服务目标

针对城中村改造的社区整合问题，引导社区整合的良性发展变化，并采取灵活措施及时应对可能的问题，顺利实现社区良性变迁。在城中村改造过程中，主要的目标是完成城中村改造与社区整合。社会工作服务中需要解决居民个体的归属危机，培植居民新的认同，培育居民对改造后的社区的新的归属感，促进居民之间人际交往的和谐。促进社区治理的善治，就是社区整合，主要涉及政治、经济与社会三方利益，三方利益协调一致才能实现善治。

（4）服务的过程与方法

社区整合模式强调理性地促进社区变迁，城中村改造中引发的社区整合问题，是在促进社区变迁过程中理性策划不完善所导致的。我们应该掌握社会发展的内在规律，然后统一计划、管理，促进社会的发展和变迁。社会策划模式的基本策略是收集事实和采取逻辑性的步骤，设计出理性和可行的合适的服务方案，它的三个特点是理性化、自上而下的改变、控制及指导未来。

第一，在策划理念上，以社区发展为导向，理性设计城中村改造中社区整合的方案，全面介入社区居民个体、群体与整体三方面困境，改变过去片面发展的观念，注重物理空间与社会空间的交互影响，注重经济效益与社会效益的有机结合，注重社区区域特色与发展潮流的协调统一。

第二，在制订社区整合方案时，多方面收集城中村改造涉及的微观居民个体、中观群体关系以及宏观社区治理制度等各种信息，这些为制定决策提供了便利条件。在制订方案时，要保证开放性。一方面包容多元措施，另一方面制定应急措施，处理非预料结果，规避总体目标偏离的风险，确保社区良性变迁。

第三，在居民个体层面，基于居民的需要，延续社区过去良好生活习俗，促进居民的社区认同延续，同时对新建社区生活方式、便利设施等进行广泛宣传，进而创建新建社区的认同，再造居民的社区归属感。

第四，在居民关系层面，营造多元的社区交往空间，依托各种社区组织，开展多元的社区活动，鼓励居民参与，实现人与人之间的良性互动，改善人际关系。

第五，在社区整体治理层面，进一步明确政府、市场、社会三者在社区层面的定位，保护三方合法权益，创建三方对话合作平台机制，促进三方互利共赢，实现社区治理有序推进。

第六，通过专家上层决策，动员下层社区居民广泛参与。这也是社会策划模式的另一个特点。在组织过程上，从上层到下层针对城中村改造中社区整合这一实质性问题的解决，齐心协力、联合行动，能够有效地完成社区整合的任务。

三 社会行动模式及案例分析

（一）社会行动模式的含义

社会行动模式也称社区行动、抗议行动或者冲突模式，是指发动社区中处于劣势地位的人们，将他们组织起来，针对社区中存在的社会问题，通过抗争的行动策略，向社区提出适度的要求，实现社会正义与民主，维护自身的利益，改变社会结构和制度，以期待获得应有的资源，使社会权力、地位及资源得到合理的再分配，并在过程中提升参与者的社会意识，改变他们的无能及无助感，构建更公平、更公正的社会。付诸行动的有两种团体：一是对社会不平等表示关切的团体，一是意识到自己在某些情况下处于劣势地位的团体。社会行动的主要方法是辩论、磋商、直接采取行动或施加压力，以促成社区制度、法规或政策的变迁。

社会行动模型有如下特点：

①以社会上的低下层群体为工作案主；

②社会行动的本质是在现存的建制下所进行的有限度的社会改革；

③社会行动的目标是争取权益和资源的重新分配，并且通过行动的过程提升参与者的社会意识，改变他们的无能无助感，提升他们解决问题的能力；

④社会行动关注社会公平、民主和正义等价值理念，反对功能和谐论的社会观念以及适者生存的社会达尔文主义；

⑤社会行动把矛盾和冲突理解为社会发展的动力，而不是把结构平衡理解为社会发展的动力。

在社会行动模式下,其任务目标是指通过行动,必须达至制度的改变,实际地改变社区中的权力关系与资源分配,或者通过基本制度的变迁让特殊群体或问题得到社会的关注,提高一部分人的社会经济地位。过程目标是强调通过行动的过程,提升参与者的社会意识,改变他们的无助感,提升他们解决问题的能力。

当社会工作者采用社会行动模式时,应遵守相应的原则:渐进原则;赢得让步而非破坏;行动的连串性;争取舆论支持,避免使用暴力。

(二) 社会行动模式的假设

社会行动模式的假设主要是:①建立在现实基础上,即由于社会中存在权力与地位的分化,社会上存在被压迫的少数群体,社区中的一部分人处于劣势地位,他们被剥夺、被忽视,失去了权力,导致社区问题的产生;②相对地,每个人的自由及人权应该受到保障且社会和政府是宽容的,再加上社区居民拥有自由的新闻媒介;但是,群众缺乏政治参与渠道,故他们需要被组织起来,联合其他人去向整个社会争取资源并取得符合民主及公正的对待。

从公共利益的角度看,公共利益的假设是倾向于现实主义的,假设社区各部门之间的利益是不一致的、无法调和的,既得利益者不会轻易放弃权利,所以需要采取强制性的措施,如立法、联合抵制等,向不合理和不公正的剥削施加压力,争取自身的权益。

(三) 实施的策划与步骤

策略是指整个的、全体的行动计划,策略应是一个长期、周密的过程。社会行动的策略有以下几种方式:对话性行动、抗议性行动与对抗性行动。

一个完整的社会行动有了策略还需要一个有序的实施步骤:酝酿期、宣传组织期、行动期、总结期。详细的工作内容见表5-2。

表5-2 社会行动的介入策略

阶段	工作内容
酝酿期	找出共同关注的问题,进行初步的资料收集,预估群众的反应及他们参与的意愿,初步制定争取事件的目标及预估对手的反应

续表

阶段	工作内容
宣传组织期	1. 推举代表，成立争取关注组； 2. 制定争取的要项； 3. 通过争取行动的系列； 4. 统一步伐，团结士气 或 1. 先召开座谈会，物色核心领袖； 2. 将座谈会代表组成争取关注组； 3. 关注组协助召开居民大会，商议各项行动要求，增强团体力量
行动期	
（A）对话性行动	1. 接触有关部门，尝试约见并陈述意见； 2. 进行调查，收集数据
（B）抗议性行动	1. 进行签名运动，争取基层支持； 2. 发动群众参加行动，迫使对方谈判或让步
（C）对抗性行动	1. 直接干扰其工作运作； 2. 争取第三者的了解及支持，迫使谈判或让步
总结期	1. 问题得到改善； 2. 检讨行动

资料来源：甘炳光等，1998。

（四）策划社会行动的考虑因素

布伯（K. Bobo）等人提出，在选取社区事件后，策划社会行动时，社会工作者应该用一张大表，将他们认为重要的六项主要因素，列出各项具体的可能性，再制订计划。六项因素包括：目标；工作员及群众的工作取向；组织考虑；盟友及对手；当权者；战术运用（Bobo，1991）。详见表5-3。

表5-3 策划社会行动的考虑因素

目标	1. 列出行动的长远目标。 2. 行动的短期目标是什么？ 3. 短期目标达到后如何走向长期目标？ 4. 行动是否对民众生活质量有实质改善？ 5. 能否使民众觉得有权？ 6. 可否改变不平等的权力关系？

续表

工作员及群众的工作取向	1. 工作员如何看待社会财富分配？用什么手法改变社会？ 2. 工作员期望自己认同行动及投入的程度如何？ 3. 在社区内，谁会关心这个问题？他们能否参与？ a. 这是谁的问题？ b. 如果成功了，他们得到什么？ c. 有何风险？ d. 实力从哪里来？
组织考虑	1. 列出各项在行动中可动用的资源，例如，金钱、组织者数目、设施、声誉等。 2. 整个行动要花费多少钱？ 3. 通过行动可否令组织： a. 成员人数增加？ b. 领袖经验增多？ c. 筹到更多金钱？ 4. 若要使运动策略成功，需要解决什么内部问题？
盟友及对手	1. 谁是你的盟友？ a. 社区内外各有多少？ b. 他们与你的关系怎样？熟悉程度如何？ c. 社会人士的支持有多少？ d. 大众传媒的态度怎样？ 2. 谁是反对你的人？ a. 如果你取得成功，反对你的人将付出什么代价？ b. 他们会如何反对你、阻挠你？ c. 他们有实力吗？
当权者	1. 直接当权者 a. 谁有实力决定你的命运？ b. 你有什么实力可以打垮他？ 2. 间接当权者 a. 谁有能力去影响直接当权者？ b. 你有什么实力使间接当权者助你一臂之力？
战术运用	针对每位当权者，列出各种使对方感受压力的战术。 这些战术可否： 1. 显示你的实力？ 2. 提高你们的士气？ 3. 使传媒报道？ 4. 是否有趣味？

资料来源：甘炳光等，1998。

（五）社会工作者的角色

在社会行动模式中，社区工作者的角色是社会行动中的：

①案主的辩护者与代言人；

②倡导者，使居民认识到自己是政策不公平的受害者；

③策动者，采取较为主导的方法去带领组织工作，鼓励居民团结起来争取本身利益；

④组织者，与居民领袖并肩作战，帮助居民及其团体既维护自己的利益又运用传媒的影响，向当权者施加压力，影响正式组织的决策过程；

⑤教育者，协助人们认清问题，找出问题根源，思考可能解决的方法；训练居民学习行动技巧和政策分析技巧；面对可能出现的威胁和操作，唤醒居民，并教导居民反操纵；

⑥资源提供者，提供社会行动组织过程中所需要的资源，如经费、人力、会场、宣传品、刊物及研究等。

从案主体系来说，案主通常只是社区中的一部分人，包括劣势团体以及处于劣势地位的个人，他们特别需要社区工作者的支持。社区权力精英往往是社会行动针对的目标，不属于案主体系。案主被认为是现有体系的牺牲者，也是所进行的社会行动的得利者。

（六）评价

对于社会行动模式的评价一直都是褒贬不一，有的人认为它的优点在于：一是能够广泛吸纳群众；二是能够组织起处于劣势地位的群体，帮助他们争回权益；三是能够提升参与者的社会意识，改变他们的无助感，提升他们解决问题的能力；四是由于社会行动较直接和具有冲击力，所以可使问题迅速解决。

有的人则认为社会行动太过于激烈，可能容易破坏安定繁荣，可能激化矛盾，制造事端；有时候易被政党操纵，不利于和谐社会建设和发展。

（七）社会行动在中国的适用性

中国社会正处在结构转型和制度转轨的大变革时期，所以必然带来很多社会问题，所以结构主义的分析视角在中国是比较贴切的。但是中国的基本大局是改革、发展和稳定，稳定是压倒一切的社会政策基础，要求各项工作都要服从大局。加上中国的社会管理体制正在由传统的单位管理体制向以社区为本的管理体制转变，把社区作为社会管理的基础，强化管理都反对社会冲突和矛盾的引发,但是也要求以社区为本来解决社会变革带来的社会问题。如何做到二者的平衡是中国社区工作者的挑战。

(八) 案例分析

1. 案例背景

20世纪90年代中期以来,随着中国转向市场经济体制并实行一系列社会改革,越来越多的单位开始弱化单位行为的非专业性目标,也开始弱化职工对单位的过分依附性。但对于单一式单位型社区来说,由于它是一个或几个单位筹建,自设各类服务设施,居民职业构成比较单一,生活环境质量较好,社区互动与单位互动合二为一,包括单位的级别关系也表现在社区生活之中。因此,在单一式单位型社区,一方面,单位还承担着居民的一部分福利,最典型的就是住房的福利;另一方面,这种社区人的转化也导致单位型社区居民权利意识和参与意识的觉醒,不再一味地顺从,也开始就自己切身的利益进行反抗。这就在单一式单位型社区中引发了社区冲突,特别是当个人最重要的利益——住房利益被剥夺时,居民有极强烈的动机去捍卫自己的权利。

接下来就以一个单位型社区的教师与学校的冲突为例,来探讨运用社会行动模式解决的途径。X社区的冲突主要是经济利益上的不同层次主体之间的冲突。X社区是一个由一所地方性大学所筹建的单一式单位型社区,随着社区体制的改革,X社区的房改制度也进行了改革,有一部分住房是福利分房,一部分是集资建房,学校按一定的级别,每年给学校的教师分配住房。冲突就以此为开端。2003年9月,S学校后勤处公布分房人员的名单,并安排了具体签房的日期,可是快要到签房日期时,却没有任何解释,就通知说暂不分房,下次分房日期待定。这使这些等待分配住房的大学教师感到自己被剥夺了住房权利,而且没有任何解释,使他们有一种受愚弄的感觉,几个大学教师就去找相关领导讨个说法,领导的态度很温和,并答应尽快解决这个问题,之后却一直搁浅。

2. 案例分析

（1）案例中存在的问题

本案例中，社区冲突主要是由两个方面的原因促成的：一是与社区内其他参照群体利益比较后产生的不公平感；二是社区公共权力资本化，权力滥用。

首先，由于从 2003 年到 2005 年两年时间没有分配住房，在 2003 年以前已经得到住房的教师每个人拥有两套住房，一套住房自己住，另一套住房则出租给外来人，以获得额外的收益。而那些在 2003 年本应分到住房的教师看到只比自己早来一年或两年的教师不仅住上了三室一厅的房子，还获得了额外的收益，而他们却连基本的居住权利都没有，当他们将自己的处境与这些参照群体的处境进行对比时，就感受到了极大的不公平，这便导致了潜在冲突的升级。

其次，社区公共权力就是管理社区事务，为促进公众最大利益而存在的权力。然而对于教师来说，令其愤懑不平的是，一些干部将手中掌握的社区公共权力当作追求个人私利的工具，化为攫取和积累个人财富的"资本"，以权谋私。管后勤的干部为了自己获得钱财而私下里收受贿赂，将房源预支出去了，这引起了这些教师的极大愤怒。

当这些不公平感和以权谋私的现象不断积累时，社区冲突便由此而发。

（2）社会行动模式的优势

根据社会行动模式的假设，由于社会中存在权力与地位的分化，社会上存在被压迫的少数群体，社区中的一部分人处于劣势地位，他们被剥夺、被忽视，失去了权力，导致社区问题的产生。他们的自由及人权应该受到保障，且社会和政府是宽容的，所以需要帮助他们采取强制性的措施，如立法、联合抵制等，向不合理和不公正的剥削施加压力，争取自身的权益，促进社会更加公平、民主和正义。

在本案例中，X 社区的教师已经找相关领导进行了协商，是比较温和的行动，但问题并未得到解决，所以需要借助专业的手段进行行动。由于 X 社区的教师都是高级知识分子，目标比较明确，所以他们在整个冲突问题的解决过程中可以受到专业社区工作者的指导，基本上能够以理性的行动运用社会行动模式解决社区冲突。

（3）社会行动的策略

社会行动模式主要分为酝酿期、宣传期和行动期。

①酝酿期与宣传期

找出共同关注的问题，进行初步的资料收集，估量群众的反应及他们参与的意愿，初步制定争取事件的目标及预估对手的反应，并召开座谈会，物色一个核心领袖，推举代表，成立争取关注组，制定出争取的要项；通过争取行动的系列；统一要求及行动，增强团体力量。

社会工作者首先将理应分到房子而没有分到房子的教师召集在一起，召开了一次非正式的座谈会，物色到了一个核心领袖曾老师，他是在1992年来到学校的，按条件他是可以在2003年分到一个三室一厅的房子的，但是由于当时三室一厅的房子只剩六楼，他年老有病的父母和他一起住，因此他没有要，想等到下一批再分，没想到一等就是两年多，因此他急需分到房子，而且他口才比较好，说话具有煽动力。同时又选出了10个代表作为这次冲突的关注组，关注组的这10个成员在一起又制定了一系列的行动步骤。他们决定去找管分房的直接领导，和他进行谈判，如果谈判不成功，他们将继续找管后勤的上一级领导进行谈判，如果还不行的话他们将会再扩大影响，迫使学校领导进行谈判并做出让步。

②行动期

根据社会行动模式，行动期主要分为：第一阶段对话性行动，第二阶段抗议性行动，第三阶段对抗性行动。这几个阶段是一步步升级的，但无论是抗议性行动还是对抗性行动，最终的目的不是破坏现行制度和环境，而是与当权者对话，使自己的利益能够得到保障。

首先X社区教师采取的是对话性行动。曾老师带着关注组的几个成员以及周一上午没课的老师找到了负责分房的处长，处长没有给他们任何谈话机会，借故回避了。于是教师们决定采取下一步抗议性行动。教师们找到了学校的一份关于住房的文件，表明学校其实还有150多套闲置住房，他们也查到了20名非正常渠道入住人员的名单。而且为了扩大影响，他们四处动员，尽其所能，争取把和他们具有共同利益要求的工人、教师联合起来，形成一个具有相对目标的行动共同体，扩大声势，给学校领导造成一定的压力，在压力团体的加压下，学校肯定会考虑他们的正当要求。之后教师们草拟了一份分房呼吁书，进行了集体签名，并拿着这份有集体签名的分房呼吁书找到了主管学校后勤工作的副校长，副校长感到事态严重，为了稳住他们，答复他们会尽快解决。一周后，学校仍然没有回复，于是他们将行动进一步升级。这使学校开始重视这些教师的要求，在当天下午将房源通过网络公布出来，并承诺马上安排时间分房子。终于在公布房源后的第五天，学校安排了分房的时间，并如期将房子分配了下去。此项持续两年多的社区冲突终告结束。

随着人们权利意识的觉醒，人们会自觉合理地争取自身的利益。在单靠个人的力量难以有效地解决冲突时，合理运用社区工作的专业方法和技巧，社区冲突还是能够以理性的方式解决的。

四 社区照顾模式及案例分析

（一）社区照顾的定义

由于社区照顾概念的形成过程比较复杂，因此，至今对其仍然没有一个公认的解释。对社区照顾概念的界定，不同的人士对它有不同的理解。

英国1989年的《社区照顾白皮书》中指出："社区照顾"是指给因年老、心理疾病、心理障碍或身体及感觉机能障碍问题所困者提供服务和支持，让他们能够尽可能在自己家中或社区中类似家庭的环境下过着独立的生活（转引自阮曾媛琪等，1996）。

Bulmer认为，"社区照顾"是指正式机构之外的可用资源，特别是将家庭、朋友或邻里等非正式关系视为提供照顾的工具（转引自阮曾媛琪等，1996）。

从社会服务和社会福利政策、模式及介入方法过程角度看，"照顾"基本上可以从四个不同层次来界定和理解，即行动照顾、物质支持、心理支持、整体关怀。社区照顾是社会工作者动员社区资源，运用非正式支持网络，联合正规服务所提供的支持服务与设施，让需要被照顾的人士在家里或社区中得到照顾，与社区融合，并建立一个具有关怀性的社区。

（二）社区照顾的特点

从以上的概念界定中，可以看出社区照顾模式的特点包括以下几点。

第一，协助服务对象正常地融入社区，以服务对象原来熟悉的正常化的环境和方式向其提供照顾，修正机构院舍照顾引起的服务对象的问题。

第二，强调社区责任，注重利用社区中存在的非正式的自然关系网络和正式网络的结合，向服务对象提供帮助和服务。

第三，强调非正式照顾的作用，发挥社会支持网络中的正面的社会资本作用，避免由此引起的社会排斥。

第四，注意现代社会变迁引起的社会非正式关系网络的破损，一方面尽量修补个人的社会关系网络，另一方面也强调正式组织在社区中的扎根和延伸。

第五，提倡建立相互关怀的社区。社区照顾不是要减少福利院的数量，也不是要用非正规服务来填补需求缺口，而是要重新确立社区地位，发扬社区互助精神，建设互尊互爱的社群生活。

第六，不能借口社会非正式网络的存在，就减少政府和机构等正式网络对社区提供的服务。

（三）介入目标

社区照顾模式的任务目标是：为社区内需要被照顾的人士提供照顾和支援。其过程目标指健全社区关系网络，提升社区居民的归属感，建立一个具有关怀性的社区。具体目标包括：①促进互助互爱意识的形成；②提高社区成员的参与意识，以及服务使用者的参与和增权；③唤起社区居民的社区融入意识；④建立政府机构和社区组织的合作伙伴关系；⑤善用社区资源；⑥建立社区支持网络。

（四）服务对象

社区照顾通常为社会中有需要的一群人提供照顾和支援服务，促进社区中的居民对有困难对象的关怀，从多方面为他们提供协助，同时也直接支援处于危机时期需要援助的任何个人和家庭。具体来说，社区照顾的服务对象包括以下四类。

第一类是社会公众——包括政策制定者、专业人员、邻居、朋友等。

第二类是严重老弱伤残——社区中需要被照顾的弱势群体，如老年人、儿童、精神病人等。

第三类是处于危机境况的人——包括独居老人、慢性病人、轻度及中度智障人士、精神病康复者等。他们长期处于危机困境，随时可能恶化，需要社会的援助。

第四类是照顾者——长期的照顾工作使其处于很大的压力当中,身心疲惫,生理和心理都受到影响,也需要社会的援助。

(五) 社区照顾的分类与范畴

英国学者沃克(A. Walker)指出,社区照顾的主要实施策略有三种:在社区内照顾(care in the community)、由社区来照顾(care by the community)、与社区一起照顾(care for the community)(Walker, 1989)。应该说,这三种含义都只反映了社区照顾总体含义的一部分,社区照顾应是上述三种含义的综合。

1. 在社区内照顾

(1) 定义

不使被照顾者离开他所熟悉的社区,而是在本社区内对其提供生活服务。社区照顾的核心是强调服务的"非机构化",发展以社区为基础的治疗与服务设施、技术和计划,将照顾者放回社区(如社区活动中心、老人之家、妇女之家、托老所、爱心吧等)内进行照顾,在他们熟悉的社区环境中生活,从而避免了过去大型照顾机构那种冷漠、没有人情味、与世隔绝的程式化的专业照顾带来的负面后果。

(2) 服务形式

在社区内照顾的服务形式主要有以下几种:一是将被照顾者迁回他们熟悉的社区中的家庭里生活,并辅以社区支援性服务,如家务助理、社区护士及社区中心等;二是将社区内的大型机构改造为更接近社区的小型机构,如老人庇护所、小型儿童之家等;三是将远离市区的大型机构迁回社区内,使服务对象有机会接触社区,方便亲友探访见面。

2. 由社区来照顾

(1) 定义

动员本社区的人力和物力资源,如家庭、亲友、邻里及社区内的志愿者等,运用社区非正式支持系统开展照顾服务。由社区来照顾的核心是强调动员社区内的资源,在社区中重新建立支持网络。网络大致可以分为三类:一是提供直接服务的网络;二是服务对象自身的互助网络;三是社区紧急支援网络。

（2）介入策略

社会工作者在建立支持网络时，可以从三大类的网络入手。①提供直接服务的网络，如在社区内动员家人、亲友、邻里或志愿者等，借此建立一个支援系统去关怀社区内有需要的人。②服务对象自身的互助网络，如建立服务对象本身的互助团体，使他们能够以助人自助的方式互相支持。这类服务是以同一类型的服务对象为主体。③社区紧急支援网络，如帮助个人及家庭预防突发事故或危机而建立的支持网络。

3. 与社区一起照顾

（1）定义

将一些服务对象留在社区内开展的服务，即指有需要及依赖外来照顾的弱势人士，在社区的小型服务机构或住所中获得专业人员的照顾。与社区一起照顾的核心是强调正规照顾和非正规照顾相辅相成、互为补充的重要性。

（2）服务形式

服务形式主要包括：日间医院、日间护理中心、家务护理、康复护士、多元化的老人社区服务中心、暂托服务、关怀访问及定期的电话慰问等。

（六）社会工作者的角色

社区照顾模式中社会工作者的角色主要有以下几方面。

①治疗者。社会工作者帮助案主将其困难和需要加以分类分析，协助案主消除情绪困扰，帮助案主实现他们所追求的改变。

②辅导者。社会工作者以辅导者或教师的角色介入有需要的家庭，为家庭成员提供辅导服务，也可以为社区有共同需要的多个家庭提供团体训练课程。

③经纪人。经纪人角色是指社会工作者为服务对象寻找有关的服务，如为智障儿童寻找特殊教育学校，协助其接受文化教育；为照顾者团体的活动寻找社区资源，如活动场地等。

④倡议者。倡议者的角色是社会工作者与案主一起或作为他们的代表抵制或增进一个有目的的行为，为有需要的个人或群体争取权益和尊严，通过改进社区制度、社区规范来保护这些新的权利并促进新的权利的落实。

⑤建议者。社会工作者就服务对象的情况向有关服务机构提供意见。

（七）评价

社区照顾模式的优点有三点。①对服务对象人性化的关怀。社区照顾强调发挥照顾的功能，增强人性化的关怀，密切社区居民之间的关系。②调动社区民众参与社区照顾。社区参与和社区民主是社区照顾的核心原则，调动社区居民的参与和互助意识，鼓励社区居民对一些有特殊需要的服务对象加以关心和接纳，为社区中有需求的人建立一个社区互助网络，这样有助于建立一个关怀互助的社区，促进社区发展。③促进服务资源整合，社区照顾注重利用社区中存在的非正式的自然关系网络，使其和正式网络相结合，向服务对象提供帮助，从而建立一个具有关怀性的社区。

相对地，其局限性有以下五点。①资源及权力下放可能引发的政府责任和角色问题。②可能出现社区资源状况不符合社区照顾的要求，使被照顾者得不到应有的照顾。③激励机制问题。社区照顾显然是把传统责任和利他精神作为照顾行为的道德基础。然而当我们肯定道德承担和约束力量的同时，必须承认道德的承担是有限度的。④非正规照顾的服务质量难以保证。⑤社区对有困难人士，如残疾者、精神病人、失足青少年以及刑满释放人员等的排斥和歧视问题。

（八）社区照顾模式在中国的适用性

一方面，中国社会正处在现代化的过程中，传统的人际关系网络正在为现代社会的理性组织关系所破坏。但是另一方面，中国的社会福利政策一贯强调发挥家庭和社区在福利服务中的照顾作用。这些都是中国发挥社区照顾作用的社会基础。不过中国的社会福利政策过于强调社区照顾，忽视政府投入，影响了社区照顾作用的正常发挥。

（九）案例分析

1. 案例背景

人口老龄化是当前人类社会发展的必然趋势，也是我们必须面对的重大社会问题。根据世界卫生组织规定的只要是60岁以上的人就为老年人的标准，在1999年10月我国就正式进入老龄化时期。中国农村老年人居住的集中程度虽然不如城市，老年人总数却大大超过城市。由于受生活环境、经济状况、文化素养等方面的限制，农村老年人更是社会上的弱势群体。在21世纪的今天，解决好农村养老问题，不仅关系到尊老、敬老美德得以继承发展的精神文明建设，而且关系到社会的稳定、和谐发展的问题。

2. 案例分析

（1）案例中存在的问题

我国农村养老存在如下问题。

①以家庭养老为主，农民对社会养老认识不足。受我国古代儒家思想文化的影响，养儿防老的传统观念在中国不仅具有深厚的社会心理与舆论基础，更受到相关法律的保护。在农村，家庭养老仍处于主体地位。与此相对比，农民对社会养老模式缺乏了解和认可。

②农民收入不稳定且增长缓慢导致养老资金短缺。我国长期实行农业支持工业的产业政策，致使农业发展缓慢，农民收入低下。而农民的收入除用于生活消费和农业生产外，还要承担子女教育和人情往来的费用。因此农村家庭可支配收入不足，没有足够的经济剩余作为养老资金。

③老龄人口不断增加，加大了农村养老难度。

④随着城市化进程的加快，越来越多的年轻农民涌向城市，这一切必将使家庭养老的支持力下降，加重家庭养老负担。

⑤农村养老保险制度存在弊端。首先，农村养老保险统筹级别低。其次，政府资金支持力度不够。

（2）社区照顾模式的优势

对于养老社区照顾，史柏年认为，"老人社区照顾是指由正规服务、社区志愿者及社会支持网络为有需要的老人提供帮助和支援，使他们能在其熟悉的社区环境下维持自己的生活，避免不必要的住院或隔离"。因此，"它是介于老人家庭照顾和老人社会机构照顾之间的一种运用社区资源开展的老人照顾方式"（史柏年，1997）。

因此，农村养老社区照顾的本质就是村域网络资源的整合与运用，核心是村民的参与和合作，是一种多方的合作机制。

在农村社区中，社区照顾有如下三点优势。

①城镇化运动提供了社区照顾的生发环境。我国的城镇化建设是大势所趋，大量的村镇合并，使原来就具有同一生活习性和志趣的人们打破了旧有的行政区划体制，重新融合到一起，这种社会化的趋势正是建立社区养老的一个绝好契机，它符合社区照顾的要求。

②现代社区照顾与中国传统文化在对待养老问题上的理念的暗合。《孟子》中的"老吾老以及人之老，幼吾幼以及人之幼"等观念已经在农村深入人心，使老年人易于接受社区养老这一新形式。

③政府角色的转换。2004年6月8日，民政部宣布启动全国"社区老年福利服务星光计划"，以应对人口老龄化挑战。国家的政策扶持对于广大老年人，尤其是对处于相对弱势的农村老年人来说是雪中送炭，应该抓住这个机会促成农村社区照顾的建立与发展。

（3）介入的策略

对于较好地建立农村养老社区照顾模式，满足我国广大农村老年人的独特需求，同时也缓解现有农村养老模式所面临的压力，可以从以下四个方面着手：老年人经济保障方面；老年人生活照顾方面；老年人心理关怀方面；老年人权益保障方面。

①在老年人经济保障方面，应该建立国家、用户和社会募捐等形式多样的资金筹集渠道。中国长期处于"全能政府"时期，农村自身可支配资金很少，加上"村财乡管"的限制，使农村养老社区照顾的建立在资金筹集上存在先天不足的缺陷。多元化的筹资渠道可以弥补这种不足，让全社会来关注农村养老问题。

首先，国家和地方政府（乡镇）财政必须支持一部分。其次，用户筹集。在社区养老的家庭，要根据自己的家庭情况缴纳相应的费用。这样做一方面考虑到了农村的实际情况，另一方面兼顾了养老家庭的经济状况，这样比较合理。最后是通过社会募捐的形式，争取外援。

②在老年人生活照顾方面，应该建立起传统家庭养老、敬老院养老和社区照顾养老三结合的照顾方式。由于受传统文化的影响，中国适宜采取一种"以家庭养老为主，以敬老院养老和社区照顾养老为辅"的方式。鼓励家庭养老，一方面可以让老年人留在家里享受家庭的亲情与温暖，另一方面可以减轻敬老院养老和社区照顾养老的压力。对于选择家庭养老的老年人，社区可以提供上门服务，为老年人的生活需求解决后顾之忧。对于选择村域社区

集中养老的老人，由村委会负责管理，由聘用的护理人员负责全方位的专门照顾，也要鼓励在老人之间建立互助组，在社区内互相帮扶。

③在老年人心理关怀方面，应该通过开展形式多样的活动加强对老年人心理健康的关怀。离开工作岗位后，老年人会有一个心理失落期，如果不及时引导，会危及老年人的健康。村委会作为农村养老社区照顾的中坚力量，应该组织形式多样的活动，帮助老年人走出心理低潮期，创造积极向上的社区老年文化。在社区中应该建立探视制度，激励在社区集中养老的老年人子女定期或不定期地探视老人，使老人在晚年得到精神上的慰藉。同时，应鼓励村民建立并加入志愿者组织，为老年人提供服务。

④在老年人权益保障方面，应该通过全社会的力量来关注老年人的权益保障。老年人的权益保障需要老年人自身、老年人子女、村委会、政府、社会舆论和媒体共同合作。

五　社区教育模式及案例分析

（一）社区教育的含义

社区教育模式是在一定区域内利用各种教育资源，开展旨在提高社区全体成员整体素质、服务区域经济建设和社会发展的教育活动，具有"全员、全面、全程"的开放性特征。发展开放型的社区教育，对于保障和满足社区成员学习的基本权利和终身学习的需求，推动社区精神文明建设，促进社区可持续发展以及建设现代社区具有十分重要的意义。尤其是对于协调学校、家庭、社会三者关系，形成青少年教育的合力，更是具有独特的重要作用的一种模式。

由于社区教育的目标是塑造有知识、有能力以及能够以发展社区为己任的居民，所以社区教育的范畴包括思想、行为和价值观三个方面。

（二）社区教育的分类

从教育的基本目标看，社区教育可以分为三种类型。

1. 补偿式教育

社区工作者主要的服务对象是那些社区中对于社会结构、投诉途径、公民权益等缺乏认识的大多数人。社区工作者通过提供教育机会，如成人教育等，补偿居民未受到正规教育的知识空间；通过提供非正规的教育方式，从经验出发，提供必需的知识和技巧。

2. 控制式教育

在政府推行和宣传的一些居民行为规范中，如市民不可以吸毒，应遵循交通规则等，多是强调责罚方面，如酒后驾车者会受到扣分的责罚等。这些宣传教育是以威慑为主，重点在于控制不守公德和秩序的行为，但并未树立模范去宣传理想公民所应有的态度和表现。

3. 解放式教育

该类型的教育着重于人的全面发展，从知识、行为、态度、价值观念和意识提升等方面发挥个人的潜能和积极性，协助个人更好地适应社会。

（三）社区教育的服务策略及手法

1. 服务策略

主要的社区教育服务可以分为家庭生活教育、公民教育、成人教育以及健康教育四类。

家庭生活教育。为了预防家庭解体及相关的社会问题，社会工作者可以利用讲座、展览、团体及宣传活动，灌输家庭沟通与人际相处的相关技巧和态度。

公民教育。公民教育的目标是使公民能够做好未来有效参与社会、经济、政治生活的准备。

成人教育。成人教育主要是为失学人士提供再教育的机会，利用成人教育课程，使他们能够接触其他有类似情况的朋友，鼓励他们多关心自身的权益及政策。

健康教育。健康教育主要是向居民提供健康与预防疾病的常识。

2. 工作手法

在社区发展的过程中，社区工作者强调居民的成长与独立思考，提升居民的办事能力及培育集体和民主意识。社区发展的过程也是一个社区教育的过程，教育也是一种授权和增能的过程。在社区工作中，常用的社区教育手法包括：知识及资料的传播、领袖训练、社会行动、群众动员、社区联系和互动运动等。

（四）介入程序与步骤

在社区中进行社区教育，社会工作者需要针对不同的教育对象，设计独立的策划方案及评估，按照个人或团体的需要，因材施教。

社区教育的目标是提升居民的参与度，将大部分表现冷漠又不愿意参与的居民，提升成为旁观者，进而将旁观者吸引成为团体成员，使他们积极参与社区改善工作，最后帮助成员自发组织成立居民委员会，有系统地建立长期的社区改善机制。所以在设计方案时，要对居民的参与水平、能力和需要做评估。社区居民的参与层次、其相应的教育重点及工作手法参见表5-4。

表5-4 社区居民的参与层次、其相应的教育重点及工作手法

参与层次	教育重点及目标	心态	工作手法
领袖 （居民委员会委员）	态度：以公众利益、社会公义为己任 行为：组织集体行动、基层动员及领导的能力 知识：政策分析、权利资源分布、政府架构	成就取向（可以实现一些目标） 权利取向（有影响力、受人尊重） 关系取向（有人认同） 意识提升（社会公义、为社区服务）	培养领袖技巧及才能 提供策划/决策的机会 提供社区内外的代表机会，进行社区联系 增强领袖行为的满足感 增加社区居民对领袖的认同和支持
成员 （积极参与者）	态度：认同"见义勇为""不平则鸣"等精神 行为：主动发表意见及参与具体的实务工作 知识：分析问题并能提出一些建议和解决问题的方法	成长取向（希望继续学习，发展自己） 调剂生活（有时间便实现一些理想或目标） 服务取向（帮助他人） 关系取向（有志同道合的朋友）	以较长线的课程/团体维系较长线及结构性的活动/服务 提供参与机会，增强参与的成就及满足感 建立团体/社区的归属感 提供更多拓宽生活领域的机会
旁观者 （响应参与者）	态度：认同集体参与的重要性，愿意参与 行为：在许可情况下参与集体行动，询问事件发展 知识：了解集体争取的目标和途径	资料掌握（想了解多一些） 活动取向（有娱乐活动） 利益取向（得到利益） 关系取向（想结识他人）	加强彼此的认识/关系 提升活动的满足感 吸纳为短期/事件式的义工 吸纳为联络人/咨询对象 提供直接参与途径 针对需要提供服务

续表

参与层次	教育重点及目标	心态	工作手法
冷漠居民（不响应、不参加）	态度：以共同利益引起兴趣，以利益为出发点去关心社区事务 行为：留意宣传活动的内容，发表个人意见 知识：明白社区集体行动事件的影响轻重	尝试/观望（究竟可以实现什么？） 好奇心（有引起兴趣的事件） 利益取向（不要吃亏）	提供开放式的参与方式 吸引注意力及提供详细的参加资料 以推销的方式邀请参与 明白他们的兴趣与需要 留下联络方式

资料来源：甘炳光等，1998。

（五）案例分析

1. 案例背景

熟人关系是中国传统社会的主要特征，儿童放学后的管理和教育以儿童之间游戏、邻里之间相互关照为特征。随着社会的转型、社会流动的加快，家庭结构小型化、社区邻里之间关系淡化、社会交通治安等环境复杂化，家长工作节奏加快、工作压力加大，小学儿童从放学到家长下班这段时间的管理成为社会的一个难题。

宁波市江东区白鹤街道紫鹃社区的社区工作者出于责任感，于1998年率先以居委会为主要力量创办了一个儿童社区教育的"学校"——四点钟学校，解决社区儿童放学后及休息日的管理、教育任务，获得社会和家长的一致肯定。此后，白鹤街道介入四点钟学校建设，白鹤街道贺丞社区整合社区资源，把四点钟学校办到了社区小学，江东区把四点钟学校推广到了全区。近几年，全国各地类似四点钟学校的儿童社区教育模式不断涌现，如江苏镇江、湖南长沙、福建厦门等地的"四点钟学校"，深圳市罗湖区黄贝街道的"四点半学校"，青岛市市北区台东街道的"儿童社区家园"，等等。宁波市江东区从创办四点钟学校至今已有20年之久，目前还在不断探索中。接下来将对该社区的儿童社区教育进行分析。

2. 案例分析

（1）案例中存在的问题

随着城市化进程的加快，传统的社区教育格局被打破，传统的社区教育模式退出了历史舞台,这导致的问题主要表现为以下三个方面。

一是城市化背景下家庭间关系的变化。城市化导致城市社区的建筑结构变化,传统的里弄式或庭院式的建筑模式转向独立门户的建筑模式。这种变化直接导致社区居民的交往空间减少,市民家庭之间关系淡化。受利益最大化驱动,城市化过程中城市公共空间的人性化建设不足,属于社区青少年的活动空间匮乏。

二是社区管理模式的滞后。在计划经济体制时代,单位组织承担了大量的社会事务,社区的管理部门——街道居委会主要解决相对"剩余性"的问题。在经济转型过程中,社区管理机构承担的工作越来越繁杂,但依然沿袭传统的行政管理体制模式。这使社区管理机构管理儿童社区教育的力量大为削弱,传统儿童社区教育模式失去了生存的组织环境。

三是家庭结构的变化。计划生育政策使我国家庭结构发生了根本性变化,原来"四世同堂"、以家长为核心的家庭结构转化为以独生子女为核心的小型家庭。传统社区教育中"老带小"的传统儿童教育模式失去了生存的土壤。

以上这些问题导致儿童在放学后没有人看管,也没有可以活动的空间,家长忙于工作却无暇看管照顾孩子。此外,儿童放学后到家长回家的这段时间,由于没有适当的照顾与看管,儿童很容易发生一些突发事件(如在马路边玩耍的危险等)而危及生命。

(2)服务的目标

以宁波市江东区白鹤街道紫鹃社区的"四点钟学校"为例,儿童社区教育模式的主要目标是为家长解困分忧、为放学儿童提供有益身心成长的场所,是社区未成年人思想道德建设的理想平台,同时使现代社区教育的功能得到提升。

社区功能的提升主要包括如下四点。第一,形成了居民之间、居民与居委会之间的交往空间。四点钟学校为社区儿童的交往提供了机会,使社区居民交往成为可能,使社区管理组织与居民之间的交往更加顺畅。第二,形成了居民实现自我的社会空间。四点钟学校为有志于贡献社会的老干部、老教师提供了展示自我、实现自我的空间;为大学生志愿者提供了接触社会的空间;为因学业成绩欠佳而被教师称为"差生"的社区儿童提供了实现自我的空间;为社区儿童融入社会、理解社会提供了实践空间。第三,形成了传统居民的情感依附空间。四点钟学校增强了社区居民的归属感，成为社区居民与他人、社会发生交互作用的场所。居民因为子女的交往而逐渐培育和建立起亲切自然、温馨和谐的邻里关系。第四，形成了社区精神培育的空间。在四点钟学校开展的活动中，社区志愿者不计名利、热心参与社区教育的举措，促使社区居民积极参与社区活动。他们在关注公共生活和担负社会责任的同时，也实现了道德精神的升华、社会价值的实现以及自身的发展。

(3) 服务的策略

目前，我国儿童社区教育模式大约有以下几种。

第一，单位补充型。当前，在一些大的矿区、企业以及政府机关、部队大院等仍保持了以单位为核心的儿童社区教育。

第二，政府参与型。在一些经济发达地区，政府有意识地设计了一些具有儿童社区教育性质的机构，以解决幼儿园儿童、中小学生放学后的管理问题。

第三，社会责任型。为了推进社区教育，一些非营利机构、社会工作者自发地在一些社区开展了教育活动。

第四，社区自助型。一些街道居委会、物业管理部门从解决社区居民实际困难出发，自发形成一系列自助式的儿童社区教育模式。作为召集人，街道居委会、物业公司或业主委员会招聘社区内热心人员参与到儿童社区教育中。

宁波市江东区创建的四点钟学校综合了上述四种模式的优点，有效地借鉴院校教育模式的优势，成为一种绩效良好、群众欢迎的儿童社区教育新模式。

首先，吸收了单位补充型模式的优势，满足了社区居民的需求。四点钟学校的诞生地——白鹤街道紫鹃社区作为20世纪80年代末旧城改造的新小区，混杂居住着不同单位的居民，居民与单位的关系相对于其他社区而言还比较有认同感。在这样的背景下，社区居民针对学龄儿童放学回家后缺乏管理的问题，向居委会提出了要求。而该社区居委会则沿用了原组织补充型的模式，通过建立四点钟学校的方式，集中管理这些放学后的子女，从而解决了这一问题。

其次，吸收了政府参与型模式的优势，解决了政府缺位问题。在推进四点钟学校教育模式的过程中，政府的作用主要体现在规范和推广上。一是规范。在紫鹃社区的四点钟学校教育模式取得成功后,其所在街道——白鹤街道立即介入,对这一模式进行了规范化的制度改造,使四点钟学校有了固定的场所,组建了四点钟学校的实践基地,构建了四点钟学校的组织结构,使四点钟学校这一教育模式从完全自发的组织形式转化为政府引导下的儿童社区教育新模式。二是推广。白鹤街道在完成四点钟学校教育模式的完善后,根据街道内不同小区的特点量身定制了各种不同特色的四点钟学校模式,把四点钟学校推广到全街道,并因此创造出新的具有一定规模的、依托社区小学的四点钟学校——贺丞社区的四点钟学校,在此基础上整合了全街道的资源。在白鹤街道取得成功经验后,该街道所在的区政府在调研基础上,协调教育等相关部门,在全区开展了四点钟学校的推广工作。

再次,吸收了社区自助型模式的优势,提升了社区居委会的功能。在四点钟学校教育模式建设中,居委会可以充分利用自身掌握的社区资源,根据社区居民的需求,对这些资源进行重新配置,使居委会的功能从被动地根据居民要求提供服务转向主动整合居民需求,并根据这些需求进行资源配置,从而有效地提升了居委会这一社区自治组织的功能。

最后,吸收了院校教育模式的优势,提高教育资源的利用效率。在四点钟学校教育模式中,白鹤街道创造性地把四点钟学校放在了辖区内的小学中,从而有效地利用了放学后小学闲置的教室、体育场等资源,同时,四点钟学校还整合了高校志愿者队伍,使学校教育与社区教育得到了有效的结合,既提高了儿童社区教育的质量,也提高了院校教育资源的利用率。

六 社区工作基本技巧

社会工作者在开展社区工作时,如何更快地了解和认识社区,能够对社区有一个较全面的分析,并且能够很快地与社区每个层面的人建立关系并维系下去,高效率地组织社区活动,等等,这些都要求社会工作者需要具备一些基本技巧。本章将从三个方面,即分析技巧、建立与维系关系的技巧、组织技巧展开探讨。

(一)分析技巧

认识、分析社区是制订接下来社区计划的基础,它既是社区工作的一个重要步骤，也是必经的过程。通过认识社区可以探索社区的发展历史、社区需要、评估社区资源的运用，同时确定社区的问题。只有如此，才能制定社区行动方案，有效地达成工作目标。接下来将介绍一些社区分析的方法技巧和分析的内容。

1. 社区分析的方法

社区分析的方法技巧主要包括：文献分析法、参与观察法、访问法、社区普查法。

（1）文献分析法

文献分析主要可以从以下几个渠道进行资料收集与分析。

①地方志及其政府相关资料：从地方志、地图、资料手册、政府资料中获得对社区的了解。

②社区机构原始记录资料：社区前任领导的工作记录、讲话、工作计划和总结等。

③媒体报道、个人或团体资料：报纸报道、个案访谈、团体座谈等形式，都是我们进行社区分析时常用的收集资料的方法。

（2）参与观察法

社会工作者可以主动参与到社区内的一些活动与互动中，体会社区的文化和生活习惯等，或者以旁观者的身份对社区整体做一个观察评估。

（3）访问法

以口头方式，针对社区中部分有代表性的人物收集资料。该种方法的适用对象主要是较大型、较难进行家庭普查的社区。

这种方法技巧的优点是：面对面的谈话，能比较深入地了解社区的需求，运用访问的方法也容易和受访者建立关系。其缺点是：花时间，要对数据和信息进行整理，访问对象太少，或是代表性不足，则数据没有价值，结论不科学、不全面。

具体操作：可以从自己熟悉的人开始，然后请他/她再推荐几位；列访问名单要注意被访者的年龄、性别、社会经济地位以及职业的分布，涵盖各个层次的不同群体；让被访者知道所代表的群体，引发被访者思考该群体对于社区的看法和意见。

（4）社区普查法

通过问卷或访问对社区中的每一户进行调查，了解他们对社区需要的想法。该种方法的适用对象是较小型的社区。

该种方法的优点在于：系统全面了解居民对社区的要求和期望，以及对社区问题的切身感受，并且通过调查，可以与社区居民建立关系，为以后的工作奠定基础。其缺点在于：需要社会调查的专业知识，需要处理许多数据和问卷，需要许多人力和物力支持。

具体的操作步骤包括六步。第一，确定调查的主题及目标。希望从调查中获得什么信息？第二，界定调查的问题与范围。如本次调查只着重于居民对于社区环境的需求，或是也想了解居民对于组建家政服务队的意愿及想法，等等。第三，设计问卷。如果社区中没有社会调查的专业人才，则需寻求外部资源协助社区拟定问卷。第四，问卷发送及回收。这项工作最好动员社区居民进行，一方面增加居民参与的机会，另一方面通过相识的邻里关系运作调查，也对问卷的回收及有效性有所帮助。第五，数据整理及分析，这项工作也需要由社会调查的专业人才进行，较能掌握所获得的信息。第六，发表社区普查结果。工作者可通过社区居民大会、社区媒体（公布栏、报纸等）发表。如果是通过社区居民大会发表普查结果，则更可以创造一个引发居民共同思考社区现状及问题的机会，也让社区居民有机会一起为社区未来的方向思考和做决定。

（5）多渠道认识社区

多渠道认识社区包括：家访、街头漫步、拜访社区领袖、居民大会、文体活动、特定的工作团体、社区调查、政府部门统计资料、地区图书馆、报刊、社区研究报告等。

2. 社区分析的内容

（1）社区背景分析

社区背景分析包括两个方面的分析。一是社区的基本情况，包括如下几个方面：社区居民的人口及其成分；住房状况；就业情况；社区的地理环境及交通状况；社区的基础设施及资源状况；社会服务；社区的历史、经济、政治、文化传统及价值观念等。二是社区居民及团体的关系与权力结构，包括社区机构与组织、社区权力分配及领导等。

（2）社区动力分析

社区动力分析是指社区内个人、团体之间的互动，以及由此延伸出来的关系。其作用是：有效运用社区动力可以推动社区变迁，解决社区问题，也可以帮助工作者和机构决定在社区中如何自处、如何定位，以及与不同团体和组织保持关系。

社区动力分析框架主要可以分为以下两个方面。

①社区体系分析，主要是将个人、团体进行分析，了解其特性，然后归纳分类。在分析时，可以将注意力放在以下几个方面。一是目标，包括成文的或不成文的目标。二是包含的信念、组织背后的取向和指导思想，如政治上的取向、对社会福利的观点。三是构成，社区主要包括哪些人或组织，他们的背景、动机、阶层、投入程度、能力如何。四是资源及来源，如直接或间接的权力、影响力、金钱、人力、资讯、网络关系、调动能力等。五是期望，即在某些问题或事件上社区期望得到什么结果、获得什么益处。六是其他的一些方面，包括组织在社区工作及活动中的活跃程度、发展阶段、组织风格、领袖的威望等。

②社区互动分析，是指以社会交换理论的观点去分析体系与体系、体系与环境之间的互动规律，从而辨别出不同的体系之间的关系形态，为工作员提供工作上的参照。社区的互动关系类别主要有交换关系（分享资源和权力及其影响力，友好、合作、伙伴和互赖）、权力依赖关系、授权式关系、联合组织和竞争关系。

交换关系（exchange relation），是指体系之间按各自的需要和动机互相分享资源和影响力，满足自己的需要，其关系状态通常是友好、合作的伙伴关系。

权力依赖关系（power dependency relation），是指体系之间如果因信念、立场或价值的分歧而无法形成互惠的交换关系，但在某些事情上又需要对方的资源，于是可能以权力促使对方提供资源。这种关系可能不是友好的，甚至是对立的、敌对的。

授权式关系（mandated relation），是指基于法律、法规的限制，或是财政上的赞助与受助的关系，使体系之间出现不对等的关系，可能是依附的、附属的或是从属的关系。

联合组织（federation），是指体系并不总是独立运作，有时会因需要增加影响力和资源等，与其他组织体系结为联盟，在互惠交换的基础上保持合作关系。彼此都有可能分享到更多的资源，但同时不可避免地也需要付出自己所拥有的部分资源和放弃一定的自主性。

竞争关系（competed relation），是指在信念、价值和立场上存在分歧，在社区中又为了获取相近的资源而出现竞争和对立的关系，如党派之争、组织利益的竞争等。

（二）建立与维系关系的技巧

社会工作者在社区内的专业关系建立对象主要分为两个方面，一是社区居民，二是地区团体和政府部门。在建立与维系关系时，社会工作者应该掌握一些技巧。

1. 建立关系的原则

社会工作者在与居民建立专业关系时，需要遵守以下原则：
- 掌握群众参与的动机，有针对性地进行动员；
- 让群众看到参与带来社区问题解决的成效；
- 为参与者带来个人的改变；
- 让参与者有成就感；
- 减少参与者付出的代价；
- 注意工作者自身素质对居民参与的影响。

2. 专业关系建立的过程及方法

专业关系的建立主要包括四个步骤。

①准备。以家访前的准备为例，社会工作者需要做好以下的准备工作：
- 资料搜集；
- 问题的澄清及确立；
- 分工、初步互相评论；
- 角色扮演/排练；
- 培养自己对被访者的故事发生真正的兴趣；
- 如果可能的话预约；
- 合适的衣着；
- 选一些较易理解及接触的对象做最初的访问；
- 练习由小至大、由浅至深、由一般至具体的交谈方式。

②与居民接触。在与居民接触中，社会工作者应该具备良好的素质，运用一些专业的技巧如尊重、同理、积极的倾听、反映等。在与居民谈话的过程中，以下一些方式可能会对社会工作者有帮助：说一些你相信他们感兴趣

的事物；在屋内找些可以谈及的东西引起话题；从他们的水平出发，和他们沟通；了解你自己；知道何时聆听及何时说话；在同一时间内只说一件事；让他们说；感知他们的感受；让他们知道，他们对你和这个社区都是重要的；让他们的念头涌现；发问；肯定和表扬他们；不要和他们争辩；不要强迫他们用你的方法去思考；聆听多于说话；多提问，像你和他商讨一件事一样（平等）而非搜集资料式或盘问式提问；不要答应一些你不能遵守的承诺；如果你不知答案，交回给他们（讨论）或迟些告诉他（结果）或者让他迟些再接触你；运用电话做跟进工作；知道自己的限制；忠于自己；知道怎样将责任交托出去；安排下次探望的时间（取材于美国北卡罗来纳州《公屋居民领袖手册》）。

③结束访谈。

④跟进工作。

（三）组织技巧

关于如何高效地开展社区工作，本节主要从社区宣传、社区领袖培训、居民活动组织和制订社区发展计划四个方面论述其中的技巧。

1. 社区宣传技巧

社区宣传教育是指社区工作者通过对居民进行教育及传播有效的方法，可以提升居民的意识和能力，去争取自身环境的改善。

宣传传播媒介的运用主要是指：首先，制定媒介策略，发展媒介关系；其次，吸引传媒报道；最后，运用传媒的途径和技巧，在运用途径与技巧时，可以借鉴这些方式，如邀请记者与撰写新闻稿、召开记者招待会、接受媒体访问、运用社区媒体。

2. 社区领袖培训技巧

社区领袖是指能够抓住团体希望和要求的实质，代表团体意愿，为团体行动提供意见和方向的核心人物。一个好的社区领袖通常拥有以下特点：热爱人群；广交朋友；善于聆听；易与别人建立良好的人际关系；勤奋工作；乐于助人；表达能力佳；思想开放，不故步自封；勇敢面对困难；严于律己；自我认同感强；协助别人建立自信；有广阔视野，具有历史感和前瞻性；善于处理压力等。

在培训社区领袖时，可以从这些方面入手：人际关系技巧、开会技巧、演讲技巧、组织技巧、谈判技巧、游说技巧、政治技巧、与传媒接触技巧、资源动员技巧、沟通技巧、管理技巧、战略及战术技巧、检讨技巧、团体带领技巧等。

3. 居民活动组织技巧

居民活动的组织中主要包括发动群众技巧和召开居民会议技巧两方面。接下来将具体介绍两方面的技巧。

（1）发动群众技巧

群众参与是社区工作的重要价值观念，居民参与制定影响其生活的政策和措施不仅是民主的体现，也是群众表达自身需要和感受的需要。发动群众的目的包括：扩大群众的支持和参与，增加社会工作力量；充分挖掘和使用人才资源，促进社区问题的解决；工作者和参与者互相学习，体验成长等。发动的步骤主要包括准备、开始接触、鼓动群众情绪、要求群众参与、提醒群众参与和群众参与六个部分。

其中，以劝说技巧为例。

①居民："我文化水平低，没法参与。"

工作员："你认识的李嫂、张嫂都来，你当然要来！"（策略：熟人参与）

"大家一起学习，慢慢就可以了。"（策略：互相帮助）

"××起初和你一样担心，但后来参加活动后真的改变了许多。"（策略：成功示范）

②居民："只有我们几个人也难成什么大事。"

工作员："最近大家加班很累，有时难免缺席。"（策略：体谅他人）

"你们下班这么累还来参与，实在让人感动！"（策略：赞赏对象）

③居民："上次都已经试过了不成功，为什么还要试验？"

工作员："上次你一人去所以不成功，今天我们一起去有声势，效果一定不错。"（策略：告别失意）

"一次不行不等于次次不行。"（策略：纠正以偏概全）

④居民："我没时间，看何时有空再说吧！"

工作员："下星期我会在同一时间等候你的消息！"（策略：诉诸权威）

"参与其实不太费时间，况且有事时还可临时退出。"（策略：减少代价）

⑤居民："没用！政府官员已习惯了这种表现，很难改变的！"

工作员："没理由只许州官放火，不许百姓点灯，政府也要讲理！"（策

略：诉诸公平）

"只要不放弃肯努力,机会也许就来了!"（策略：努力尝试）

（2）召开居民会议技巧

居民会议是居民民主参与的主要途径,能够促进参与者的成长,使参与者得到信息交流和分享的机会,能够学习解决问题的方法。

召开居民会议应该遵循一定的步骤,以期更好地召开。

首先,会前准备。社会工作者应该思考会议的目的是什么；会议内容及程序安排、资料准备；参会人员的确定及通知；场地设备的安排；提前到场检查各项安排落实情况及人员联络；会前接待。

其次,会议进行中。社会工作者应该把握好会场气氛；按会议议程进行,注意把握时间；决议要经过反复讨论；注意观察和掌握会场气氛及与会者的反应；主持人做集中归纳和总结以突出主题及收获。此外,在主持会议时,主持者应该掌握以下技巧：聆听；提问和邀请发言；注意澄清和引导；综合、概括；多用赞美和鼓励；运用身体语言；把握时间。

再次,会后促进。社会工作者应该进一步明确会议决定；着手会议决定的工作；通知未出席者有关会议的内容；整理会议记录,将任务落实到人。

最后,关于行动。社会工作者应该执行会议决定,必要时征求有关人员意见,做好下次会议报告行动情况的准备。

4. 制订社区发展计划

"计划"与"方案"大同小异,比较大的区分在于,计划通常较大型、为期较长、涵盖较广；方案则是指较小型、为期较短、目标设定较为短期,强调立即实施,通常方案也是达成计划的具体行动。

制订社区发展计划应该遵循一定的步骤：①掌握活动的基本目标；②衡量服务对象的特色、需要、兴趣；③配合机构的宗旨、赞助团体的期望；④评估本身拥有的资源及可以动员的资源；⑤制订初步计划；⑥评估可行性；⑦确立详细计划；⑧思考预计困难及解决方法。

第六章 个案管理

个案管理是20世纪七八十年代被美国社会工作界推广开来的一种个案工作模式。个案管理主要适用于受多重问题困扰的案主，这类案主需要各种类型的专业社会工作者实施帮助。随着社会发展的多元化，社会工作服务对象的问题也日趋复杂和多样。面对这种情况，传统的个案社会工作针对某一方面问题，采用的单一化助人方法在实际助人过程中往往起不到应有的作用，不能从根本上解决案主的问题。因此，必须通过个案管理者对案主的各种问题进行综合性分析，协调各种社会工作机构的资源，将多种助人方法加以整合，才能强化案主个人取得资源及应用资源的能力。例如，对于许多已经感染艾滋病病毒的儿童，他们及其家庭正在经受着严峻的挑战，需要财务支持、健康照顾、安置住所、情感支持等。对于如此庞大和复杂的需求，只有一个系统的服务模式很难解决问题。在这种情况下，个案管理因为其本身的性质和特点而成为一种有效的应对策略。

美国密歇根州的社会工作者朱利奥斯·巴柳（Julius R. Ballew）和约翰·闵克（George Mink）在20世纪80年代出版了《社会工作个案管理》，对社会工作者在实务工作中总结出的经验进行了整理、归纳。这本书出版后的十多年里，个案管理模式的使用有了长足发展。

一 个案管理概述

（一）什么是个案管理

个案管理（case management）是提供给那些正处于多重问题中且需要多个助人者同时介入的案主的协助过程。个案管理强调两个重点。一方面，它注重发展或加强一个资源网络（resource network）。资源网络是指由一群想帮助某一特定案主的人所构成的松散组织。另一方面，除了增进案主使用资源的知识、技巧及态度，个案管理更注重强化案主个人取得资源及运用资源网络的能力。

（二）个案管理者的角色

1. 咨商者（counselor）

作为一名咨商者，个案管理者的工作是了解案主并教导案主发展及维持一个他自己的资源网络所需的知识或技巧。有时案主所需学的是有关他自己的一些新的认知。个案管理者与案主建立一种信赖关系，在这种信赖关系中，容许案主有机会去检视他自己功能不佳的行为模式，并协助案主去发展更有功能的行为模式。

2. 整合者（coordinator）

在这项功能中，个案管理者需评定出案主的问题及需从其他助人者处得到哪些协助。个案管理者先拟出一个服务计划，然后帮助案主与这些助人者做有效的接触。如有必要，个案管理者也会促进这些助人者之间的沟通，以减少彼此的冲突和增加这个资源网络的效率。

3. 倡导者（advocate）

有时所需的资源不存在或拒绝提供给某一特定案主。作为一个倡导者，个案管理者需努力使案主获得所需的协助。有时候，社会对案主的要求会使案主精疲力竭，无法应付。在这些情况下，个案管理者需扮演倡导者的角色，去调整社会的要求或者去协助案主减轻其因无法满足这些要求所造成的后果。

（三）个案管理的特点

1. 服务对象：同时遭遇多重问题且在取得及使用资源上有困难的个人和家庭

个案管理是在助人服务中唯一以同时遭遇多重问题，并且在取得及使用资源上有困难的个人和家庭为其案主群的工作方法。

2. 工作方法：强调"全貌"的工作方法

个案管理有两个工作重点：一个重点是找出面临多重问题的案主所需的

服务网络；另一个重点是找出这个网络中各项服务提供者彼此的互动关系。它关心每一项个别服务是否有效提供，它采用的工作策略及技巧是把焦点放在整组的服务网络是否有效地解决案主的问题，以及网络中的每一分子彼此之间的合作关系的品质如何，而不只是把工作重点放在每一个单项的服务上。

3. 双重功能

个案管理具有双重功能：一是经过各项服务的协调实现服务的合理配置，即通过计划和协调服务提供者与服务对象之间的关系，来保证服务对象获得最合理、最完善的服务；二是强调服务的效率，在成本效益的原则下运用社会资源和提供相关的服务。

（四）个案管理的工作模式

建立服务输送工作模式的目的是提供一套工作方法，以协助个案管理者能顺利地与案主工作。个案管理者被看成一位旅行的伙伴而不是旅行社。因此服务输送的模式就像是一本旅游指南，它提供一个架构使个案管理者和案主可以一起朝着预定的目标工作。个案管理工作模式包括建立关系、评定、计划、取得资源、整合和结束关系。

1. 建立关系

建立关系是指建立一个有效工作关系的过程。这个关系的建立是基于案主对于你愿意协助他、你有能力协助他和很清楚你们彼此期待的信心。我们知道，人们很可能在取得及使用资源上有困难。这些问题在案主与个案管理者的关系中也会出现，并且个案管理者必须在作为案主与其他协助者之间的桥梁之前，找到克服问题的方法。具体任务包括：

①接纳/否定案主；
②建立信任关系；
③澄清角色；
④协商期待。

2. 评定

在评定阶段，个案管理者要确认案主需要解决的问题、案主可能认为对于解决这些问题有用的资源，以及案主使用这些资源的障碍。需要解决的问题可能是由案主自己提出来的，或是根据个案管理者的观察所列出的问题清单。具体任务包括：

①找到案主的长处；

②需要/资源的平衡；

③使用资源的障碍。

3. 计划

计划是评定工作与采取行动的中间步骤，个案管理要采取的所有行动都由此展开。做计划是一个理性思考的过程，它把评定过程所累积的资料转换成使案主可以得到协助的一系列行动。做计划亦将帮助案主发展出满足自己需要及环境要求的能力。具体任务包括：

①确认目标；

②特定化目标；

③发展行动计划。

4. 取得资源

服务计划完成后，个案管理者就要采取介入行动克服资源链接的障碍，包括外在障碍、恒久性失功能障碍和内在障碍，使案主与所需的可用资源链接上。具体任务包括：

①连接案主与资源；

②协商与倡导；

③发展内在资源；

④克服障碍。

5. 整合

一旦链接资源的工作完成，个案管理者有责任随时检视协助是否持续地提供和有效地使用。有时候，是助人者无法履行他们的承诺；有时候，是案主的动机逐渐减弱。必要时，个案管理者要运用适当的策略和技术确保案主与资源保持有效的接触和增进案主的主动性。具体任务包括：

①组织协助者的努力；

②取得对目标的共识；

③管控；

④支持协助者的努力。

6. 结束关系

当案主能取得协助且有效地使用它时，早先被确认待解决的问题就开始有一部分会被解决。当个案管理者观察到问题已经陆续被解决，也观察到案主具备了取得和有效运用协助的能力时，个案工作者就可以将这个个案的状态转入较不需积极介入的状态。具体任务包括：

①评估结果；

②确认结案的信息；

③结案步骤化；

④决定持续的责任。

个案管理的六个阶段看似是以一个很清楚的先后次序进行着。这种直线式的思考主要是便于对个案管理模式运作的了解。但是事实上，在个案管理的实际操作过程中，很多行动是同时进行的。在个案管理中会同时进行四种过程，它们贯穿于个案管理的整个过程。

再建立关系（reengaging）：通过不断地与案主和助人者的沟通，使助人关系可以继续维持和更新的过程。

再评定（reassessing）：与案主和助人者一起确认和评估哪些事情进行顺利，哪些事情无法突破。

持续性地做计划（ongoing planning）：通过对案主状况改变的评定，与案主一起决定哪些计划需继续进行，哪些计划需修正。

付诸实施（implemeting）：利用修正过的计划来促进案主生活有正向的改变，做出与资源新的连接和修改整合的方式。

二 个案管理中关系的建立及案例

（一）个案管理中建立关系的重要性

关系的建立是有效工作的基础。任何一位在服务行业工作的人，如餐厅侍应或地产经纪都必须注意与服务对象的关系。社会工作作为助人专业基于三个理由，更需要注意与案主的关系。

第一，我们的工作非常私密化（personal），在某些方面甚至比医生与病人的关系更私密化。我们的工作常使我们触及案主之所以面临当前困境的个人自我认同的核心部分。通常人们只允许他们信任的人进入如此亲密的部分。

第二，为了有效帮助案主，个案管理者必须从案主那里收集到正确的资料。因为个案管理者将运用这些资料，以有效的方式来影响案主的生活，因此必须确定这些资料是正确的。也只有在一个开放和坦诚的关系中，才可能确定这些收集到的资料是可靠的。

第三，有些案主初期做到的改变，是因为案主对个案管理者的判断有信心。有时，案主之所以愿意尝试某件事，一部分原因是受到个案管理者对他的可以做到的信心鼓舞。因此，个案管理者与案主建立的信赖关系，对案主的改变是有莫大助益的。

在实际工作中，通常有两件事阻碍专业关系建立：对于接受帮助所产生的负向感觉和不切实际的期待。这两件事在个案管理者和案主初期接触时，是普遍存在且可预期发生的。

1. 负向感觉

案主和个案管理者两者可能都带着许多负向的感觉进入他们的关系，这些感觉是我们的文化对施与受不同评价的结果。一方面，助人者通常对于自己的角色有一种正向的感觉，觉得自己是有影响力的，很高兴能提供协助，感到被尊敬和被看成是有价值的；另一方面，接受帮助的人常会对于自己接受帮助这件事产生负向和不舒服的感觉，可能会觉得自己是无助的、有罪恶感、硬缠着别人、没有价值的或者常觉得害怕。

有一点须谨记在心：虽然人们需要帮助，但接受帮助的感觉并不好受。作为一位个案管理者，初步要达成的任务之一就是帮助案主克服这些普遍存在的负向感觉。

2. 不切实际的期待

在助人关系中，除了会产生负向感觉外，对谁要负责做什么的误解也会造成混淆和冲突。案主可能很不清楚，他自己、个案管理者和其他有意义的他人到底被期待些什么。假如无法澄清这些误解，案主可能因为对服务过程的不清楚和不满意，很早就结束了服务。举例来说，你拿你的车去修理，而修车人员对于他是否可接受这工作、问题出在哪里、他能否修好、要花多少时间和多少钱都不确定。在此情况下，你可能会不给他修而是自己修，要不就找另外一个人修理。

除此之外，有些案主的期待似乎非常不切实际。他也可能对于个案管理者对他该负的那些责任有不同的看法。一个期待个案管理者为他提供非法毒品的案主，就是其中一个例子。这类认知上的冲突需要解决，否则个案管理者是不可能与案主建立一个有效的工作关系的。

这里将介绍两种可以奠定个案管理者与案主工作基础的方法：晤谈技巧和服务内容协定（service agreements）。通过这些晤谈技巧，个案管理者可以帮助案主更自在地与你在一起，对于你们各自的角色也更清楚。所谓服务内容协定，是个案管理者与案主正式表示了解你们在一起的工作性质。

（二）晤谈技巧

1. 晤谈内容

在你和案主的初次晤谈中，你必须做两件事：进行自我介绍，并且对案主的需要有初步的了解。

（1）自我介绍

你将主动介绍自己，包括对你的工作内容做简短的描述。在自我介绍中，对工作内容和工作方法的简介，可以澄清你的角色，并且是一个很有效的建立关系的方法。通过你主动的自我介绍，表达给案主，在你期待他做些什么之前，你可以为他做些什么的意愿。这对于一个对自己不太有信心，也不愿意求助的案主而言，将是一个让他较安心的信息。

假如我们能对案主的隐私做到保密，你也可以通过告诉新案主有关自己以前案主的故事作为介绍自己的方式。它不但提供有关你工作性质的具体事实，而且借着让新案主能有机会认同以前成功地接受协助的案主，传达一种乐观的感觉。

另一种介绍自己的方式是：寻找与案主的共同点。假如你能找出自己与案主相类似的生活经验，就可以和案主分享这部分，如大家都曾去过的地方、大家都曾做过的事和大家共同的兴趣等。这是一种在最基本的人性层次上，人与人相互连接的方法。

（2）了解案主需求

在初次接触时，第二件要做的事是：对于案主需要何种类型的协助，你要有初步的了解。这里有一个好的谈话起点是：服务对象被转介来接受服务的原因。你会与他谈话，表示有人认为他需要协助。假如是你主动联系案主，那表示你一定有联系他的理由，那现在就是说明的时机了。不管在哪种情况下，你与案主在一起的事实隐含着一定需要的存在，这就可作为你与案主谈话的内容。

2. 服务对象的初步反应

在初次晤谈中，很少有案主会立刻把所有问题都抛出来。对案主而言，通常的情况是：他会承认的是一些较明显和表面化的问题，并以此试探你的反应。假如你的反应是他喜欢的，他会进一步与你讨论一些更严重的问题。有些案主则会尽力表现得好像他们一点问题都没有。

在建立关系之初，你对案主的态度可能比他选择什么问题与你分享来得更重要。对于案主所提出的需要，不管它是多么的表面化，你必须做两件事：第一，认同案主的需要是真实且合理的；第二，传达你对案主和他的问题的接纳态度。

3. 如何建立信任关系

在建立信任关系的早期晤谈中，你呈现自己的方式与你的晤谈内容一样重要。与案主建立一个有效的工作关系，一方面，你必须先确定案主能坦白地对待你。你要确认，你不会因为错误的假设而采取一些浪费时间和精力的行动。另一方面，案主也需要知道你是可以信赖的，不会伤害他们。

个案管理者应该如何开始与案主建立高度的信任关系？我们认为早期与案主的互动中，借着传达关怀与能力，你可以达到这个目标。你不必变成案主最好的朋友，这种类型的关怀也没有必要；你所必须传达给案主的是，你了解和接纳他。为了做到这一点，你必须具备同理（empathy）的能力。个案管理者设想自己处在案主的情境中，并且能设身处地体验案主的感受。

（1）同理心

同理心将帮助你了解案主的遭遇，然后把这份了解传达给案主。你可以采用反映式的倾听（reflective listening），即个案管理者每隔一段时间就归纳案主所说的和所感觉到的。尽量使用与案主表述相类似的字，使案主觉得你正在听他说话。反映式的陈述可以像这样：“听起来你感到很挫折”或"你是说你一再尝试，但都没有成功"。

下面的例子，可以说明反映式的倾听是如何进行的。

案主：当丽娜（他的妻子）那样对我的时候，我眼前一阵发红。我感到很愤怒，以致我无法理性思考。我必须赶快离开她。否则，我担心我将会伤害她。

社工：（点头）当你生气时你就离开，你去哪里？

案主：通常是去酒吧。喝了几杯后，我会平静下来。然后我开始觉得寂寞，为自己感到可悲。我想到我的婚姻是一场多么大的错误，我当时太年轻了。

社工：这样，你的愤怒转成了寂寞，而且你开始想到过去，对吗？

案主：是的。

社工：然后呢？

案主：我通常决定给她一个机会，然后我就回家了。其实她的生活也不好过，很多时候她也很努力。

社工：嗯！你在事情发生时，就赶快离开家来保护丽娜，避免因为你的愤怒做出伤害她的事。

案主：是的，我很担心我会伤害她。

另一个传达同理的技巧称为镜子法（mirroring）。这是一种采用与案主相似的姿态、手势和面部表情的非语言技巧。个案管理者不是模仿案主的动作，而是要调整自己的非语言风格与案主相配合。镜子法的效果是：它可以传达给案主，你与他是同类人。

（2）个案工作者的能力

第二件必须传达给案主的事是：个案管理者的能力。如何将你的能力传达给案主，让他感觉得到？在众多传达方法中，有两个方法对个案管理者是至关重要的：组织能力（organization）和展现提供具体协助的能力（concrete demonstrations）。

在生活中经历多重问题的人们，很容易认为生活本身在某种程度上是混乱和乱七八糟的。他们有必要去相信，你是一个有组织性的人。因为他们不可能去依靠一个与他一样糟糕的人。通过明确的工作目标和工作方向的拟定，可以让案主感受到你的组织能力，这些事情都需要通过审慎的计划来表达。记住，在现阶段带着案主与你经历做计划的过程是非常重要的。

第一，不要把你的计划变成一项秘密，让案主知道，你正在想什么，并且允许他在整个过程中参与和影响该计划。个案管理者能够清楚说明做计划的过程,本身也是一项很有用的建立关系的行动,因为这会增加案主对你的信心。

第二,个案管理者要非常清楚,哪些是你做不到的事情。无法完成你对案主的承诺,最容易消磨案主对你的信心。事实上,告诉案主哪些事情是你做不到的,总比你对案主承诺某些事,事后却做不到要好很多。每个人都有他的限制,最好是一开始就让案主知道你不是万能的。

另外一个向案主传达个案管理者能力的方法,是提供具体的协助。所谓提供具体的协助,是指用一种看得见、很实际且及时的方式来提供帮助。例如,给一个饱受饥饿困扰的家庭提供一些食物、把漏水的屋顶修好、帮忙打扫屋子等。这些细小的看得见的帮助,可以让案主感受到你有意愿并有能力帮助他。虽然这些具体的协助对于案主的主要问题来说是一些表面化的小事,但是它们对于案主而言是非常有意义的。

4. 处理负向情绪

前面我们已经指出接受协助的人们普遍存在负向情绪,这些负向情绪也阻碍着个案管理者与案主建立良好的专业关系。要成功处理负向情绪,对个案管理者而言,有两项特质是非常重要的:第一项是觉察到案主微妙的感觉表达,并且帮助他将感觉清楚地表达出来的能力;第二项是接纳这些负向感觉,而不是把它们当作对你个人的人身攻击来回应的能力。

当案主向你发泄这些负向情绪时,不要防卫或反击回去,你有必要在此时去觉察和接受这些情绪。对案主而言,在目前的情况下,这些都是合理且实际的反应。一旦你帮助案主表达这些感觉,就是在向案主表示:你了解并且接受他的这些感觉。你也应该清楚地让案主知道,你了解他的感受,并且仍然愿意继续与他工作。

社工第一次与小宝接触时,他15岁,刚从拘留所释放出来,他是因常年的一些轻微犯行,到后来因盗窃罪被捕而被收押。他很凶悍且在街头混迹已久。在多次电话联系和两次爽约后,他终于出现在社工的办公室。他坐下,双手交叉抱在胸前且很愤怒地说:"你们这些人,现在到底要怎么样?"

"你不想来这里,是吗?"社工说。

"你是怎么猜到的?"小宝以嘲讽的语气回答。

"我也不是很想待在这里。我宁愿到外面去享受一番。但这是我的工作,我必须在这里,你呢?"

"你们这些大人告诉我,我必须来这里。"小宝回答。

"不是我,是法官叫你来的。"社工说。

"那还不是一样。"小宝说。

"那不一样,"社工说,"既然我们两个都必须在这里,我们何不看看,怎么让我们的见面能有更好的结果?"

5. 澄清期待

在前面已谈到,由于对彼此期待的误解所造成的角色定位的问题。这些误解在案主和个案管理者身上都可能发生。如果能在个案管理初期阶段,即进行角色澄清的工作,这些误解就可避免。研究显示,角色澄清的工作可以降低过早结束服务的案主的比例,并且可以增进服务的成果。

当你和案主开始接触时,有两种角色定位需要澄清:你自己的角色定位和另外一个人的角色定位。这两种角色定位来自两个人的看法:你的看法和案主的看法。做角色澄清时,我们需要评估四组期待,即案主对自己的期待、案主对个案管理者的期待、个案管理者对自己的期待和个案管理者对案主的期待。

角色澄清有三个步骤:①详述期待;②辨认有冲突的期待;③协商、妥协、取得共识。

(1) 步骤一:详述期待

在这个步骤,我们需要案主说明或写下他对个案管理者和自己的期待。个案管理者可以这样开始:"当我们第一次见面时,对于我可能会如何帮助你,你闪过哪些念头?"或者"当他们接你到我这里来时,他们告诉你什么,或者你已经了解我的工作性质了?"然后,你可以问:"假如我们一起工作,你认为,你要做些什么事情呢?"

当这两组期待完成时,你开始说明或者写下你认为自己和案主的责任。让案主先分享他的经验是很重要的,这样,你的期待才不会影响案主初期的期待。

(2) 步骤二:辨认有冲突的期待

在这个步骤,你要比较自己与案主的期待是否一致。在这个过程中,你与案主在观点上的不同或者混淆之处都表露无遗。所有的冲突期待都应提出来，并且你与案主都需认知它们的存在。

（3）步骤三：协商、妥协、取得共识

在最后的步骤，你和案主要在彼此不一致的观点上达成协议。你应避免威胁或强迫案主接受你的观点。但是，你同时也必须对于哪些是你做得到的，哪些是你做不到的有清晰的认识。你的目标是说明所有的观点，尝试去达到最好的、可能的妥协。

（三）服务内容的协定

服务内容的协定，就是把个案管理者和案主所形成的共识正式化的一种方法。服务内容的协定可以口头说明或者书面方式呈现。它是动态的、具有弹性的，不像法律契约那么僵化。为了适应不同的需要和变动的情况，我们随时会修改它。在个案管理的初期，你与案主正在建立工作的基础，服务内容的协定就是一个澄清双方责任和承诺的有用工具。因为通过这样做，你向案主更加呈现了自己的关心和专业性。

服务内容的协定过程，有下面四个步骤。

1. 步骤一：评定结果摘要

个案管理者把截至目前的所有评定内容做一摘要，探究案主所有不同种类问题的涵盖范围，以及确认案主自己觉察到的涵盖范围。其中有些问题案主认为快解决了，他自己可以处理；有些问题还没重要到现在就要去解决的程度。这里的重点是个案管理者制作一份完整的问题清单，与案主一起检视清单的准确性并从中选择工作目标。

2. 步骤二：发展目标

在问题清单完成后，对每一个被确认为待解决的问题，转换成明确和特定的目标叙述。个案管理者要用清楚、特定和具体的语言来描述目标，并注意特定性（specificity）和分割性（discreteness）。特定性是指一个叙述，不同的人对它的解释和理解具有一致性。例如，"医生将会给林太太做一个身体检查"，这是一个很特定的叙述。"小贤将学会更负责任"，这是不特定的说法。分割性是指一个任务或行为，可细分成几个更小的部分。例如，林太太做一次身体检查，她需要打电话约时间、安排孩子临托事宜、搜索到诊所的路线等。

3. 步骤三：设定优先顺序

因为你无法每件事都做，所以你必须把清单上的目标缩小到一到两个目标范围。实施的方法是，帮助案主把所有目标，从他自己认为需立即处理到目前他认为比较不重要的，按顺序排列出来。排优先顺序的一个标准是：案主感觉哪些需求是他目前最关心的。

除了案主的意见，设定优先顺序的另一标准是"生死攸关"的议题。当这类问题存在时，即使是在案主不同意的情况下，你仍然需单方面采取行动。举例来说，假如有一位家庭成员似乎有自杀的倾向，或一个小婴儿腹泻不止而没得到任何医疗照顾，这些高度危险的需求是绝对不能轻忽的。

另外，在优先顺序的排列上，也会排在较前面的目标，是那些投入合理的时间和努力后，成功可能性很大的目标。在开始时，尝试使案主从很快达成的目标开始工作。在成功经验的鼓舞下，案主会更有动力去展开其他目标的工作。

4. 步骤四：确认任务和分派责任

在这个阶段，你选择的工作目标应是相当具体的。因此，要达到目标的步骤，你和案主应该是很清楚的。在此时，比较重要的是个案管理者和案主要确定彼此知道为了达到那些具体的目标，每一个人必须完成的事情。决定需要完成的事情后，适当地分派给每个人该完成的工作责任。

在整个服务过程中，个案管理者尽可能让案主参与最多。这样他才能感受到自己在那些成功目标中的奉献。即使大部分的工作需要你完成，你仍然需要使他参与做决定的过程。

三　个案管理中的资源评定及案例

（一）评定的作用

评定是一套有目标、有系统的方法，协助了解案主及他所处的环境。评定必须简要清晰，个案管理者了解自己工作的限制，执行评定时，通常会更清楚自己的受限处。评定的作用可以从三个方面来了解。

1. 确定服务条件

多数机构都有一套筛选方式，决定哪些转介符合个案管理服务的目标群，使有限的资源能真正运用到有最迫切需要的服务对象身上。

2. 指认案主资源及未被满足的需要所在

个案管理者需要找出案主能力、潜在资源与未被满足的需要等，以了解平衡或失衡状况，而后者会为案主带来不适及痛苦。

3. 界定评估个案进展的指标

评估有助于了解个案管理者努力改善案主情境的效果，过程中个案管理者及案主都投注相当心力，应定期检讨进展。

（二）资源的类型

评估资源主要指评估案主的内在与外在资源，使案主充分认识自己的潜能，有效地使用现有资源，个案管理者的任务就是协助案主发展认识与能力，以获得资源。

1. 内在资源

案主的内在资源指个人的人格特质、知识、能力以及家庭中某些有助于解决问题或者满足需要的条件。具体包括：①了解并表达自己需要的能力；②了解自己的处境；③确定目标，有明确的计划；④克服内在障碍；⑤认识并运用自身力量；⑥愿意为自己的利益采取适当的行动；⑦与支持网络共处并接受其成员的帮助；⑧为自己争取福利；⑨家庭成员之间提供情感支持或者加强沟通。

2. 外在资源

案主的外在资源包括可以为其提供住房或者服务的人或机构，它可以分为正式资源与非正式资源两种。

正式资源是指有经费来源或者收费的社会工作机构或专业人员，他们通过政策、法令提供服务。正式资源又可以分为政府和民间组织两种。

非正式资源是指亲属、朋友、邻居、志愿者等。非正式资源没有明文的申请条件，服务范围很广，因而限制较少，比正式资源更能自发、有弹性地满足案主的个别需要。非正式资源主要提供的是情感上的支持。

（三）关于资源的会谈

与案主会谈收集的资料帮助我们制订资源运用计划，从案主以往使用资源的经验，我们可以了解他对资源的想法及行为模式。我们将从五个步骤讨论谈论技巧。

1. 步骤一：决定会谈内容

决定会谈内容，也就是个案管理者需得到的背景资料和要问的问题。评定会谈涵盖面广，所以最好准备提纲，作为会谈的架构。在会谈中，我们常常会涉及两个方面的内容：问题和资源。

（1）问题

之前我们已经谈到，个案管理者一开始必须从案主最迫切的问题着手，一一击破并注意找出可协助的资源。举例来说：案主的主要问题是幼儿健康，可建议他和儿科医生谈，这个阶段的讯息不必过于具体，如某医院知名医生。同时勿忘案主及其家庭的资源，可问案主他对解决自己的问题能有什么贡献，家人又有哪些贡献。

（2）资源

案主通常不会主动告诉你他现有的资源，除非你问。如前述那位案主多半不会主动告诉你，她有位阿姨可以帮她看小孩，所以我们必须掌握先机，主动提问。

2. 步骤二：正面挖掘

最容易被忽略的是自然助人者，即亲友、邻居，他们如何提供援助是值得了解的，接下来询问和了解服务对象过去曾遭遇的问题以及谁协助解决。如个人或家庭的危机，长久以来的困境，谁提供支持？不论结果有效与否，都值得讨论。

收集案主现今与过往的资源时，个案管理者可找出案主知悉但从不使用的资源。如前述的那位妈妈可能经济困窘，听过贷款辅导却不曾使用，这和完全无资讯来源的个案处理不同。

最后要了解案主以前使用资源的经验，可以对所提的特定资源多做了解，或就列出的资源逐一询问，先从优点开始，尽量建立一个正面的讨论架构。

3. 步骤三：留意事项

案主态度部分的资料也很重要，因为这影响到他未来和资源链接的意愿，这是个案管理中重要的有利或不利因素，案主以往的模式呼之欲出，你会留意到他的感受、态度和看法是重复出现的。如果案主的感受再三出现，则可留意其思考模式。一般来说可由内在和外在资源来分辨案主独特的模式。

内在资源是帮助解决问题的个人或家庭特质，它并不容易指认，最好是由以往的问题切入。如果案主叙述一件成功的往事，而这些特质及模式反复出现，几乎可确定这是一个可靠的资源模式。

外在资源来自正式资源提供者和非正式助人者。个案管理者务必留意案主的非正式资源，他找谁倾诉或回避谁？实际上，非正式资源较正式资源存在更久且和案主联系更深。对于正式资源，我们要了解案主和他们的关系，有没有和哪个机构或专业关系特别好？比如有些案主宁可和社工或辅导人员谈也不肯去精神科，有些人却宁愿相信后者才能了解他们问题的复杂性。

4. 步骤四：善用资料

有三种方式可运用案主以往正向求助的记忆，以协助他转换到当前或未来的求助经验上来。

第一，可转介案主到口碑不错的机构或组织，昔日的成功经验有可能再次转换。

第二，可增强某类资源本身具有的助益性，如虽然当年的辅导员离开，但案主仍带着正向积极的态度求助，辅导过程比辅导员更重要。

第三，过去经验可发挥桥梁功能，转换到不同的资源上，如亲职教育有效，则可类推婚姻咨询也可能有所助益。

5. 步骤五：觉察会谈中的问题

个案管理者很容易忽略自然助人者，除了个案管理者的训练不足，自然助人者常让人觉得他们带来的麻烦多于协助，这种态度很可惜，因为事实上无论个案管理者是否要运用非正式资源，自然助人者都是存在的。

非正式资源协助的代价前已提过，经研究发现其功过有时相抵，最常见的问题是冲突、对案主的支配、批评或利用案主的信赖，如邻居可能在案主去见社工时为她看孩子，然而代价是他要知道社工所说的一切。这些代价都必须包括在评定中，你和案主应先预计可能的代价，再决定是否愿意接受，或讨论是否有可能和对方协商将代价减至最低。

最后讨论情绪支持，我们都会碰到低潮期，需要有对象让我们哭诉、倾诉、谈心或提供意见。这种情绪支持是非正式资源的最大功能，评定中不要遗漏。

(四) 生态图

由 Ann Hartman 所发展的生态图是一个了解案主与环境要素间互动性质的工具，可帮助个案管理者及案主对主要环境要素如助人机构、雇主、学校、邻居等有更清楚的看法。生态图就像将案主与资源的联系做瞬间快照，图像也反映关系的持续、舒适与平衡。

仅生态图即可呈现所有联系的状况。该工具提供一种清晰有效且具体的方法，来图示案主与环境中重要元素的联系。通常一次会谈就可完成，一般案主的反应也很正向，他们明白这幅图反映出他们对环境的看法，也因参与这个过程而创造出自己的生态图。案主越投入地去完成自己的生态图，这份资料的参考性自然就越高。

1. 完成生态图的六个步骤

（1）于图中央圆圈内画出案主家系图

女性由圆形代表，男性由方形代表。独居者，只有一个圆形或方形。共同居住者，用线围示之。若有友人或寄居者在一户内，可将之画出但无需用线将他们圈在家系图中。圆形或方形中要标示成员的姓名及年龄。

（2）和案主谈论环境中的重要元素

若案主是一个家庭，则每位成员都可表示意见，但不必要求巨细无遗，只要列出重要元素即可。这可能包含正、负两面，比如案主被告并被判缓刑，他的律师和法院都很重要，但未必是正面元素。在生态图中，个案管理者也可以自由添加一些元素，如朋友、工作、社会服务、教育等。

（3）和案主谈论他与各元素的接触经验

可了解联系的情况是持续或短暂、舒适或压抑、平衡或失衡，切勿直接用封闭式的问题，通常从对方的经验描述或故事中可以整理一些模式。图6-1为一个空白的生态图。

（4）生态图完成后请和案主核对

生态图务必和案主的经验相符，否则需要修正。

（5）评定结果时，询问案主的全面印象

询问案主或家人的看法，以避免自己的成见，评定最重要的是全面、平衡。薄弱或不存在的联系是否借强有力且持续的联系来平衡？能力与资源的交换是否平衡？

社会工作实务：过程、方法和技巧

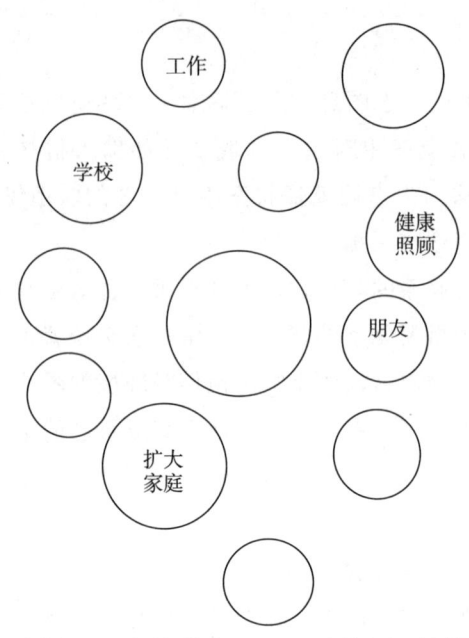

[生态图：中心圆周围环绕着标注"工作"、"学校"、"健康照顾"、"朋友"、"扩大家庭"等的圆圈，以及若干空白圆圈]

用不同的线条标示出联系的性质　　　在线条上画出箭头以标示能量与资源的流向

────────── 强联系　　　空圆圈内请填满

------------------ 弱联系

─#######─ 压力的

←───→ 资源能量流动

图 6-1　空白的生态图

（6）运用评定做出计划

一个计划可以包括：

①目前不存在的部分发展联系；

②强化巩固弱关系；

③压力处减压；

④增强案主能力以因应或调节环境的要求。

2. 案例分析

本节尝试采用一个案例来展示上述过程，其案例的基本情况如下所示。

这是一个社区心理卫生方案的个案管理，案主阿斌（47岁）是一名精神病患者，和两名室友住在一个社区的出租房里。三人均为低收入单身男性，相处尚融洽，虽然阿斌表示和室友并不亲近，但需要时可向他们求助，比如借少量的钱或食物，偶尔也和邻居外出聚餐或看电影。所有的租户认为房东很差劲，水管经常不通，他们必须联合抗议，房东才肯维修。

阿斌的母亲已年迈且独居在同一个区，阿斌自顾不暇，因无法善尽孝道而愧疚不安，他也觉得母亲对他多是批评。阿斌有两个兄弟，但接触有限，只有过节或偶尔以电话联系。阿斌有一份半工，是在附近超市做打包工人，他喜欢这份工作，也喜欢他的老板，但他的直接上司就非常挑剔。多数同事都比他年轻，工作近一年，阿斌觉得没人愿和他做朋友，有时同事嫌他反应迟缓，阿斌知道这和他服用药物有关。

阿斌是一位基督徒，他的社交主要是参加教会活动。阿斌会参加周日早上的礼拜，他也很喜欢周日下午教会提供给附近贫民或流浪者的晚餐，每周日的晚间教会有一个对精神疾病的支持团体，他偶尔也参与。

阿斌主要的健康问题有高血压、体重过重，自从他原来的医生在两年前退休后，他就没有固定的医生，他需要高血压处方以定期服药。他每月固定在社区心理卫生中心的精神科门诊拿药，也和个案管理者会谈，因为没有车，必须步行或乘公交车前往心理卫生中心看病。

数月前，阿斌和以前的一位邻居打架，阿斌认为是对方挑衅，他推倒对方以致对方伤到后脑，警察对阿斌予以收押处分，给他一年的观护期，他每月必须向观护人报到。阿斌除了觉得寂寞外，并无抱怨，他渴望与异性建立亲密关系，但对女性的冷淡反应沮丧无比。

阿斌的生态图显示他和心理卫生中心、教会、邻居的联系稳定，他投入能量维持这些关系，也从中得到满足（见图6-2）。虽然支持系统不强，却近便可及，似乎可弥补他与兄弟、法院、医疗体系间的薄弱关系，和母亲、房东、同事的关系是有冲突的，渴望亲密关系。

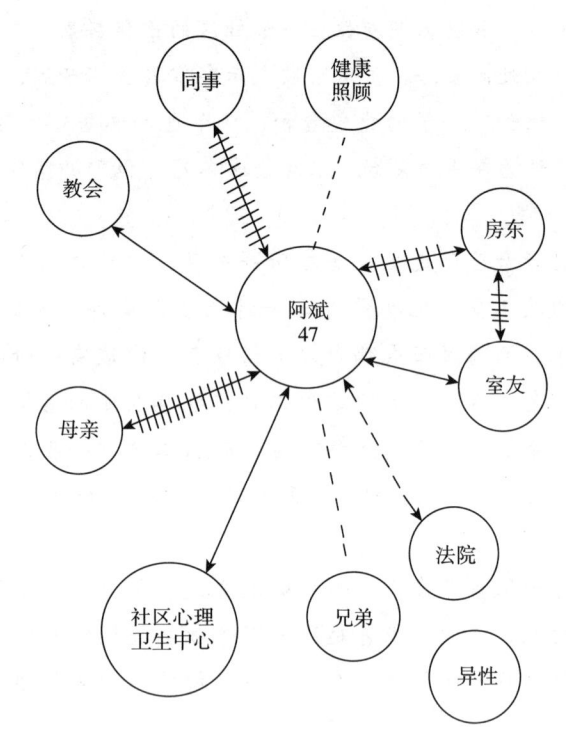

图 6-2　阿斌的生态图

注：图示见图 6-1。

四　个案管理中的障碍评定

(一) 障碍的概念

障碍是得到所需资源的困难，也就是无法有效得到或使用协助。有时障碍来自环境，如资源不存在、案主条件不符或付不起费用；有时障碍来自案主对求助的态度或对改变的动机；有时障碍来自案主与资源提供者的互动、案主不合作或助人者有亏职守。

障碍与问题不同。问题是案主生活中的困扰，可借助人资源得到修正或解除。障碍则是阻挡案主接触资源的干扰物。比如，一位低收入的母亲住的房屋漏水，厨房也不堪使用；她需要学习理财以及戒酒；她的青少年子女有行为偏差，经常在学校惹事。她的需要是多方面的，但她必须先面对自己的自我放弃，多年前她就深信一切努力总是徒劳无功。作为社工，除非你能使这位母亲的这种意识有所改变，否则她不可能改善上述问题。

（二）障碍的类型

任何分类都可能削弱对案主个别差异的重视，然而累积的经验是最好的老师，因此由经验发展出的分类仍有其教学价值。我们将常见的障碍归纳整理为三类，而每类之下又有细项，这三类是外在障碍、内在障碍及恒久性失功能。

1. 外在障碍

因案主环境的不足无法提供所需的协助，这样的资源缺乏非案主所能控制或影响，如资源不存在或不能满足案主的需要、资源存在但并不满足此特殊案主等。

2. 内在障碍

凡案主的信念、态度、价值观导致他无法求助或接受协助的行为均为内在障碍，这些困难是案主可掌控的，但案主并不认为是可修正的。

3. 恒久性失功能

超出个人可控制的因素会降低或消除一个人有效地与助人者沟通的能力，或主动积极参与整个助人过程的动力，如心智迟缓、严重的心理疾病等。

（三）障碍评定

评定问题的同时即可评定障碍。谈问题时，社工也会对案主的因应有所了解。一般我们从恒久性失功能的项目入手，因为案主能否沟通是一目了然的。再就是外在障碍，这些多半非案主所能控制，较不会引起防卫。内在障碍通常被保留到最后，因为需要对案主有相当的认识，包括了解和他情绪相关的功能，因而评定要审慎。

1. 指认外在障碍

存在于案主环境中的阻力或欠缺，使他无法得到所需资源的统称外在障碍。外在障碍又可分为以下四种。

（1）资源有限制

可能所需的资源不可即或不足以满足案主的需要，如医疗专门性服务昂贵或在大城市才有，人们可望而不可即；也可能是资源存在但不符合案主的个别需要，如一般辅导机构熟悉白领阶层和有动机的案主，一旦和少数民族或低社会经济地位、抗拒的案主工作，则差距很大。

(2) 无法连接资源

或许案主不符合申请资格，低收入的门槛高即为一例。或许案主无法付费，或许不知如何填写申请表格，或许服务未完全公开，大众对其无所闻。

(3) 资源已被案主耗尽

虽然所需的服务存在，但因案主曾过度或不当使用，因此拒绝提供服务，这种情况经常与提供具体服务的方案有关，如食物、衣服、中途之家等一月仅能申请一次，或是紧急救助，一年只能申请两次。

(4) 缺乏次要资源

找到资源后，案主未必能持续地使用服务，最常见的困难是交通，大城市中大众运输并不便捷，如此妈妈带小孩就十分不便。

2. 指认内在障碍

凡阻止和妨碍案主有效得到协助的态度、信念、价值都属内在障碍。这些常是个人人格的部分，大多数人未必能很快指认出来，这类问题也并非从问答中可得到助益。

基本上，态度及信念都是我们从经验中撷取而形成的概化。这些态度及信念一旦形成，我们就将其视为真实世界的反映，并以此作为行为的引导。概化是人类内心一项必要的活动，沟通或行为模式只是我们内心存在的概化的具体表现。简而言之，内在障碍来自个人过去生活的概化。

(四) 内在障碍的面貌

内在障碍分为三种，每一种面貌又可分四类元素：一是某种生命经验的描述，导致一种形成内在障碍的概化；二是与概化相关的结论或陈述，从案主立场表白；三是与概化相关的感受；四是与概化相关的行为模式。

对于内在障碍，个案的内心体验可以划分为如下几种类型。

(1) 悲观论（Pessimism）

生命经验：通常无法达成生命目标者会变成悲观论者，一切的挫败都被解释成自身的无价值，生命中也接受了太多给予他们的否定信息，如儿时受虐或被忽略。

结论：无论我做什么或多努力，总是徒劳无功，我既没有能力也无助，我的问题太大,即使有人愿意协助也不可能解决,不过我何德何能,谁会帮助我?求助只会使我再受挫,我的未来不会改变,生命真无奈。

感受的特征:沮丧、冷漠、空虚。

行为模式:无望、依赖、无助、退缩。

(2) 批判论(Criticism)

生命经验:如悲观论者一般,批判论者也经历了许多挫败,他或许收到些自己有价值的讯息,但不足以让他自在自信,他承受很多批评使他敏感,他的双亲可能一个挑剔而另一个支持他。然而他自认命运不公,自己不幸饱尝苛责、误解。因为他不想承担甚至逃避责任,因此极少得到赞赏。

结论:生命中我不是失败,就是被不公平地责备,要我为失败负责。现在我长大了也受够了,我学会将责备和责任投射在别人身上,比扣在自己身上好过。当我对人生气、批评别人不是时,我就不再觉得自己一败涂地,我表现得仿佛别人比我更需要帮助,生命真是糟糕。

感受的特征:愤怒、失败。

行为模式:批判、指责、攻击、防卫、找碴。

(3) 宿命论(Fatalism)

生命经验:很多宿命论者童年生活极不稳定,关系也是短暂且不可测,重大事件无人解释,使一切看来好像都无由地发生;他或许因父母的反复无常曾无辜地受宠或受罚,童年对他好坏兼有,但内心深处有一种恐惧。

结论:生命真混乱,我只是命运的一颗棋子,被如何摆布,非我所能控制,何必枉费力气做计划,过一天算一天,及时行乐,碰到问题,能闪则闪,或许问题会自然消失,我们不可能预知问题,求助也大可不必,生命真不可测。

感受的特征:焦虑。

行为模式:冲动、解组、危机重现、无计划力。

五 个案管理和内外资源获得

在评估资源的基础上制订资源运用的计划,列出需要的资源以及资源运用的目标,找出资源使用的顺序后,接下来个案管理者要做的就是帮助案主获取外在资源和内在资源。

（一）获取外在资源

为了将案主的需要及能力和环境的资源及要求互相搭配起来，维持案主及环境间的平衡，必须在案主及资源间取得共识，了解双方的期待。因此，案主及环境中的资源必须经常互相调整。

对于遭遇多重问题的案主，单一的搭配是不够的，必须有多重联结。这表示个案管理者必须建构一套服务的组合。维系案主及环境资源的持续关系，需要掌握现状并且确保这些交换充足，不相冲突或重复。

个案管理者在帮助案主获取外在资源时运用的方法有三种：联结（connecting）、协商（negotiating），以及倡导（advocating）。

1. 联结

个案管理者扮演案主与所需资源间的中间人角色，目的是为案主寻找适合的资源。这个过程涉及三个方面：案主、资源提供者及个案管理者。所以，联结策略的主要实务议题是发展案主、资源及个案管理者三方面同时进行预备工作以达到成功的联结。

（1）与案主的联结工作

下列有六种技巧有助于建立强而有力的联结。在特定的案主工作中，个案管理者可以选择运用一种或多种。但我们需要牢记：目标是逐渐减少我们替案主联结资源的参与及努力，使案主能逐渐掌控并获得所需的支持。这些技巧从个案管理者的最少参与到最大参与排列。

①将资源告诉案主

重点是向案主说明和解释，你认为特定资源及服务合适的理由。有时候，详细解说服务和你们共同建立的目标之间的关系是很有必要的。

②案主反馈与资源接触的信息

在案主与资源首次接触后，个案管理者可以请他形容经过和当时的情况，以了解资源是否可用、问题何在。短期来看，这可能会触动更改计划的协商行动。长期来看，这种回报可以提供咨询以评估资源的有用性或建议服务调整的可能性。

③工作者协助案主明确受助过程中所需的程序

个案管理者应该尽可能地选择一位特定的、你认识的人，以便案主联系。你可以描述此人，以让案主不觉得自己是去见一位陌生人。你也应解释求助过程中所需的程序和证件等。

④告知资源提供者

这样做是替案主确认约谈。此外，打电话也是提醒资源提供者：案主将会与他接触。

⑤教会案主会谈技巧

对某些案主而言，正式约谈之前的演练是很重要的。整理并厘清访谈的目的是提醒案主此行的原因。通过角色扮演或经历第一次面谈的过程，个案管理者可以帮忙找出案主可能遇到的问题。

⑥陪伴案主前往

特别是在早期，有些案主的焦虑很严重，可能在第一次接触时就需要你在场陪伴支持。然而，个案管理者必须谨慎小心，如果常用此方法，可能增加案主对你的依赖，而忽略了培养他们自我能力的成长。

（2）与资源的联结工作

与资源提供者直接工作时，个案管理者不但要了解他们，而且要促进他们和案主一起工作的能力。个案管理者可运用下列方法来发展其和常用资源间有效的工作关系。

①了解资源提供者的要求以及处理个案的程序

最好的方法是随时更新机构电脑档案中的资源信息。有些组织可能会不停地在重组，导致其要求、程序必须不断地更改。个案管理者先查看电脑中储存的信息可以减少错误，增加成功联结的机会。

②与资源提供者保持亲密、稳定的联系

当你为案主打电话给资源提供者时，就可轻易办到了。这样，资源提供者了解你关心案主的成功，并提供机构的最新动态，同时也强化了你与他的关系。

③诠释案主的问题及优点

协助资源提供者了解案主需要服务的原因。例如，通过地区性职业复健方案可以得到语言治疗服务，而这正是案主需要的。然而语言治疗服务只提供给有工作能力的人。你可能需要提供证明———一旦案主克服了语言障碍就有工作能力，如此就提供一个让机构接收案主并提供服务的理由。

④清楚了解资源提供者的要求

当提供服务时，对案主的期待如何？例如：案主必须在规定的时间达到目标吗？是否需要付费？会谈时间案主迟到会怎样？了解这些情况，个案管理者可以协助案主达到资源提供者的期待。

⑤和常用资源提供者建立关系

为了协助使服务的取得更有系统性，个案管理者需要和固定联系并提供服务给案主的那些人，发展互相了解及信任的关系。你们共同关心案主，使彼此很容易成为盟友，并且对不同事情的期待达成共识。

2. 协商

在个案管理中，协商是为了增强需求者及服务提供者间的配合。通过调整案主及资源提供者的行为，以及减少冲突达到个案管理的目的。个案管理者的基本任务是建立足够的信任，使案主和资源提供者可以愉快地合作。当案主不愿意使用所需的协助时，当案主被太多的工作者包围而不知所措时，当案主需要调整利用资源的顺序时，协商技巧就成为一种有效的工作方法：案主及资源提供者双方尽可能了解彼此的真正需求，从中找出双方的共同点；寻找新的解决问题的方案而不必相互妥协；将问题分解，先找出比较有希望解决的部分来开展工作，然后再做比较难的工作。

3. 倡导

只有当联结与协商都无法将案主所关心的事与可用资源之间做合理安排时，倡导才派上用场。联结依赖正确的咨询及清楚的沟通。协商增加建立信任以及创造相互接纳的替代方案。至于成功的倡导，通常需要权力的介入。

倡导是指虽然会面临那些有权利给予或保留的人的抗拒，但个案管理者仍然会替案主向外界（包括个人和组织）宣传、劝导、游说等以确保案主必需的权利、资源或服务。倡导在正式系统比在非正式系统中更有用，因为正式系统有较多的利益或结构性的权力可以运用。倡导的具体技术主要包括如下六点。

（1）直接果断要求

倡导最简单的形式就是态度坚定。确定你得到某样东西的最佳途径就是开口要求，让你的需要为人所知。这个方法关键在于非指控的坚定。它提供资源的方向，不令他们感到受威胁，也不会含糊不清。你可以期待资源报以清楚的回应。如果回应不明或偏离主题，那么你必须坚持再回到案主需求的焦点上。

(2) 运用专门知识

善用你对机构政策及程序知识的了解，向服务机构表明，案主的需求符合机构的服务范畴。例如，一位案主急需解决住房问题，因此她申请了公共住宅。她被告知因为庞大的需求量所以要等两年才会有空屋。这位政府工作人员是一个严峻又无反应的人。然而，你从过去的经验得知，有一项政策规定有三个以上学龄前儿童的申请人可以被优先考虑。因为该案主正好符合此资格，你要提醒政府工作人员有这样的政策规定。

(3) 诉诸高层权威

若抗拒持续存在，这就可能需要越过当事人而诉诸该组织的高层权威。在正式机构中，如果你要求自己的督导参与和对方督导的讨论，常会得到较好的结果。

(4) 运用申诉渠道

如果你熟悉对方机构的申诉程序，你可以结合知识及权威，通过影响机构本身的权威机构来表达意愿。但如果你期待和特定助人者维持长期的关系，那么提出申诉可能产生重大影响。因为提出申诉意味着是对个人或机构的强烈批判。

(5) 向外界权威呼吁

如果通过机构的层面或申诉程序仍无法令人满意的话，你可以把问题带到对此机构有影响力的其他组织面前：有时，是发执照或立规范的机构；有时，可能是提供基金或财源的组织。

(6) 采取法律行动

如果服务是绝对必要或案主所需及合适的服务不断地被拒，那么你必须求助于法院。这是最终策略，不但代价高而且复杂。这样的决定必须通过机构主管及法律顾问的首肯。

以下一个案例主要用以阐明以上所讨论的诸多技巧与议题。

阿兰是一位25岁、未婚的女子。过去10年以来她经常进入精神病医院并且被诊断患有数种精神分裂症。她好不容易完成中学教育但是从未就业。阿兰一直到5年前都和父母居住。那时她又住进医院，当要出院时她的父母拒绝接她回家。他们说她的行为太糟了，他们无法忍受，也该是她独立一点的时候了。

阿兰被安排在一个社区成人寄养中心里，而且被安排给社区心理卫生中心的社工。第一次安置维持了将近一年，在她旧病复发住进医院时结束。几个月之后当她出院时，她去了另一个寄养中心。这次的安置也维持了近一年，而在寄养中心要求她搬离时结束。寄养中心说阿兰的行为严重地影响了其他寄养人。当时，阿兰被转到目前的寄养中心，已经住了两年。

阿兰聪明伶俐，但是十分不成熟。当不顺她意时，她就噘嘴或发脾气。这种行为天天发生。她性急、索求许多并且固执。她故意漠视或挑战寄养中心的规则。过去几个月来，她不断和负责人敏玲发生冲突。长久以来，敏玲多少忍耐包容阿兰，直到其他寄养人开始抱怨阿兰欺负他们而且占他们的便宜。其他寄养人非常愤怒，要求寄养中心处理此事，否则阿兰就得搬出去。

敏玲说阿兰自私、不合作，她不整理自己的房间，在床上抽烟，而且把收音机开得很大声。阿兰还打长途电话给她男朋友但拒绝付账。她不告诉任何人就出门，错过用餐时间，而且三更半夜才回来。因为这些行为，敏玲变得十分严格，她密切地监督阿兰，而且每当阿兰破坏规矩时就告诉她。敏玲也管教她，例如告诉阿兰房间没整理好不得用餐，电话账单没付不得再用电话。

阿兰对这种待遇感到又烦又累，想搬到其他地方去。她说敏玲太严格，而且总是对她吼叫，批评指责她。她对不准使用电话及她的私人物品感到痛恨。敏玲也准备让阿兰离开，因为她认为阿兰干扰了其他寄养人。除此之外，阿兰的公共救助津贴也出了问题，她已经三个月没有付膳宿费了。阿兰的行为加上积欠费用实在令人难以忍受。社工很担心，因为该地区实在没有什么寄养中心会接受阿兰，而阿兰正在快速地耗竭这些资源。

阿兰每隔几天就和她父母通电话，而他们每隔几周也会来探访她。阿兰的母亲十分纵容她，而父亲却十分严格。阿兰利用一位来报复另一位；她一方面操纵父母遂其心意，另一方面却在父母探视完后变得十分不安，而且行为表现变差。

除了社工之外，阿兰还有一位职能复健治疗师和她一起工作，他来自一所受政府资助的福利机构，目的是帮助残障者就业。治疗师协助阿

第六章　个案管理

兰用较具建设性的方式表达其感受。阿兰白天参加庇护工场的工作，而她在那儿也面临同样的问题。她发现自己很难与工作伙伴们相处或接受督导。虽然自给自足是社工为阿兰所设定的长期目标，但是她目前不被考虑马上可以就业。

心理卫生中心的精神科医生每月和阿兰会谈一次，以检视其用药及在必要情况下调整药方。她也每三个月见护士一次。阿兰的健康状况大致良好，但去年体重增加了20斤，而最近又开始了比较严重的头痛。护士认为阿兰应去看医生，多运动并且节食。

当社工回顾时，他看到很多障碍必须更有效地处理。他决定和阿兰一起制作一份生态图来呈现阿兰、机构及她生命中的人的互动关系（见图6-3）。

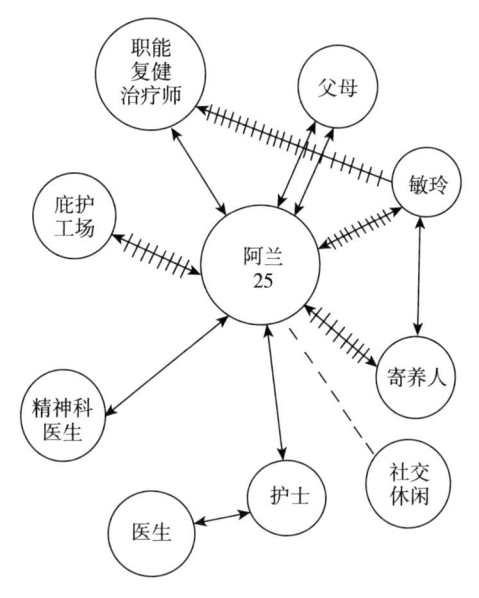

图6-3　阿兰的生态图

注：图示见图6-1。

阿兰的生态图呈现了她所有的障碍及目前的问题。社工和阿兰共同找出下列阿兰在有效取得及运用所需协助方面的外在障碍：

①阿兰和敏玲间有很多冲突已危及阿兰的居住；
②阿兰父母对待她的方式很不一致；
③阿兰符合领取公共救助津贴的资格，但是延误了三个月，这加深

了她丧失住所的可能性，也增加了敏玲的不快；

④对于如何处理阿兰行为方面的问题，敏玲和治疗师之间存在一些歧见；

⑤阿兰的父母、治疗师、敏玲以及庇护工场的工作员都在处理阿兰的行为问题，但是毫无共识也未曾共同计划，以致阿兰十分迷茫，感到毫无助益；

⑥精神科医生似乎并不了解阿兰行为的全貌；

⑦阿兰可能需要体检，但至今尚未行动；

⑧阿兰想要有更多的机会和同龄人在一起。

社工可以通过下面一系列的事情来帮助阿兰。这些并非唯一的，然而，你可能会激发其他的想法。

①联结工作

第一，和精神科医生见面讨论阿兰的行为。

第二，将阿兰转介给当地的医生做体检。

第三，和阿兰讨论在社区中心举办的休闲活动，并且和其中的项目联系，取得进一步的咨询。

②协商工作

第一，协助阿兰和敏玲就住宿规矩及违规罚则方面达成共识。

第二，和阿兰的父母见面以协调他们协助阿兰的角色。

第三，召开个案研讨会以发展一套服务协调计划，包括敏玲、职能复健治疗师、庇护工场督导、精神科医生、护士以及阿兰的父母。

③倡导工作

第一，针对公共救助机构没有提供案主该有的津贴一事提出倡导行动。

第二，联络寄养中心的颁发证照机关或批准登记、注册单位，要求他们的介入。

（二）获取内在资源

对某些个案而言，个案工作者遇到的状况是案主的内在障碍阻止他获得更多的进步。征兆之一是个案管理者感觉到案主动机不足。原因是内在障碍阻止案主真正地与你建立有意义的关系来解决问题。这些障碍来自个人过去生活的概化。这些概化在最初形成之时或许很合逻辑且有用，然而现在已作用不大，甚至阻碍案主的发展。

内在资源是人们对自己、对他人或对世界的概化，这些概化能使人们取得并运用协助。帮助案主克服内在障碍就是使其了解过去他们不知道或忽略的部分。这些部分就是他们的内在资源，通过发展内在资源来克服内在障碍。有时，这些资源存在，只是需要扩展；有时，它们需要发展培育。

发展内在资源的过程有五个步骤。

1. 澄清内在障碍

个案管理者可以通过挑选一个字或词来描述案主内在障碍的模式，帮助案主认识其内在障碍。在案主承认其障碍时，告知障碍是如何干扰影响其获得资源和运用协助的，增强案主改变的动机。最后，个案管理者和案主共同约定改变其模式。

2. 澄清内在资源

此阶段个案管理者的工作目标是发掘或培养案主的正向情绪，激励案主获得并运用这份能量。个案管理者可以让案主找到一个对其有意义并且相对于内在障碍的正向情绪字眼，让其描述拥有这种感受的情景。同时，也可以通过案主特定情绪引起生理上反应的方式探寻案主的正向情绪。最后，和案主正式约定工作方向以动员内在资源。

3. 发展经验以动员内在资源

此阶段个案管理者要致力于发展案主的正向感觉：一种方式是借着帮助案主回忆这种感觉曾在过去出现的时刻以认清其感觉，向案主证明其有能力去拥有需要的感觉；另一种方式是创造一个产生这种感觉的经验。个案管理者可以问题清单上的问题作为媒介来提供案主所需的经验，如借着做好家庭预算、烹饪食物，或孩子管理来帮助案主觉得自己是有能力的。

4. 发展一系列的任务

个案管理者要将所需的经验分解成一系列的步骤和每个步骤所要达成的任务。每个任务及步骤必须降低到案主可达成的程度。分解所需经验为具体步骤与任务的过程需要个案管理者的创造力，个案管理者可通过运用自身经验、所受专业教育及训练和周围他人的经验等途径来完成。

5. 诠释结果

个案管理者要澄清与解释案主的重要经验，使案主认可成就，并意识到正向感觉。个案管理者可通过指出案主对自己赏识不够的态度，以及澄清内在资源等来介入。在每次的经验后或当任务及步骤完成时，可询问案主的感受，提醒案主把焦点放在发展内在资源上。有时案主感觉很好但不知道这是他们努力的目标，所以个案管理者要帮助案主澄清其正向感觉。

六　个案管理和协调

协调是个案管理中最独特的层面。协调转介更深入，因为必须追踪确保案主得到持续的服务。协调支持与个案有关的人及机构，以免努力白费。当服务或环境有变化，必须调整原有计划时，因应之道就是协调。

（一）协调的概念

协调就是个案管理者努力将助人网络中的各位成员联系起来，相互了解，彼此支持，共同向案主解决问题的目标迈进。同时，追踪案主及助人者的活动进展，以预估成效并及时做出必要的调整。

（二）协调的基本方法

1. 与案主订立契约

订立契约是一种与案主沟通的特别方式，是澄清任务及承诺的有效方法。订立契约有利于维持案主的联结及动机，增强案主与个案管理者之间的协议和了解，目的是协助案主区隔任务并激发行动。好契约应该是相互的、具体的、弹性的、可管理和可交代的。

（1）订立契约的过程

①步骤一：定义改变

个案管理者与案主一起定义改变的范围，寻找案主所需资源或发展其满足社会要求的能力，进而形成初步的具体目标。例如，一位下半身瘫痪者可能以"我要自己煮饭"来作为她能独立生活的目标。

②步骤二：形成目标

对案主而言，具体目标必须是自己选择且重要的。目标必须清晰而不混淆地陈述出来。当案主目标太大而无法执行时，个案管理者要协助他分成一系列可管控的次目标；当目标太小时，如果这是案主的选择，个案管理者最好维持原状。小目标较易达成,进而增强案主做好选择的信心。

③步骤三:澄清任务

此阶段是检视有哪些任务,以及每个人应做的工作。个案管理者可以运用脑力激荡法进行。

④步骤四:追踪贯彻

个案管理者必须不断检视任务分配及时间表,使每个人都满意且同意。个案管理者可以协助案主想象下可能发生的问题,并通过角色扮演的方式练习克服问题的方法,增强案主的信心。

⑤步骤五:评估

在服务结束时,个案管理者通过评估来查验事情是否顺利进行,运用策略是否达成目标。无论成功还是失败,检视结果都是非常重要的。迈向目标的过程不但需要成就及自信,也需要了解如何巧用资源。

(2)案例阐述

以下运用一个案例来说明上述所阐述的基本内容。

阿芬被认定是疏忽孩子的母亲,她的疏忽尚未到法定程度,但她同意参加预防性服务方案。在评估时,她和社工都同意她需要外出工作。阿芬一直想做美发工作,但又觉得这对她来说是不可能的事。经过社工协助阿芬处理自我批评的问题后,她感觉或许可以试试看了。

下列几个原因使她认为美发是值得学的一项技术。她想让三个读小学的女儿上学时看起来更漂亮,她也觉得如果她有足够的设备与技巧,更可以进一步改善自己的外貌。最后她希望借此技术与朋友交换托儿和交通服务。她甚至还想自己开店做生意。

这与她进入社会、好好照顾孩子和学美发提升自信等长期目标相符。虽然这个目标并非社工的第一选择,但是阿芬确实有动机且与整体目标一致。因此,他们接下来开始计划她如何能够整理他人的头发。

她需要参加某些训练课程。因为没钱,所以要找一些适合她且是政府出钱资助的训练课程。社工同意找一些训练方案,而阿芬也说可以问下她的美发师表姐是如何得到训练的。他们用两个星期来收集资料,之后阿芬便可以做决定了。此外,如果有需要,她也要安排保姆在孩子放学后照顾他们。最后的承诺是只要训练方案是免费或学费低于500元,她将在下一期立即加入训练。

　　社工将所记下的重点念给阿芬听，以确定是双方共同的协定。她回答是的，于是双方约定下次见面的时间。个案管理者发现了一个阿芬可能符合资格的方案，这个方案不仅颁发结业证书，同时也要求阿芬在毕业后接受美容院的全职工作，如此可协助她独立。

　　阿芬与表姐谈过，她表姐在一家美容院工作，同时也在自己家中做美发。表姐没有上过美容学院，是从朋友那儿学会的。她向阿芬表示，如果阿芬愿意在她和丈夫去旅游的两周中帮忙照顾她6岁的儿子，她愿意在家中教阿芬如何做头发。

　　对社工而言，训练方案是比较的选择。然而，阿芬却觉得她尚未准备好做全职的工作。此外，她也答应帮忙照顾表姐的儿子，而表姐同意在度假前先给她六个小时的训练。阿芬觉得这是她目前准备好的程度。此外，工作也不容易找，但她表姐可以在她准备好时帮她找工作。

　　当阿芬讲完对她而言是很长的一段话后，她看着社工且询问他为何笑。阿芬的声音有点紧张，因此个案管理者也很小心地反应着，但最后他还是笑了出来，且说："你做得太好了。"他向阿芬解释，她已经充分利用了契约的概念，且她的安排似乎更符合她的现状及需要。他们继续讨论有关未来在职训练所需时数及未来她必须提供多少的保姆服务。她觉得她的表姐会同意，因为他们一起工作了两小时，且彼此合作愉快。

　　上述案例清楚地陈列出订立好契约的特点：相互的、具体的、弹性的，以及实际的。此外，因为契约牵涉直接的交易，也有可交代的特点。因为对表姐而言，有一个可靠的保姆是很重要的，阿芬要得到持续的训练，是会有某种程度的保证的。最重要的是，阿芬主动出击且拥有这份契约。

2. 任务执行程序

　　Seabury（1979）所描述的任务执行程序是一项工具，它是协助案主及自然助人者完成任务的方法。运用任务执行程序（TIS）可以帮助案主克服惰性，且更适切地协助案主在执行任务之前做好准备（转引自王玠、李开敏、陈雪真，2001）。使用TIS无需太多时间，有时十五分钟就足够。重要的是，即使顺序有异，也必须完成所有的步骤。

（1）步骤一：增强承诺

让案主想想执行任务有哪些益处，案主如何受益。个案管理者要增强和鼓励实际的益处。当案主想好后，个案管理者可提供一些其没想到的好处。

（2）步骤二：计划任务执行

协助案主具体列出任务并制订详尽的执行计划，提问题促使案主列举出时间、地点等任务中的细节。个案管理者也可以协助案主发掘其他可能的替代方案。

（3）步骤三：分辨障碍

让案主想象执行任务中会遇到的问题，若案主在分辨障碍时有困难，个案管理者可提供建议。分辨障碍是让案主了解凡事都有存在的可能，重要的是向案主保证你会与他一起解决问题。

（4）步骤四：仿效预演

协助案主联系执行任务的每个部分，尤其是那些必须与人互动的部分。在假设情境中，个案管理者先示范，然后让案主演练。通过角色扮演可以反复练习直到案主感觉可以掌控情境。

（5）步骤五：摘要

重复陈述执行计划及完成任务的益处，确保案主对该做的事有清楚的概念，且对成功地完成任务充满期待。

3. 监督

个案管理中，解决问题的工作多由他人完成。为了维持所需的服务，个案管理者必须了解状况，也就是了解提供服务的实际情况以及帮助案主的程度。所以，监督的目的在于保持案主与助人者的联系。

以计划作为参考架构，通过定期检视契约中的主要任务来追踪案主的进展。从契约和实况间的差异，个案管理者可以找到有困难的地方避免问题变大。例如，案主爽约暴露了小孩照顾问题。从讨论中也可能发现案主及助人者之间的差距是可以通过协商来解决。借由监督，我们可以看到成果的程度及需要改进的地方。监督的频率依案主的特性、行动系统及个案管理的阶段而定，个案管理者一般每月至少与案主联系一次。

与案主及助人者联系方式包括：直接沟通（如开会或打电话）、备忘录和电脑通信（如电子邮件）等。

4. 支持案主

（1）个人情绪支持

案主可能因缺乏早期成功的经验而产生气馁情绪，开始对计划阶段所做的目标和计划感到怀疑。案主可能会丧失原先拥有计划的感觉，而在心理上把拥有权交给个案管理者。克服此问题的方法就是不断提供鼓舞的话语。例如，"我知道对你来说很难，但是你做到了"和"看到你处理的方法，真好"等正向的鼓励，是每一个人都会感激的。

（2）对发生的事提出有助益的解释

一是重新诠释事件的意义。例如，个案管理者帮助案主了解物理治疗师严格要求他定期做运动是出于真诚关切而非企图控制。并说服案主若想重拾工作能力，严格遵守运动要求和规则是必要的。同时让治疗师知道案主有自我控制的需求，以使案主可从治疗师的行动中确认工作者所做的重新诠释。

二是协助案主了解造成官僚作风的原因，而增加与正式组织接触时的适应力。很多时候案主所接触的官僚体系就好像蓄意地拒绝其需求一样。个案管理者的任务是了解所要求的资格条件，可能的话，并解释设定要求的原因。此任务并非为官僚体系辩护，而是提供足够的诠释以将个人所受无礼对待的经验转化为一组可管理的任务。

（3）直接干预

个人支持也包括为案主利益采取某些直接行动。在个案管理中，最常见的问题之一是辅助资源系统的中断。例如，车子坏了、照顾孩子的安排出了问题，或是奖学金无法下来等。对于那些不知道有替代资源的案主，个案管理者可以找出解决方法，使案主继续接受主要资源所提供的服务，重要的是，不只是提供协助，同时也要积极地帮助案主重建服务。

（4）促进其他助人者的工作

像案主一样，助人者也会经历困难，需要支持。支持的方法之一就是对其工作给予正向的回馈，肯定助人者的努力和付出；个案管理者也可以向其他助人者提供咨询（如案主的现状）来支持其工作。个案管理者经常扮演联络人的角色，使网络成员间互相分享资料，甚至当成员间遇到困难时，可以运用这些资料来解决冲突；个案管理者必须向自己或其他提供资源的机构提供一致的个案记录及报告。当对助人者的非正式回馈不足以带来改变时，这些记录和报告可以支持我们采取正式的行动。

(5) 个案研讨

个案研讨是促进资源网络在共同目标及计划上达成共识最有效的方法之一。和助人网络中的若干成员做面对面沟通的会议称为个案研讨。面对面的会议促进网络成员间的信任与了解，进而可以共同发展一致的目标。为了成功举办个案研讨会，个案管理者必须从头到尾认真工作。它虽然是一个有效的工具，但仍然要留意所必须付出的资源代价，以及案主和自然助人者在其中所扮演的角色。

七　个案管理和专业关系结束

任何助人的工作都有期限，结案与评估是整个个案工作过程的最后一个阶段。这一阶段的任务就是工作者结束和案主之间的专业关系，并对整个服务过程进行回顾、总结和评估，目的是巩固案主已有的改变，增强案主自身解决问题的能力。

（一）结案

结案工作是一个动态的重要过程，是将整个助人过程加以综合的过程。适当的处理能成为一股重要的力量，整合案主的感受、想法，促进案主行为的改变，并使他能将这些收获运用在日常生活中，因此结案也是治疗协助的一部分；处理不当也可能出现前功尽弃的局面，所以结案对个案管理者和案主都具有挑战性和帮助性。

1. 进入结案阶段

结束关系并非都由个案管理者着手，情势、环境及他人的选择，也可能导致个案管理者无力使结束关系成为一个对案主周到又支持的过程。案主可能选择在完成任务前结束个案管理关系，外来因素或机构也可能使关系暂停或结束。我们将探讨结束关系的三种来源：案主、个案管理者以及其他原因（包括机构的指令）。

（1）由案主主动

在个案管理中，比较理想的情况是案主觉得离开工作者后自己有能力解决自己的问题，或者也许问题尚未结束，但案主觉得自己找到了问题的成因与解决方法，相信自己能够顺利解决，因此决定结案。而有些案主想结束关系的原因之一是他们在一开始就相当矛盾，举棋不定。某些案主认为他们或多或少是有点被迫参加。对缓刑者及假释者而言，这种情况特别明显。与临终照顾案主不同，以上三类案主通常不会主动寻求个案管理服务，而是经由他人转介。这些案主可能觉得他们不能直接明显地表达不想参与的意愿，因此他们通过行为来暗示个案管理者。例如，他们可能制造各种无法赴约的借口；若你硬要定下见面时间，他们会爽约或让你吃闭门羹等。

其他少数的案主会直接要求结案，他们可能不想和个案管理者再有联系。个案管理者要探究他们是否愿意接受其他个案管理者的服务。他们可能坚持不再需要协助。除非法律上对其参与有强制性的要求，或者很明显他们无理性判断的能力，否则你只好停止工作，别无选择。

有些案主可能搬家、被房东驱逐，而并未留下新的地址。若案主告诉个案管理者将迁居其他地方，个案管理者可以协助他们寻找新居附近类似的服务。

（2）由个案管理者主动

多数个案中，结束关系的主因是案主达成个案管理者和案主共同订立的目标。结束关系的决定应基于下列判断：案主和助人网络间可以维持平衡。但有时候即使目标未达成，个案管理者也有想结案的情形。

可能的原因是案主工作的挫折感太高，个案管理者觉得自己已竭尽所能来帮助案主却毫无成果，所以他很不情愿地（事实上，可能是松了一口气）下结论说案主无法接受服务，继续下去只是浪费时间。大多数情况下，这种反应都是不恰当的。背后的问题是目标设定过高：当目标高到不切实际时，是不可能达成的。出现这种情况，个案管理者就要寻求咨询，与督导、同事或专业顾问透彻地讨论目标的合适性。

另一种情况是无论个案管理者多么努力，总是有些案主会抗拒你的努力，这可能涉及案主严重的内在障碍，以致你完全无法有任何进展。例如，案主某种决定性的概化观念深厚，以致你所有的建议他都不会考虑。遇到此类个案，个案管理者可以和督导共同设定一个特定目标及日期，若达不成即可结案。个案管理者可以告诉案主结案日期、详细描述他所需完成的改变，这是你继续提供服务的先决条件。

最后，结案可能是由于个案管理者和案主不是合适的搭配。在此情况下，工作者和案主之间的感觉及气氛不对，以致无法合作。个案管理者可以要求督导尝试让其他个案管理者接案。个案管理者也应该了解自己不可能帮助所有人，其他人也许会有进展。

（3）其他

有时结案的原因是远超个案管理者或案主所能掌控的，如法院可能对案主的状况做出新的决定，机构政策可能改变以至于缩短开案的时间。当结束关系的决定一旦做出，如果时间允许，和案主及助人网络间的转介工作是绝对重要的。

2. 结案中案主的心理

在个案管理中，我们的工作对象的共同问题是很难与人建立有效的助人关系。首先我们鼓励他们接受我们的帮助，然后学习接受他人的帮助。当这样的功课在进行时，一个无声的承诺也在进行：那就是案主需要时，我们会与他同在。然而，结束关系的提出可能是无礼地提醒他，这种"与他同在"也是有限的。对某些案主而言，即将独自面对生命是一件很令人惊恐的事。

案主回应这种焦虑的方式有几种：有些表现出愤怒并认为工作者背叛了他；有些表现出退缩和沮丧；有些会拒绝个案管理者，并声称个案管理者从未真正帮上忙；还有一些则提出一堆问题来让个案管理者忙得无法离开。当我们对案主仍有责任时，我们需要鼓励他们学习运用协助，同时也需考量还有很多其他的人也可能需要我们的帮助。因此权衡我们对老案主相对新案主的责任是很有必要的。

3. 工作者的处理方式

结束是一个渐进的过程，在真正结案之前，工作者已经试图培养案主的独立行为，以便为结案工作铺路。有时结案的准备工作甚至早在开始阶段就有所考虑，通过改变的内容和目标引导案主，使其真正进入生活情境中。

在结束与案主的服务关系时，个案管理者可以采用以下方法。

（1）过程稳定规律化

结束关系可以持续一段时间以减轻其对案主的冲击。个案管理者可以减少与案主的接触，用以增强其自我解决问题的能力。

（2）与案主讨论结束关系

当个案管理者开始向结束关系的阶段迈进时，需和案主讨论其可能性，给案主时间调适以接受其必须独立自主的想法。个案管理者可以和案主一起回顾合作的进程，强调案主已经开发出来的能力和优点，与案主协商一个结束关系的日期。

（3）已结束个案的后续责任

完成结束关系后，个案管理者向案主表示，一旦需要，案主仍可得到相应的支持和帮助。

提出结束关系后，个案管理者应持续三个月、半年或一年与个案或家人、伴侣保持联系，定期监测以达到个别服务计划的目标。定期再度评估个人的状况或环境，决定个案使用转介资源的情况，是否重复使用不同机构的资源；判断资源与案主需求之间是否有落差，是否需要更新个别服务计划。

（二）总结评估

在这个阶段，评估个案管理者的工作及案主的问题改善的程度是十分有必要的，它主要是评估个案管理者所提供服务的质量、适应性和有效性，包括两个层次：在案主层面上，个案管理者记录下个案和管理者的活动，这是监督和评估系统的基础；在服务层面上，为了使方案能解决问题，需要收集许多可靠的个案资料，以解释需求和问题所在。

1. 总结评估的目的

评估的目的是了解整个服务的效果。对个案管理者来说，可以从评估结果中看到自己的工作成果和能力，促进自己专业能力的进一步提升；对案主来说，可以从中学到克服内在障碍、链接资源以及恰当运用资源网络等能力和技巧；对机构来说，可以更好地把握工作者服务的成效，以便权衡工作者的工作效果和为改进机构服务提供依据。

2. 总结评估的内容

评估包括结果（result）、努力（effort）及合适性（adequacy）三个层次。

（1）结果评估

主要目的在于衡量案主改变的目标实现的程度，即提供的服务是否有用。例如，接受特殊训练之后，如今案主是否能运用行为修正的原则来有效地管教孩子。因此，之前设计清晰与明确的目标是相当重要的，要尽可能量化。然而，有时案主所制定的改变目标难以量化。例如，"自我功能的增进"和"改善自我形象"等，这时通常让案主自我评估，尤其是做行为改变上的评估。

(2) 努力评估

有时我们必须查验我们计划的策略是否付诸实行，这就是努力的评估。对初期的案主而言，过程评估是很重要的。让一位有抗拒心理的案主去上课，即使他没有通过课程，这份努力也算是迈向进步的重大改变。当应用正式资源时，评估努力是相当重要的。即使资源有时无法达成预期目标，我们仍需了解案主是否确实得到了协议中所约定的服务。

(3) 合适性评估

合适性评估是指查验所达成的结果是否解决原本的问题还是有所偏离。例如，案主想到老人养护中心工作，并且完成同等学力的课程，通过了考试，结果发现养护中心协会对资格的要求是一般中学的毕业证书。协助酗酒者戒酒可能无法如预期般让他停止虐待妻子。合适的结果是指结果充分地达成预期的目标。

3. 评估工具的运用

(1) 生态图

前面提到生态图作为了解案主与环境要素间互动性质的工具，如果在案主身上只用一次，则其用途限制在评定；如果使用不止一次，并比较其结果，则成为评估工具。前面提到生态图好比一张快照，在特定时间记录一种情景。成长来得特别缓慢，以致个案管理者无法每天觉察，但当间隔数月再做比较时就显而易见了。对案主而言，看到生态图所呈现的改变是令人振奋的。通过多张生态图的比较，个案管理者和案主可以很容易地看出案主与服务资源的联结情况，很快地了解案主进步以及需要改善的地方，为结案以及进一步的服务做好准备。

(2) 目标达成量表

目标达成量表之所以很有功效，是因为它不会让个案管理者只评估某一层次的成效。如生态图一样，它允许广义的成效，对案主是非常好的激励。如果目标达成量表持续地为个案管理者使用，他们不仅提供机构方面所需的评估资料，而且在案主达成目标上给予个案管理者有益的回馈。通过这些资料，机构可以整理出统计数字来呈现案主自决目标的实现程度。这样，机构就可陈述如下：从儿童福利案主的资料显示，在1（最差）到5（最好）的量表中，他们的平均值是3.5，表示比所预期的结果稍佳。

对个案管理者而言，这些分数可以帮助他了解他是否协助案主设定了契合实际的期待。如果结果一直都停留在 1 和 2 之间，那他可能某种程度地鼓励或允许不切实际的期待。分数持续显示在 4 和 5 之间时，对案主是正向的增强，也提醒我们目标可能不够有挑战性。

4. 跟进计划

结案并不意味着完全终止服务。个案管理者根据需要与案主讨论结案后的跟进事宜，让案主说出适合他的跟进方式。另外，对个案管理者来说，跟进也是持续评估工作绩效的一部分内容。如果案主离开后能保持服务的效果，在某种程度上说明服务起到了良好的作用；如果结束服务关系后，案主很快又恢复原来的状况，可能工作者要检视自己的服务效果。因此，跟进计划应该是整个服务的一部分，但跟进的程度要根据案主的需要和问题的解决情况而定。

第七章 社会工作实务辅助方法和技巧

社会工作者在为服务对象提供帮助和支持时，会运用许多方法和技巧来加快、加固专业关系的建立与发展，提升服务的效率和效果，尤其是在微观层面上，社会工作不仅自己发展出许多有效的分析工具与服务技巧，还从心理学及相关领域中汲取或引用了不少工具，心理剧和绘画投射技术就是其中两例。

一 心理剧在社会工作实务中的运用

近年来，以心理剧引导个人成长的活动方兴未艾，不少人认为中国传统民族性的含蓄与内敛，似乎不适合以这种肢体与情感皆较为夸大、开放的方式来探索自我。然而，在实际的操作及参与中，我们可以看到不少成员在适度地暖化后，皆能自发地融入演出，并允许自己做适度的开放，并且事后对自己的"成就经验"感到满足。所以，心理剧可以为更好开展社会工作专业服务提供一种新思路和新方法，值得去探索与研究。

心理剧是心理治疗的一端，也是剧场的一种。心理剧是由奥地利籍的精神科医师莫雷诺（Moreno）发展出来的。心理剧是一种治疗方式，是随着人们进入他们的内在现实，让他们描述这种内在，并以他们看到的情形去运作。通过戏剧行动，做心理剧的人将长期埋藏的情境带到表面，以释放情绪压力。通过分享、支持与接纳创造一个能掌控的环境，然后让心灵的自然疗愈的力量与情绪上的自我继续运作。

（一）心理剧的基本要素

1. 主角

心理剧最大的特色是现场即兴的演出，没有剧本，也没有彩排，上演的永远是真实的人生。提供剧情故事的当事人,就治疗而言,他是一位案主,就剧场而言,他即是一场剧的主角。所有在场的人都进入主角的经验世界,用主角的眼睛去观看。导演与在场的团体成员,会在主角的叙述下,一一认识剧中其他人、物以及情节的发展。

主角并不需要有任何的戏剧训练或演技,他需要拥有的只是一份想将人生的困扰治愈的意愿,或者他需要一份好奇心,即想要多了解自己及所处困境的好奇心。此外,他需对导演和对团体信任,愿意勇敢地说出自己真实的处境,带有冒险的精神,在导演的指导下及在团体成员的陪同中,演出自己的故事,并从中学习及成长。

2. 导演

导演是心理剧场里的灵魂人物,他必须是一个合格的心理辅导员,同时又有心理剧的专业训练。作为一个治疗者,导演在心理剧场中具有下列责任。

(1) 观察与评鉴

导演虽然置身于舞台上,却需要时刻保持客观的观察态度,一边听取主角的叙述,收集资料,一边对主角进行人格和心理评鉴。

(2) 拟定治疗目标

在剧场进行中,导演要不停地在心里做出决定,决定要运用什么心理技巧,达到怎样的治疗目标。例如,把目标拟定在让主角愤怒地宣泄情绪,还是使主角认识目前困境与他童年经验之间的关联,或是把治疗目标设定在让他有行为演练的机会。

(3) 保护主角

治疗者永远要负起保护案主在治疗过程中不受到心理伤害的责任。心理剧的主角勇敢地在团体当中袒露个人困难与隐私,导演需要使主角得到正面协助,而把心理伤害的可能性减至最低。例如,导演要引导观众对主角提供正面的支持,防范批评和不谅解的声音。

除了上述的"治疗责任"外,心理剧的导演不同于一般的治疗者,兼有下列"剧场责任"。

第一,暖化团体及主角。导演需要设计某些活动,增加团体的凝聚力以及开放性。在主角开始开展心理剧过程之前,还要帮助主角暖化起来,以便主角能够开放地演出。

第二，选择和设计场景。在一个没有剧本的心理剧里，导演需要捕捉案主叙述中的重要讯息，将之设计成为可以表演的场景。

第三，时间的掌握。导演会决定该场心理剧的规模大小，并在恰当时间结束演出，带领团体进入分享环节，也要在适度的分享后，将当天的剧场活动做一总结。

第四，道具的运用及管理。在心理剧场里经常会运用一些道具、灯光、音乐，如何使用道具、灯光、音乐，以及在什么时候使用，也在导演的考虑当中。

此外，导演也是整个剧场的催化者，他将会协助主角选择成员来当搭配演出的辅角，并且要指导及协助辅角参与，包括一些关键的时刻提醒辅角该做的事和该说的话。导演还要注意及照顾整个团体的气氛。

"导演"两个字，从词义来看似乎是"指导演出"，在一个戏剧排练的过程里面，导演经常指挥若定，控制全场。但是心理剧导演真正的角色是"主角的追随者"——对主角的心态亦密切观察和准确把握——对主角在每一个时刻所呈现的线索都能够捕捉和紧紧地追随。原则上导演并不加入自己个人的价值观和观念，尤其要能够进入主角的知觉系统和现象场地（所谓现象场地，就是主角意识范围中的主观世界），所以他并非按自己的主观作剧，而是要聆听主角的心声来导戏，也就是说，他所导出的是主角的戏而非自己的戏。

3. 辅角

辅角是在心理剧场中，除了主角以外，其他参与角色扮演的成员。有一些心理剧的工作者是一个团队，除了担任导演的人以外，还有一些受过训练的人担任辅角，他们能够对导演的工作有所协助。在辅角群当中有一个特别的角色，就是所谓的"替身"，他/她是"第二男主角"/"第二女主角"，即是在当天剧场中代替主角去演出主角的人，以便有些时候主角可以置身台下，看到替身代替其演出自己的故事，进而主角能够对自己的问题得到一个不同角度的观点。

辅角的责任如下。

（1）辅角是主角的延续

辅角依据主角的叙述进入所扮演的角色，聆听主角的叙述和导演的指导，把该角色的行为表现出来，同时在心中体会角色的内在拥有些什么样的感受和心态，以便在恰当的时候报告他的体会，增加主角对这一角色的认识。因此，他可以说是主角的延续，因为他是按照主角的叙述来诠释那个角色的。

扮演替身的辅角尤其需要努力设身处地体会主角当天剧场情境中的心情和知觉，协助主角把自己的想法、看法、感受和期望表达出来。

（2）辅角也是导演的延续

尤其是受过训练的辅角，他会注意导演的指示，企图看懂导演的治疗方向，收集或体会更多所扮演角色的讯息，报告出来以作为导演治疗的参考。因为辅角身在角色当中，有其独特的位置可以收集讯息。当一名辅角置身于主角对面或置身于数名有关的角色之间时，或以某种象征式的姿态自处时，对于所扮演的角色易有深入的体会，将体会到的讯息报告出来，将是导演可以运用的素材。倘若所报告的讯息与主角的认知有所差距，导演也会引导主角去澄清。

辅角需要非常注意聆听主角的叙述，记忆主角习惯的用词，把一个关键字句表达出来。他一方面需要忠实地表达主角的叙述，另一方面又要能在心中体会这些字句背后所隐藏的感受和心态。

（3）支持和鼓励主角的表达

替身能够陪伴和协同主角表达自己和尝试新的行为，例如主角的替身就会对主角说："我们实在太累了，得把心中的难过说出来才行。"特别是当主角心中紧张害怕时，陪伴、支持格外有其功能。

有时，同样是为了达到鼓励主角多体会、多表达自己的目的，辅角可用夸大的方法刺激主角。例如，扮演案主丈夫的人，可以把案主丈夫的紧张不安做更为强烈的表达，例如搓着手来回踱着步子，以便引发案主对丈夫的反应。

对辅角而言，参与扮演某一种角色往往对他自己也有成长性的助益，就像戏剧里的演员在演活了一些角色时，能够增加他的人生经验。心理剧中的辅角，一方面协助主角，另一方面也能够体会到另一个的心灵，另一个的人生，有扩大角色经验的效果。例如一个容忍的先生，当他去扮演一个凶暴的丈夫时，第一次体验到一个男人在发怒时，心中是怎样的害怕和战栗不安。

4. 舞台

有时，心理剧的舞台只是在团体辅导室里，由一群人所围成一个圆圈的中间，但多半的剧场会有台上台下之分。有的剧场将舞台略微垫高，以便区分得更为突显，仿佛当一脚踏上台时，辅角就进入了创意十足的幻想世界和所扮演的角色，而暂时离开自己原本的角色；但在演出结束踏下舞台时，辅角恢复了本来的身份，主角也回归了他现实的世界。

正因为心理剧场是以拟真的方式进行，且是即兴演出真实的故事，因此多半的心理剧工作者相信，舞台有一个界限比较能够帮助在场所有人，分清想象和现实、界定出心理剧场和现实生活。原则上，舞台需有足够宽敞的空间，可以让动作频繁的心理剧展开，同时应有足够的传声效果，使在场的人在过程当中都能够听到主角、辅角和导演所说的话。

5. 观众

在一个心理剧里，有了导演、一名愿意探索自己的主角、一个舞台以及担任剧中辅角的人以后，然而，若是没有观众，在台下空虚的情况下，也就衬托不出什么叫作台上。因此，有一些观众在场是重要的。剧场中的观众代表了客观的眼睛，代表了主角以外的世界，象征着他人的眼光；倘若主角所陈述出来的主题和内涵能够为这些眼光所接受，对主角来说，也就象征着他可以为外界所接纳，因此观众支持的力量是非常重要的。

正如一般的戏剧剧场，观众并非被动地观察，有可能受到感动而在心灵上积极参与；心理剧场的观众尤其如此。因为在台上演出的是眼前这位朋友真实的故事，观众往往更会允许自己为剧场所震撼，陪伴主角流泪或是在心中深深地喝彩，或随着主角所进行的过程，对自己所遇到类似的处境心领神会。

（二）心理剧的流程

一场心理剧的流程包括暖身、主角产生、演出和分享四个阶段。而导演的工作就在催化、带领这些过程的发生与进行（王行，郑瑛，1999）。

1. 暖身

暖身其实是我们生活中时时存在的动作，有些人在写作前，习惯点根烟；有些人上床睡觉前，习惯更衣、拨闹钟……，仿佛是一种仪式；聪明的职业妇女会在下班回家的路上，小心地更换自己的角色，暂时忘掉工作内容，开始设想晚餐菜色，准备好去面对丈夫和孩子……这些都是我们在生活里、不知不觉中所进行的暖身活动。

暖身是让我们做好准备，以便更有效地进入某一情境。善用暖身，能使我们在不同的角色与情境之间做转换，并能恰当地置身其中，发挥作用。

在心理剧中，暖身是一个不断进行的过程，在整个剧场活动进行中，导演需要不断进行各种暖化的活动。而暖化的对象包括团体、主角和辅角。另一件非常重要的事即是导演本身在进入团体之前也要先充分暖化自己，以便有较高的自发性开展工作。

当一群人聚集在剧场，他们分别来自不同的地方，带着不同的心情，以及刚才所处情境中的角色前来。进入剧场以后，导演在第一阶段的暖化过程当中，有下列目标：

①帮助成员放下在其他情境中的角色及面具，能够自由地表露真我；
②协助成员接触自己，察觉自己此时此刻的心情状况；
③协助成员暖化肢体，以便投入非语言的工作方式；
④注意身边的其他成员，与其展开接触。

以下试用一个案例来说明这个过程：

小雯匆匆忙忙在自己上班的银行门口叫了辆计程车，赶往心理工作室，虽然早已为参加这个活动请了假，但是这两天正是月底结账的忙碌时刻。在中午时分走出办公室，心中还是有几分不安。赶到剧场，在工作室的厨房里吃了随身带的面包，喝了杯又香又浓的咖啡就进入了团体，她遵照导演的提示，跟众人一块儿轻轻地闭上眼睛，深深呼吸，脑海中却还是出现电脑报表纸和同事的面孔。后来，听到导演用温和而沉着的声音说："此刻如果你心中仍有牵挂的事，轻轻对它说一两句话，告诉它你不会丢掉它的，此刻把它暂时放在一边，你仍有机会去处理。"小雯慢慢地使注意力离开了银行结账的事。

接着，她又听到导演说："环顾一下团体，去找另外两个人，跟他们分享一下这周以来，你心中最关切的事情。"小雯在团体中浏览，与另外两位伙伴形成三人团体在地毯的一角坐下来。她留意到有一个伙伴是个年轻的男孩，另一个伙伴眼中闪着泪光，她的注意力开始被身边两个伙伴吸引，对他们产生好奇和关心。就在地毯的一角，他们三个人开始分享彼此心中的事。也许，小雯会成为今天心理剧的主角呢！

2. 主角产生

在心理剧场，主角的产生一般有三个因素：个人意愿、团体决定、导演偏好。

（1）个人意愿

担任主角的角色，个人意愿最为重要，来参加心理剧团体的成员，各有不同的心情，有的人带着明确的困扰主题，强烈地希望借着心理剧的方式得到帮助；有些人则对担任主角感到非常不安；也有些人很愿意尝试一下当主角的经验，但是对自己想要探讨的主题并不清楚。正因为参与者担任主角的心理差别很大，所以个人担任主角的意愿尤其需要受到尊重及重视。即使导演认为某位成员适合担任主角，也必须要征得成员本人同意才能进行。

因此主角的产生，一种是出于本人主动意愿，或是有备而来的成员，他们在进入剧场时，就已储备了明确的主题及有担任主角的意愿；另外一种主角是被动产生的，此类主角来到剧场时，并没有明确的意愿和主题，是在导演领导暖身的过程当中兴起某一个主题而产生了担任主角的意愿，也就是说，他是在暖身之后，经过自己的分辨而愿意成为心理剧的主角。

（2）团体决定

心理剧是一种团体的过程，成为焦点的主角得到团体的支持是非常重要的事。主角觉察到团体成员的投入和支持时，才会有安全感而提高自发①的程度，因此团体成员共同决定或愿意支持的主角及较多成员感兴趣的主题，是另一个重要的因素。

原则上，一场心理剧只能有一位成员担任主角，因此当有不止一位成员表示愿意担任主角时，由团体成员共同投票决定不失为一个好办法。导演往往会请每一位有意愿的成员简短说明自己的主题，而由其他参与者投票表决，导演的指导语言通常如下："请各位在这几位朋友当中做一个选择，在哪一个主题上，你相信自己会从中获得最多的效益和学习，请为自己做一个挑选。"

（3）导演偏好

有时导演也可根据自己的偏好来挑选主角，而导演在挑选主角时，有时

---

① 自发是一连串包括接受、思考、感受和行为的过程，它是在身体内自然地产生与运作，当个体在自发状态时，他的身体充满能量，并且能真正感受到内在的自我核心的自由运作与流露。自发的过程导致创造性的活动，促使个体创意地去面对现实情境。

会选大部分成员感兴趣的主题，或是特别需要帮助的主角；或是在几位成员表达自己意愿后，导演按照自己最熟悉和擅长的主题挑选主角。在该主题上，导演相信能给大部分成员带来较大获益。

3. 演出

当团体经过暖化，而有一位主角产生之后，心理剧的演出过程就可以开始了。诚如前述，暖身乃是一个持续不断的过程。在主角产生进入剧场后，导演要继续暖化这个主角和进一步确定主题。在暖化主角的过程中，导演要与主角一起由坐姿变成站姿，也要多些动作等，这些都是暖化的方法，而在引导时，导演的语言中要尽量注意下列原则。

（1）化叙述为行动

当主角开始叙述他所关切的主题或是谈到他自己的故事时，不要让叙述太过冗长，要在恰当的时机引入行动，例如，主角抱怨说："我先生阿雄，从来不帮助做家事，一下班就跷起二郎腿来看电视……"导演便接着说："来，请你做给我看，阿雄下班回家后是什么样子？"

（2）打开感官系统

> 导演：我们在哪里可以遇见阿雄呢？
> 主角：在我家的客厅里。
> 导演：让我们来看看阿雄下班后，在客厅里做些什么？

（3）行动化进入某一场景

> 导演：让我们进入你家的客厅，好吗？
> 主角：好的。
> 导演：当我们站在客厅门口时，我们会看到什么？我们会看得到阿雄吗？我们能看到他在做什么？
> 主角：他坐在沙发椅上，把脚放在茶几上，手里拿着遥控器，在看电视。
> 导演：来，你来当阿雄做给我看，好吗？来，坐在这里，电视机在那里。

当导演运用这些原则，与主角展开演出的第一步时，他使主角用更为自发、活泼的方式来表达自己的状况，这些都是暖化主角的过程。

在导演与主角对话的过程中，要注意指导语言得化笼统为明确。多半的主角会用说故事的方式谈起自己的困扰和所关切的情境。导演要用一些引导发问的方式，帮助主角把笼统的叙述变得明确。

  主角：我的先生对我很好，他是一个很好的男人。
  导演：你可不可以用三个形容词来形容他？
  主角：好爸爸，也是一个好丈夫。
  导演：在什么时候，你特别感觉到他是一个好丈夫？
  主角：当他愿意帮我做家事的时候。

导演在主角展开第一步会谈时，就要运用聚焦的技术，在每句话中，都要求主角做明确的回答，而非笼统地概述。

例如，一位病人向导演抱怨说："从早到晚总有人惹我生气。"

导演会问："在你目前的生活里，谁经常使你生气？"

又例如，主角："我觉得自己能力好差，好希望自己能干一些。"

导演："你最希望得到哪方面的能力呢？"

导演要用一些简单的问题问出明确的回答来，以使主角不会陷入长篇大论或是抽象概括的叙述中，才可帮助主角、观众及导演都更明确地捕捉到主题重点。

（4）追寻线索，确定主题

当一位团体成员成了剧场的主角，他会在导演的提示下叙述他的故事或是想探讨的事情，导演要在他所提供的资料中找到有意义的线索，依据这些线索展开心理剧。若是在治疗性的团体进行时，还要借此渐进地做出人格评鉴，以便后续治疗过程的进行。

主角一开始的主诉不一定是问题重点，可能隐藏了问题重点，导演要本着自己的人性观点、治疗理念及经验，追随主角的故事，在其中搜索。心理剧开场时，导演需要忠于主角的许多原始资料，而不宜擅自加入许多自己的观点和意见。在剧的开端，导演仔细聆听、追随、捕捉线索是最重要的技术。如前所述，导演更多的是一位追随者。因为剧情的展开，全靠导演紧紧地追随主角，敏锐地聆听，耳聪目明地留意主角当场的即刻经验，体察主角的线索（包括语言及非语言的）。一般而言，语言的线索提供许多内容，而非语言的讯息传达出更多过程上的意义。例如，主角提出她对婚姻生活的失望及目前生活的痛苦，她说："那时候感动于他的温存……"说时主角的眼眶一红，虽然只是瞬间一逝的反应，但敏感的导演会留意到的。

在主角开始叙述，而导演搜索线索的过程中，其实是主角与导演共同创造的精致历程。主角不停地提出线索，导演则根据这些线索设计出场景，双方配合带领观众进入即兴的剧场。

以下试用一个案例来说明这个过程：

> 阿花在争取主角的机会时，开始叙述她和男朋友定国的关系："每次当我心情不好时，他都来照顾我、陪伴我，然而在他自己心情不好时，他就会躲回自己的地方，连电话也不打给我，音讯全无，我去找他甚至也会被拒之门外。他乐意照顾我，却不给我照顾他的机会，这不是很不平衡吗？"
>
> 导演将阿花的叙述做了立体的呈现。扮演男朋友定国的辅角在一个张起的布幔后面，蜷曲着他的腿坐在地上垂头叹气，导演让主角阿花对着男朋友（辅角）说话。
>
> 阿花说："我进不去你的世界，我非常希望知道你的痛苦，是不是因为我不够好，不能像你照顾我那样照顾你。我觉得自己很差，没有能力照顾你。"
>
> 这几句话提供了进一步的线索，让大家听到在被拒绝的情况下，阿花怎么评估自己。于是导演又可以根据新的线索，进一步设计及做各种具象化的呈现。这是心理剧的入门过程，当导演一方面紧紧地跟着主角的线索，另一方面也提供行动化的场景，让主角有机会看到自己的状况，更进一步地提出线索。在这样的过程当中，导演引导主角逐步找出问题的核心，并确认待探讨的主题。

在确认主题的过程中，有两种形式：一种是前定型的主题确认，另一种则是发展型的主题确认。前定型的主题确认是在主角的主述当中，问题已经清楚地呈现，而导演给予足够的晤谈，而在开始设第一个景的时候，导演对于问题的重点已有把握，对于该场剧的主题也已经确认了大半。而发展型的主题确认方法，则适用于主角的叙述较为笼统，一时还不能看清楚真正的困扰核心时的情况。对此，发展型主题确认做法是在主角提出部分线索时，就予以具象化及设景，等待进一步的线索在所设的场景及具象化当中呈现出来。在开展第一个景时，导演心中对于问题的核心及主题重点尚没有明确的轮廓，但是相信过程的进展会进一步引出更清晰的主题来，所以一面设景、具象化，一面渐进地确认主题。

(5) 演出主题

导演在拿捏主角的主题后，会继续催化过程进行，在随后的演出当中，问题逐渐由表层进入核心，而在每一步的动作当中，导演都会怀着他的决策历程和运用各种心理剧的技巧继续前行，直到心理剧后端的突破和整合。心理剧的进行过程中会有一个高峰点，在曲线的高峰点上，情感的强度达到最高；而在高峰点以后，剧场要准备收敛、整合，而不再着眼于任何新的咨询，不再扩大剧的规模，而是逐渐地运用策略准备结束。

在每一场心理剧结束的最后一景，常是非常重要的治疗阶段，其间导演会根据自己的假设做出处理。一般而言，在最后整合的时候，会再回到问题的起点——主角所提出的困扰，这是希望主角在历经演出的过程之后，能用不同的眼光去看原来的问题，能有一些新的想法、感受和做法，也就是符合莫雷诺所说自发的定义：在旧有情境中，做出新的而适切的反应。

在剧场结束的时候，有的导演特别强调行为的演练，也就是角色的训练，偏重在行动上的练习，以便对旧有情境有新学习的行为方式；也有一些心理剧在整合的过程当中，导演会运用隐喻的方式，对于主角的困扰提供领悟的机会。

4. 分享

当剧场的演出结束时，全体成员集合在一起，展开分享。分享也是心理剧里极为重要的部分，这个时候，所有参与扮演角色的人以及观众都会有机会对主角做出一些回馈，以及分享个人在过程中的触动、感想。在分享的时候，导演常常会提醒成员注意三个原则：第一，不分析；第二，不建议；第三，不发问——不对主角提出进一步的问题。因为主角刚结束演出，内心非常脆弱和疲惫，好像尘埃满天尚未落定。他需要一些时间来整理内心的感受。同时，主角离开了剧中的情境，回到了团体的现时现地，他需要在这个时候测知团队其他成员对他的了解及接纳程度如何。团体成员若能与他分享个人类似的经验，会使主角觉得自己不是一个特殊的人，有其他的朋友也有相似的感受，近似的经验可让人得到共鸣性的支持。在此脆弱的时刻，倘若主角听到的是理性的分析或建议，常常会造成伤害，这是导演应该格外注意的。

分享本身往往也是非常具有治疗性的。团体的支持程度是心理剧主角获益大小的关键。许多主角剧后回馈：是在分享的过程中有力量去面对人生，以及因为有许多的呵护与支持，所以帮助自己重新接纳自己，而渡过旧有的伤痛与懊悔。

（三）心理剧的设景方法和常用技巧

1. 心理剧的设景方法

将案主具体地带入某一个时空，用的方法就是"设景"。所谓"景"，是一个情境、一个时空，是案主当天要探讨的主题，在他的生活中曾经发生过的情境与时空。心理剧能够有效将"彼时彼地"带到剧场中的"此时此地"来，这种做法使心理剧能够超越时空进行心理辅导的工作。

在一个剧场里，设景对主角、导演、参与的成员各有不同的意义。

对导演而言，设景的技术能够帮助他收集更多的资料，导演可经由主角的叙述及延伸，了解事情发生当时的情境，也可以一边设景一边与主角沟通，而在主角所描绘的细节当中，进一步获得有关的线索。

对主角而言，设景最大的功能是帮助主角投入有关事件的场景，仿佛身临其境一般，一边引发当时的情绪，重新经历有关的生命场景。设景越逼真越能帮助主角入戏，以及引发真实的反应，也可以在逼真的设景中，提供主角演练各种行为的机会，以及学习更适切的应对之道。

对观众和角色扮演者而言，设景能使观众有参与感，而不觉得过程沉闷。因为设景能够提供给观众视觉上的刺激，不只是口头的叙述而已。角色扮演者更能够在设景的协助下，容易揣测及进入所扮演的角色，能够较自然地投入角色及演出。

（1）设景的决定

在心理剧中，设一个场景所需的时间长短不一，短则二三分钟，长则十几二十分钟。设景的细腻程度，以及所需时间的长短，都取决于导演当时的决定。一般来说，费时较多、细节周密的设景，能帮助主角做更好的暖身和入戏的准备，倘若主角已经足够暖化，而剧场的时间又比较紧迫时，导演可能会做出简略设景的决定。许多导演会在一场戏的数个场景中选择某个比较关键性的场景，做较为细节的设景。一般而言，仔细的设景能够让心理剧进行的速度减缓及增加行动化，且使主角能够更为平稳地进入场景，展开心理剧。

（2）设景的步骤

①划定场景界线

在设景的同时，也可划定舞台的界线，有的剧场本身已经设有高出地面的舞台，但多半辅导室没有这样的设置，因此需要以象征的方式将台上台下做出分野。分野的办法很多，导演可以带着主角走出一个范围，也可以用枕头、垫子或小椅子大概围出一个范围；也有一些心理工作室运用灯光分出舞台上下，灯光亮起所照射的范围即是心理剧演出的舞台。

②听取描述

导演会简单询问，听取主角对即将设景的时空进行说明，且在主角叙述时随之配合动作及道具，使在场的人，包括导演和主角都渐渐有一种身临其境的感觉。例如，

　　主角：这是我的卧室，右边是书桌，左边有电脑，这里有一个落地窗。

　　导演：拿一个东西来代表电脑和书桌，好吗？书桌的椅子在哪里？

③设定方位

　　导演：这个书桌是朝哪个方向坐呢？倘若要走进这个卧室，门在哪里？当你躺在床上的时候，枕头在哪一边？你会朝哪个方向睡呢？

④配合感官，做更多细节陈述

　　导演：当你坐在书桌前面，你会看见什么？
　　主角：看到落地窗。
　　导演：这个落地窗有窗帘吗？是什么颜色的？

主角：有一个长的窗帘，是白色的。那是我自己挑选的。

导演：让我们站起来在你的房间里走一走，这面墙上悬挂些什么东西呢？

主角：这边墙的右上角有好多我的奖状。

导演：（眼睛朝向主角所指奖状的方向）看一看，你能看到其中某一张奖状上面是怎么写的吗？说给我听听。

主角：学生陈×宏参加书法比赛荣获……

导演：这房间有窗吗？

主角：有，就在这里。

导演：（跟主角一起走到窗前说）来，我们站在窗口往外看，会看到什么？

主角：看到对街的杂货店，杂货店前有一棵大树，小时候我们兄弟几个常在树下玩。

⑤找一件有代表性或象征性的物品

导演：这里有一个书架，都摆些什么书？

主角：有《唐诗三百首》及《泰戈尔诗集》，都是我常看的书。

在陪主角设景的过程中，有时主角顺口提到的物品会具有某一种重要的象征意义。前面所述墙上的奖状、杂货店前的大树，在一场剧中均有可能具有象征意义，导演需保持高度的敏锐和直觉加以捕捉。

导演：在这间你小时候住过的房子里，墙上有什么东西？

主角：墙上有我父亲的遗照，从我有记忆开始，这个遗照就挂在墙上了。

导演要把具有代表性或象征性的物品默记在心中，或许在心理剧的开展过程中可以运用到。也许在某一过程中，导演可以请主角对着父亲的遗像说话，说出心中的苦闷，也可以运用创意的方法去"成为"那遗像中的父亲对儿子叮嘱些什么。

⑥设定时间

导演要用指导语说明设景的时间是在什么时候，例如，"这个时候你几岁？"，"这是白天还是黑夜？"。

⑦重要人物

在设景过程中，当情境的细节、方位均已指出，而且已用具体的道具加以摆放，对于场景的时间及各种细节也已安排妥当后，则要引入重要人物。在前面的例子中，案主的弟弟就是接下来场景中的重要人物。在重要人物、辅角也被暖化及得到足够的资讯后，演出就可以开始了。

2. 心理剧的常用技巧

技巧是治疗者达到治疗目标的手段，心理剧的主要技巧即是通过角色扮演的方式，将主角所遭遇的困扰立体地呈现出来，它强调行动取向（action approach），也就是以现身说法、设身处地在经验中学习的过程。

心理剧中常用的角色扮演技巧，是来自莫雷诺的角色理论中"人格发展"的观点，这些技巧有协助人格成长的治疗功能。其最基本的技巧有下列四种。

（1）替身

由一位成员扮演角色，进入主角的世界，体会主角的想法、感受和内在语言。替身技巧是给主角一种被伴随和同理的过程，协助主角把没有体会到的感受表达出来，以扩大主角的察觉范围。

在心理剧中，长大了的主角，通过替身技巧再度细腻且宽广地接触自己，并且在被了解与支持的安全氛围里，发掘内在的感受和经验，借替身技巧的操作，延伸其角色。

另外，主角也可以成为自己的替身，以达到同理和接纳自我的功能，例如主角可以成为自己5岁时的替身，以表达当时无法表现出来的愤怒和害怕。这样的过程暖化了主角的自发性，开放了主角的心灵而为"净化"的治疗功能奠下基础。

在自发的治疗观中，净化是治疗过程的重要目标，通过净化解除紧张与束缚，个体从保守不变的角色中释放出来，开始在接收、思考、感受和反应上产生了新的创意。心理剧中的净化作用包括从情绪、认知和行动不同层次的束缚中释放出来。情绪的释放是指对压抑的情绪不加以控制地表露，这些情绪可能是积压已久、童年时期深层的感受，也可能是今日的委屈。认知的释放是指伴随情绪的宣泄,让原本无法意识到的压抑经验呈现出来,使个体对问题有了新的认识和领悟。行动的释放是指将藏于心中的情绪自发宣泄出来,并且产生具体的行动将内在的紧张转化成外在的行为。

(2) 角色互换

在心理剧中导演常请主角与另一个角色相互交换,去体会对方的经验并代其发言。角色互换可以帮助个体从自己的角色中抽离而进入另一个人的世界,增加对对方的了解而扩展自己的知觉经验,促进个人心理戏剧角色的发展。

(3) 镜子技巧

由扮演者模仿主角,让主角有机会如同照镜子一般,看到自己的行为举止和内在心态,也可以由替身(代替主角)和辅角共同表达两人之间的互动模式,而主角可在一旁观察。镜子技巧能收到面质的功效,当个体有能力从第三者的角度看清自己时,才能扩大自己的知觉能力、领悟到自己的内心面(intrapersonal side)、自我面(personal side)和群体面(collective side)的相互冲突;也能看到在人际方面,自我与他人之间有什么互动及转移现象在发生,因而能按照自己成长与改变的意愿,给予自己修正的方向与建议。

(4) 扮演角色

心理剧中最主要的技巧,就是使成员进入某一角色,以尝试扮演这些角色。这些角色可能是人物,也可能是某一种情绪和特质,例如理智、愤怒、委屈等。心理剧中,除了主角外,成员也可以通过演出,使自己的内在抽象的感觉更具体地表达出来。也就是说,通过不同的角色扮演,可以扩大原本被局限的角色经验,调整自我概念,并且通过扮演的实验性过程,暂时脱离社会性角色的束缚,以更创新的方式应对环境的刺激。

3. 心理剧其他常用的角色扮演技巧

除了上述的基本技巧外,另外有一些常用的角色扮演技巧也能够帮助导演达到所期望的治疗目标。

(1) 自我表达

在剧场开始、中间段落或终场时,导演常常会请主角表达当时的想法、感受和所处状态让观众知道。导演可一方面借此收集有关资料,另一方面建立台上台下的联结,以帮助观众投入剧场的进行,并使主角降低焦虑、产生安全感。

阿德站在舞台上,准备要将他的故事呈现给团体,一旁的导演温和地问他:"阿德,站在台上你看到了什么?"

"我看到了一些(给予)关怀的朋友,也看到了一些好奇的眼神。"阿德回答。

导演继续问:"此刻,你的心情如何?"

阿德有些怯生生地说:"有一点紧张和不安。"

"你在害怕什么?"导演问。

"怕他们听了我的故事会瞧不起我!"阿德的音量有了一些提高。

此刻观众席有人摇头。阿德思考一下后肯定地回答:"我只希望你们多了解我的状况就好了。"

(2)对话

在演剧的过程中,导演需要使主角与其他剧中角色产生交谈沟通,才能有角色扮演的过程产生。通常主角会习惯性地将一些想法、感受对导演直接陈述,导演可借此得到一些讯息。但是,如果这种自说自话的方式太长,将使剧场的气氛压抑、演出受阻,也限制了主角的自发程度,因此导演要鼓励主角与辅角进行交谈,这是心理剧中常有的基本动作,需要引发主角与辅角直接对话,才能达到情绪宣泄以及以行动完成经验的治疗目标。

阿德在剧场中面对着父亲殴打母亲的一幕,在一旁紧握着拳头,摇着头说:"他没有权利这样做。"导演鼓励阿德说:"来,试着对(剧中扮演的)爸爸直接说出你的想法。"阿德在现实生活里绝对不敢对爸爸说出心中的不满,但在剧场里说出来是安全的,没有人会真正受伤,阿德可直接将压抑的真实情绪宣泄出来。导演再度鼓励他:"试着直接说出心中的感受。"阿德沉默了许久,开始有些激动地发出颤抖的声音:"爸爸,你实在没有权利这样伤害妈妈。"

(3)转身说话

有些时候,当主角入戏太深时,会将现实生活中的害怕带入剧场,而无法流畅地与辅角直接对话。转身说话是导演请主角暂时背对辅角,在威胁性较低的情况下说出难以表达的想法和感受,而达到感受辨识的功能。

导演轻声地问阿德:"阿德,此刻你心中有什么感受?"

阿德幽幽然地睁开眼睛:"我好难对他说出我心中的话,我从来没有试过,我不知道为什么,一站在他面前脑海中就一片空白。"

导演:"来,阿德,你转过身来,背对着爸爸。告诉他,你想到了些什么是很难对他说的?"

阿德转过身来,沉默了一会儿,然后开口说:"我想告诉你,其实这么多年来我一直很渴望接近你。"

(4) 独白

台上是幻想世界,台下是真实世界,舞台的边缘则是幻想与真实的交界。有时,导演会请主角徘徊在这交界处,旁若无人以自语的方式说出自己内在的心声,这样可以协助主角进入戏剧式的意识状态,并且达到表达感受的目的。

导演说:"阿德,来,我们在这舞台上走动一下,想象你现在只有18岁,一个充满希望的年轻时光,假装现在四下无人,你可以和自己说说话,你想跟自己说些什么?"

阿德走在舞台上,被导演慢慢地引导走到舞台的边缘,边走边说:"我不知道,我该做些什么?怎么才能使他们满意?怎么才能使自己满意?"

(5) 空椅子技术

导演请主角想象一张空椅子上有一个人、一件物品或是自己的某个部分,而鼓励主角与之对话。这样做的效果是:

①激发主角的想象力;

②不必面对真实对象的压力,而能展开联系;

③扩大可对话的对象范围(如人、物、事情、自我特质、身体的某个部分等);

④使剧场的流程迅速向前推进。

导演:"当你在最彷徨无措时,想象这张空椅子上坐着一个你愿意与他分享困难的人,这个人会是谁?"

阿德想了想,很快地说:"我的姐姐。"

导演说:"想象她正坐在你的面前,你要告诉她什么?"

阿德注视着空椅,片刻后,闭上眼睛开始对着空椅子说:"……"

(6)复合替身(multiple doubles)

在某些场景,导演邀请不止一位成员来扮演主角和各种不同的自我(如不同的特质、不同的情绪等)。这些替身彼此之间可以互动,使主角能够察觉自己内心丰富的动力与辨识不同但并存的自我特质。

4. 具象化

除了角色扮演外,在演剧的过程中具象化(雕塑技巧),也是一种强而有力的治疗工具。

具象化是将剧场中的人际动态状况定格为静态,或是将个人抽象的情感、心思具体呈现出来。具象化所采取的方式大都是角色扮演者摆出夸张而鲜明的姿态,这样可以刺激观众的视觉感官而融入剧场中,同时在对主角做面质性工作时,可以避开由治疗者主管语言,而以客观具象化的画面,使主角从立体呈现中看到自己的盲点。

例如,如果导演要面质主角一味地讨好母亲是使他自己不能独立自主的最大因素,而不只是目前的要求。导演会请替身摆出卑下与求全的低姿态,曲身跪着依附在母亲的旁边,还伸出一只手,象征希望得到母亲的肯定。

当替身夸张地呈现这一幕时,导演只要询问在一旁观看的主角"看到些什么了",就是最有利的面质方法,同时也不至于破坏导演与主角的关系。

由于具象化通过肢体来呈现一些现象,因此比较容易引发角色扮演者的知觉与情绪,若由主角亲自做具象化雕塑,更能够接触自己的内心深处,直接引发存在体内的真实情绪,增加感受辨识的作用。例如,用受到压制的肢体来引发主角委屈的感受,请主角站在远处高椅上来体会孤傲之心,跪着捉住他人的衣角来表达委曲求全的态度等。

有些时候主角对于治疗工作会有种种抗拒的心理,抗拒反应会使工作受挫,然而,抗拒也是使导演或工作者不留遗憾的最大功臣。因此有志于学习心理剧治疗的人在学会治疗技巧以前,必须先学会对案主的抗拒存在尊重之心。不少专业工作者将工作上的挫折归因于案主的抗拒，认为案主抗拒是不理智的举动，其实这是很大的偏见。抗拒是案主自我保护的本能，治疗者需要学习将抗拒转化成建立关系的契机。心理剧的资深导演 Dorothy Satterm 对抗拒做了最好的比喻，他说："抗拒像是一个人感到冷就本能地加件外套，如果你希望他少穿一些衣服，怎能奋力去夺取他的外套呢？聪明且人性的方法不是去抢他的外套，而是温和地将室内的暖气打开。"

5. 心理剧的运用和反思

（1）心理剧的运用

在系统的心理剧培训从台湾被引进大陆之前，就有一些关于心理剧实践运用的有关研究。例如，通过情景讨论、榜样学习和角色扮演对儿童助人行为影响的实验研究（陈旭，1995）；采取生动活泼的角色扮演教学方式，开展毒品的生理危害的心理剧教学，效果良好（王重力、秦君怡，1998）。心理剧被引进大陆的时间不长，但已开始应用于个体咨询、团体咨询、咨询师培训和督导与自我成长、社会服务等方面，其中涉及人格障碍、适应障碍、精神康复、人际交往和关系促进等不同主题，并取得良好的治疗效果。

下面将通过案例的形式来介绍心理剧在个案服务中的具体应用。由于篇幅有限，仅选取其中一部分内容。

玲珠的挣扎与分辨

主角玲珠说要探讨她与女儿的关系。自从离婚以后，已有九年没有见到女儿了。去年，在一个老朋友的安排下，玲珠与女儿见了面。在那以后玲珠偶尔会去看女儿或带她去看个电影、买点东西，女儿的反应是冷淡的，对她有距离，最近女儿以优异的成绩要从音乐班毕业了，却拒绝玲珠去参加她的毕业演奏，显然，女儿不想与她分享光荣和喜乐。

①选角及暖化主角

选出了辅角扮演亭亭玉立的女儿，导演牵着玲珠的手，围绕"女儿"走了一圈，导演说："这十年多来，不在女儿身边，说说你的心情好吗？"

②引发主角与女儿对话

主角开始哭，说自己满怀愧疚，那么小就丢下孩子，自己虽得到自由，但对孩子做了一件很残忍的事。

导演要主角直接向女儿说出当年是怎么离开她的。

主角：（转向女儿辅角）我受不了你爸爸，我实在没有办法再跟他生活下去。你爸爸逼我向娘家要钱，我很生气也很失望。他并不是真的爱我，只是觉得我家对他的事业有帮助。我和他生活了五六年，觉得好委屈，没有人可以倾诉，连对我父亲都不敢说，之所以会狠心把你丢下，是因为我没有办法照顾你。或许你会认为我抛弃你，但是我实在很为难。之所以八九年都没有去看你，是因为大人之间的恩怨说也说不清。我对你很歉疚，希望你能谅解我。

导演：对女儿说这些话的时候，你的感觉是什么？

主角：说出来以后，舒服许多，这些话都没有跟女儿说过。

③引入目前困扰

导演把女儿辅角带进来，要主角告诉女儿目前见她时的困扰和愤怒是什么。

主角：我对你最不满意的是，每次我去看你，和你谈事情的时候，你总是回答"随便、不要、不知道"，让我觉得好无助、无奈。我很想关心你，你却像在拒绝我。

导演：上一次见面的时候，你们聊些什么？

主角说上次是带女儿去看电影。导演让主角和女儿演出这一景。在导演的指示下，女儿对妈妈的每句问话都不回答，只是浅笑，或是回答"随便"。

主角：我好想跟你聊，可是你都用单字回答，我不知要怎么继续下去，非常受挫。

导演：你们的关系像是这样吗？

④让主角看到"拒绝"的具象化

导演用替身和女儿配角摆出妈妈热切地想接近女儿，而女儿举起双手拒绝的姿势。主角说："我觉得就像是这样。"

导演要主角自己进入雕塑中去体会一下其中的感觉，要她在其中对女儿说一两句话。

主角：你为什么会对我这样冷漠？

⑤使主角体验女儿的冷漠心理

导演要主角进入女儿的姿态中，替身仍出来摆出主角的姿势。

替身：你为什么会对我这么冷漠？我好想抱抱你。

女儿（主角）：我知道她很想和我接近，可是我想抗拒，我有点故意。

导演：说出你的故意。

女儿（主角）：有点故意要你生气。

⑥"故意"的具象化

导演：这里有一个故意，那个故意让这个孩子的头不肯转过来，让她的身体往后倾，伸直手拒绝妈妈，是吗？（导演一面说，一面调整女儿主角的姿势）

女儿（主角）：那种反抗的心态蛮强的，也蛮得意的。

导演：说说你的得意和反抗，如果那个姿势可以转化成语言，用一句话说出来！

女儿（主角）：活该，谁叫你当时不理我？我为什么要这么快就跟你在一起？

替身：我什么时候不理你？

女儿（主角）：我小时候你就不要我嘛！

替身：妈妈有妈妈的苦衷，妈妈是不得已的。

女儿（主角）：你也可以带我走。

替身：我没有办法，请跟我说话好不好？

女儿（主角）：我不要！

导演：你有权利不愿意。让我们回到过去吧！

⑦回到过去

导演：让我们回到九年前。

导演要主角继续扮演女儿，辅角扮演母亲抱紧女儿（主角）。导演对女儿（主角）说："这个怀抱曾经是你的天堂，这是你的母亲。前五年里，这是你的乐园，而此刻妈妈做了一个决定。"

导演要辅角说："我得到自由了！"辅角说这话的时候，声音哽咽，眼眶含泪地离开。

⑧在扮演女儿中体验儿时的分离

导演拿出长布条，连住辅角和女儿（主角），导演对女儿说："那一天妈妈走了，但是妈妈的心从来没有一天离开过你（看看她）。"

导演要辅角把长布条从女儿（主角）的手中抽出，一面说："我找到自由了！"

导演：妈妈，说说你的感受，你找到了自由，可是你的眼眶却充满眼泪。在走之前你对你女儿说了哪些话？

妈妈（辅角）：……我是被逼的，我不得不这么做，要不我的娘家会垮掉。

导演：到你女儿的床边，跟她说再见，告诉她你明天就要离开了。

辅角在导演的指导下对女儿（主角）说："我要走了，这是我的决定。"

导演问女儿（主角）：你还很小，可能不会说很多话，可是你心里面有感受，试着说出来。

女儿（主角）：害怕，妈妈要走了。

导演：告诉她。

女儿（主角）向妈妈（辅角）：我很害怕。

导演：告诉她你才五岁就没妈妈，你有多害怕。

女儿（主角）：我好害怕，没有人照顾。妈妈，我想你！（哭）

⑨重演离开女儿的经历

导演问主角：那天你是怎么离开她的？

主角：在她睡着后，我悄悄离开的。

导演：当时你没有跟她说再见，就悄悄走了，如果在心理剧中有个机会再回到这五岁的孩子身边，你会怎么跟她道别？

在导演的引导下，主角到女儿辅角面前，泣不成声。

女儿（辅角）：（请妈妈不要走）你走了以后，我就没有妈妈了。

主角：再不走，我会受不了的。

导演：玲珠，做出你的决定，站起来，要走了。

女儿（辅角）：（拉住妈妈，一再苦求妈妈不要走）妈妈你不要走，你走了，我就没有妈妈了。

主角抱住女儿（辅角），两人哭成一团。

主角对女儿说她不走不行，要女儿原谅她。

导演：走吧！妈妈，放下她，你知道那个决定是必需的。走吧！带着你的自由和你的决定。那不是贸然的决定，你考虑很久了，走吧！

主角在导演的要求下，离开女儿。

导演：玲珠，看着前面，路还很长，你有自己的生命，过你自己的生活。你知道不能留下来。

在女儿的呼唤声中，主角肯定自己没有办法留下来。

导演：9年之后，在怎样的情况下，在什么地方你和你的女儿再相见？那是什么日子？

主角：去年5月19日。

导演：在什么地方？

主角：在朋友家。

导演：你们是怎么去的？

主角：我跟两个朋友一起开车去朋友家会见的。

⑩暖化进入另一时空

导演找了两位观众，用一条长布条把两个人和主角围起来当成一辆车，导演安排了各人的座位。三个人在场地中走，代表行进在见女儿的路上……

（2）心理剧的反思

心理剧应用的范围相当广，在美国的社工界、精神医学界已流行多年，对一般人的人际困扰、失眠、忧郁、亲子感情纠结、性侵害创伤，以及轻度的精神病患者都有明显的帮助。有的企业为了达到训练、教育员工的目的也常采用这种方法。

有些心理学家或社会工作者也常安排一些带有强烈的感情色彩或存在人格问题的剧情，揭示当事人内心世界的秘密。正由于心理剧可以揭示深藏在当事人内心的症结，在知情的观众的协助下，当事人可以发泄或者控制自己的情感。随着剧情的发展，他们的情感和行为最终可以得到疏导和矫正，并且改为模仿正确的行为方式。

接受训练和督导（包括同伴督导）的心理剧导演、助理导演，在实践的过程中，要面对不同的团体或个人。经过足够的暖身后，他们可以运用相当的技术和方法，同时注意观察效果，及时觉察、审视，使自己得到不断的提高。

但是，心理剧并不是万用灵丹，将一种方法神化是非常危险的，这会使人陷于盲目而无法看见该方法的局限性，以及其他方法的价值。心理剧的技巧可以说是非常有力量，甚至是令人震撼的，但仅仅有技术是不够的。社会工作者在学习和运用心理剧的过程中，需要将心理剧与社会工作的方法和技巧进行有机结合，不断丰富和发展心理剧在社会工作实务中的应用。更重要的是，社会工作者必须以谦卑的心及对心理剧的投入来学习这些技术。社会工作者不仅要有创造力与自发性，更需要学习去了解服务对象的心理层面，这样才能更好地帮助服务对象发掘自身潜能，走出困境。

二 绘画投射技术在社会工作实务中的运用

绘画投射技术最早运用于精神病学和心理学领域，最近十几年来海外社会工作领域也不断运用这种技术来辅助探讨服务对象的问题、环境及其相互关系。

（一） K-H-T-P 图和案例分析

可能描述人类发展最常用和通用的隐喻就是"树"（tree）。宗教、神话、传说、神圣文学、艺术、诗词和解梦等领域似乎都存在树的隐喻。在画树的时候，作画者通常会反映出个人改变的过程。在塑造一个人的时候，作画者会反映自我与树的互动，形成一个更大的隐喻。至于"房子"（house）则反映出戏剧般的实质面。因此，房子 – 树 – 人（H-T-P）之间的互动关系就形成一种视觉隐喻，不受言语的限制。但是，如果房子、树和人（person）的动作和故事没有画在同一张纸上，便不能看出其中的隐喻。于是，动态 – 房子 – 树 – 人（K-H-T-P）就应运而生。

1. 投射画的历史

19 世纪末人们开始系统地利用图画来了解人类。吉迪纳夫（Goodenough，1926）探究由儿童至青少年的人形图标准发展以及由成熟度至智力发展的相关图画，他的研究被哈里斯（Harris，1963）延伸开来。

巴克和哈默（Buck & Hammer，1969）介绍和评价 H-T-P 图兼具发展性和投射性。如乔莱斯（Jolles，1964）所写的篇目就仔细描写房子、树和人的特征，近期的有哈默把投射画扩展到临床应用上。麦柯弗（Machover，1949）提供儿童投射图的详尽临床解释。科皮茨（Koppitz，1968）的发展性投射记分系统及人形图分析曾被广泛采用（转引自 Burns，2000）。

2. 动态家庭图与动态学校图的发展

为了克服僵硬的 D-A-F 肖像没有互动的问题，柏恩斯和考夫曼（Burns & Kaufman，1970，1972）发展出动态家庭图技巧，要求作画者画出他的家庭正在做某些事情。在家庭图中加入动作，使这些图画的质与量增加了不少资料（转引自 Burns，2000）。

诺夫和普洛特（Knoff & Prout，1985）在他们的《家庭与学校动态图系统》手册中提及，"如果统计心理学家采用过各种图形技巧、相当数目的书本和期刊文章作为信度和效度的指标，动态家庭图是最多被采用和普遍的。动态家庭图在这领域里有效地扩展了家庭图的普遍深度"（转引自 Burns，2000）。

普洛特和菲利浦（Prout & Philips，1974）探究学童与动态图，结果做出动态学校图（K-S-P），要小孩子画出一幅相关的学校人物（我、老师和同学）在做一些事的画。对于动态学校图近来的研究都包含质与量的分析，这些研究证明动态学校图与学校成绩相关（Prout & Celmer，1984）。诺夫和普洛特的手册把动态家庭图和动态学校图浓缩成一幅家庭与学校动态图（转引自 Burns，2000）。

动态图系统在投射画运用中的一些好处已显现出来，房子－树－人投射图技巧得到广泛重视和众多临床工作者采用。巴克和哈默的领先研究亦被推崇。

这些发展和采用 H-T-P 图的前辈给予我们启发和领悟。然而有至少三个因素局限了 H-T-P 图的使用和临床价值。

第一，H-T-P 图的发展和标准化是从精神科病房的"不正常病人"而来，很多 H-T-P 图的文献着重用它的诊断用途来标示精神名目，如器质性、精神分裂等。

第二，H-T-P 图的指示是，把房子、树和人画在不同的纸上是不可能看到动作和互动的。

第三，用不折不扣的弗洛伊德派模式来解释 H-T-P 图，是削弱了所有资料和象征去迎合这个模式。H-T-P 图的指示通常是"我希望你画一间房子，我希望你画一棵树，以及我希望你画一个完整的人"。画房子的纸是横放的，而画人和树的纸是竖放的。

3. K-H-T-P 图

分别看房子、树和人是可能看出一些端倪的，但是整体看 H-T-P 图所显示的动力更能增加此工具的价值。在本节中，H-T-P 图是指用传统指示所取得的三幅图画。

第七章 社会工作实务辅助方法和技巧

在动态－房子－树－人（K-H-T-P）图中，房子、树和人是画在同一张纸上的。这张宽八寸半、长十一寸的纸是横放的。

K-H-T-P图的指示是："在这张纸上画一间房子、一棵树和一个完整的人进行某种动作。尝试画一个完整的人，不是漫画人或火柴人。"

以下的问题是要示范分析一幅K-H-T-P图时可能遇到的经验。

这幅图告诉你什么故事？你的第一印象是什么？你看到谁以及看到什么？有什么事发生？对所发生的事你感觉如何？这幅图是温暖的，还是冰冷的？

这间房子是不是躲避一个敌意世界的地方？这房子是不是破烂、空洞和无能源的？这房子是不是描绘身体的象征？这房子有没有描绘出成功及富裕？

这个人是显得有攻击性还是敌意？这个人是空白的或是空洞的或是垂头丧气的？这个人是活的吗？这个人是害羞吗？有没有部分肢体是隐藏或者是缺漏的？这个人显得是反文化的吗？

这棵树是生的还是死的？这棵树是否脆弱而破烂？这棵树是连成的还是断断续续的？树枝是往上伸展还是往下垂？树干的顶端是尖的还是宽的？这棵树看起来是否充满活力？

这棵树平衡吗？这棵树是否太完美了？这棵树曾经被砍过或受过伤害吗？树干有没有节孔或伤疤？这棵树靠向房子吗？这棵树有没有荫庇房子？如果你是一棵树，你会想成为这棵树吗？

关于这幅图的能量方向，你注意到什么？何者能量（或体积、压力、动作）较多？是房子、树，还是人？

关于距离，你注意到什么？这棵树在房子旁边吗？这棵树远离房子和人吗？这个人在树上吗？这个人在房子里面吗？房子和树连在一起吗？房子、树或人的相对体积如何？这个人与树有互动吗？与房子有互动吗？

图的形状是怎样的？都排在纸的底部，还是排列在纸的顶端？挤在一起吗？个别排列吗？排列在边缘吗？还是密封的？

图画中每一个组成分子有什么动作？养育型的？依赖的？敌意的？死的，还是活的？由什么符号呈现？K-H-T-P图中的动作、风格、符号怎样与其他动态图技巧里的动作、风格、符号相关？

4. 一些临床个案显示 K-H-T-P 图优于 H-T-P 图

K-H-T-P 图对于很多类型的临床状况动力的了解很有用，因此能增强治疗效果。

案例一：爱丽丝，26 岁

强暴，果实掉落的象征意义

爱丽丝，26 岁，画了 K-H-T-P 图。爱丽丝遭强暴时是 13 岁。

从分开画的 H-T-P 图你看到什么样的故事？而在整幅 K-H-T-P 图中你又看到怎样一个故事？整体来看，你有没有感觉到爱丽丝的生命空间被树里面的男人侵犯？你有没有看到他是那些如泪珠般掉落的椰子的中心？总数有 13 个，是爱丽丝"从恩典中掉落"的年龄。你看到那棵树依靠着房子吗？感到那房子像一个家还是一个庇护所可以躲藏？你看得到纸的底部重重的衬底吗？或许是尝试去稳固整体？

在收集的图画中，这种果子掉落的象征是很常见的，特别是女性画的图画，她们的想法是从恩典中掉落。把物件放在图的底部是一种反映需要稳定的风格。被强暴和那个男人的侵犯强烈地干扰爱丽丝和她的自我成长。用说话复述事发的情形帮了爱丽丝。在她成长的树上注意到那个男人的干扰象征几乎是最好的治疗。如果这些图是分别画在不同的纸上的，那强暴者在干扰爱丽丝的生命树中戏剧性的描述便会被漏掉。

爱丽丝的 H-T-P 图

爱丽丝的 **K-H-T-P** 图

案例二：海伦，64 岁

因丈夫去世而萌生厌世的念头

这张 K-H-T-P 图诉说了一个什么样的故事？太阳照在艾德的头上，他是海伦的丈夫，于 9 个月前去世。艾德朝着一个家走过去，在那里海伦与艾德住了 40 多年。从烟囱出来的烟朝着太阳移动而太阳正照着艾德。那棵树（指生命）已死，它的树干变得狭窄而没有能源可以通过。在艾德走着的小径上有 4 朵花，也许象征他们的 4 个孩子。

海伦的 **H-T-P** 图

海伦的家人请过很多医学专家为她治病。失去了丈夫使海伦感到无比失落,坦白来说她想与艾德在他那阳光普照的世界相会。海伦将她对丈夫的依恋转移到其他家庭成员身上而得到帮助。虽然她的树大部分已死去,但海伦的能量足以重整而让她生存下来,纵使她仍然想念着艾德。

海伦的 K-H-T-P 图

(二) K-H-T-P 图背后的发展理论模式

投射性技巧起源于一个由心理分析理论主导的时代。发展 H-T-P 图的巴克是一位心理分析家。H-T-P 图的诠释大多数落在弗洛伊德派理论下的"病态心理"人口的范畴下。弗洛伊德派思想曾经给我们一些启发。正如所有封闭性系统一样,没有太多新事物进入这个系统。因此,投射性的测验与封闭系统绑在一起以致停滞不前。

发展型系统未曾应用在如 K-H-T-P 图等的投射技巧上。很少的从事心理学的人把人类看作一个整体——看他的健康,也看他的不健康;看他的潜能,也看他的极限。但有这样一个人,亚伯拉罕·马斯洛,一个对于人类巨大潜能有远见的人,其思想和理论开辟了一条道路。

1. 马斯洛的修正模式在投射画上的应用

马斯洛提供了一个很有用的发展模式,这个模式界定了成长的层阶。当这个模式应用在投射画上时,包含了以下的层阶或需求层次。

①层阶一:属于生命。在这个层阶,作画者表达了对于生命、生存、安

全、扎根的欲望。

②层阶二：属于身体。作画者表达了其对身体的接纳，以及寻找对于自身嗜好和身体潜能的控制。

③层阶三：属于社会。作画者表达了其追求地位、成就、尊重和权力。

④层阶四：属于自我和非自我。自我的定义也包括了非自我，正如一个孕妇接纳她的孩子；情感、养育、给予爱；转移动机。

⑤层阶五：属于所有生物。给予和接纳爱；自我实现；幸福感和运气；创造力；对生命的庆贺。

在投射技巧中可以寻找病理和负面，但马斯洛的理论指出，或许也可以通过绘画投射技巧寻找到正常和成长。

2. 马斯洛模式在 K-H-T-P 图上的应用

马斯洛的系统属于一个开放的系统，预备去改变和吸纳新事物。用封闭性系统只会延误观察与了解人类成长和潜能的进程。

概括来说，对于 K-H-T-P 图的分析认为，房子代表生命的实体，树象征着生命的能量和能量的方向，人象征着导演。

如果使用修正的马斯洛学派的发展模式，可以把每一个象征放在一个发展层阶。因为马斯洛的需求层次中的第六和第七层阶超越了我们目前的心理学工具，所以我们只使用五个层阶。前面三个层次可分为面对和逃避型（或积极和消极型）。

（1）画房子的发展层阶

①层阶一：属于生命。在这个层阶，作画者只想着生存和死亡的问题。

a. 面对者：房子是一个可靠和安全的地方。堡垒或监狱似的结构是很普遍的。房子通常不容易进入，门或把手都会有缺漏。这种房子可以使你安全地与人隔开，是一个庇护所。

面对者的例子：

| 不能进入 | 监狱型的
（镶着铁枝的窗门） | 门太小不能进入 | 有门没有把手 |

印象：躲藏或者包庇敌人的地方。

符号：镶了铁枝的窗户，四周可能放置武器。

颜色：单色；棕色最常见。

b. 逃避者：作画者正考虑离开世界。房子可能是易碎的、腐烂的、老旧而脆弱的。房子是空洞的，似乎是暂时的。

逃避者的例子：

快垮下来的房子　　空洞的房子　　破烂的房子　　倾斜或快倒的房子

印象：房子是空洞的或是腐烂的、无望的地方。

符号：图中可能有月亮。

颜色：单色；黑色最常见，其次是银蓝色或灰色。

②层阶二：属于身体。房子和它的开口、突出处以及墙可能代表身体。弗洛伊德派的象征主义用在这里就很适合。

a. 面对者：强调某些部分。明显地，烟囱、门和窗都仔细地描绘出来。房子可能由性感的符号点缀，包括蜡烛、花环或阴茎符号。房子是敏感的且可能反映和欢迎享乐主义。

面对者的例子：

阴茎状的烟囱　　窗中燃烧着蜡烛　　阴户状的门、圆窗、花环

印象：性欲强，一个引诱性的地方。

符号：蜡烛，花环，阴茎状的烟囱或阴户状的门、窗。

颜色：明亮，有吸引力的，敏感的。

b. 逃避者：有些部分可能被漏掉、擦去或隐藏。有些部分可能涂上阴影或避开。有的逃避者不愿意画房子或者画出来的房子是没有感觉的。出现否定的"×"符号可能反映身体有冲突的区域。房子可能反映这是一个神圣的地方,不准他人入侵。

逃避者的例子:

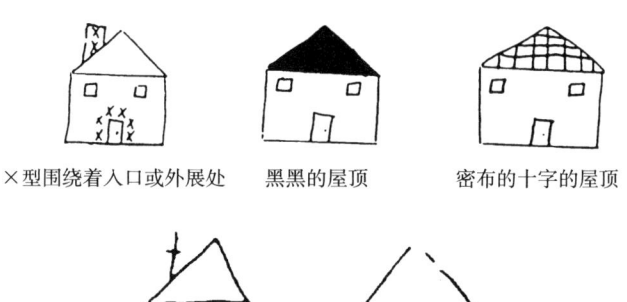

×型围绕着入口或外展处　　黑黑的屋顶　　密布的十字的屋顶

大量的宗教符号(十字架)或者擦拭过的痕迹

印象:一栋整齐的房子或有很多矛盾(擦拭痕迹或十字架)。

符号:××,宗教符号(十字架),擦拭痕迹。

颜色:避免用明亮的颜色。

③层阶三:属于社会的、成功的。

a. 面对者:房子反映出需要成功、地位、权力和尊重。这个层阶的房子具有格调、气派的外表。如果有庭院设计,会是正式和优雅的。

面对者的例子:

大体积、昂贵的外表　　大豪宅

印象:昂贵的外表,是成功人士的房子;房子"要求尊重";富裕,有格调。

符号:富有的,受尊重的。

颜色:暖色调。

b. 逃避者:房子是反成功的。房子看起来并不昂贵或有格调,可能是一间反文化的房子。

逃避者的例子：

房子大但没有豪华的外表，有反文化的外貌

印象：一间反文化的人住的房子，抗议标识和符号，可能是偏执的"袖手旁观的"。

符号：抗议标识或符号。

颜色：偏执的，没有格调的。

④层阶四：属于自我和非自我。

在这个层阶，不提二分法。没有面对者或逃避者，但有统一的和谐。房子变成家，更多颜色用来表示温暖和关怀的感觉。窗帘不是用来逃避的，而是给予温暖和装饰用的。图中可能也加上花朵、灌木和树。有门和门锁是可以进入房子的。有时从房子里发出亮光。在温暖的气氛下，房子成为一个与别人分享的地方。玩具、园艺工具和花朵也是关心和家庭的象征。

印象：看起来和感觉起来像一个家；暖色调，主要是绿色；一个养育生命的地方。

符号：花朵、玩具、园艺工具、家庭用品；光或温暖可能从家里发出来；宠物。

颜色：成长的颜色，主要是绿色。

⑤层阶五：属于自我和无限扩展的非自我。

家是创造性的成果，散发出快乐和庆贺。在这个层阶，作画者接纳自我和非自我。这个家是温暖的，和谐地与大自然融合。树、花朵、小鸟、太阳、山可能可爱和谐地包含在一个生命的庆贺中。这个家将会反映出一个完整性和创造性的成果，去为身体、自我、他人和心灵建立一个家。

印象：一个与整体都和谐的家，户内户外融在一起，有层阶四的所有特质加上创造性的和谐接触，充满了爱和美丽的气氛。

（2）画树的发展层阶

在众多神话、传说、宗教文学、艺术、陶器和解梦的描述中，树是一个古老而无所不在的生命和自我的象征。

树的分枝象征着保护、荫庇、供养、成长、更新及果断。树木从种子—开花—结果—种子奇迹般地生生不息的成长过程，隐喻着人类的成长和发展。树反映出生命向往着成长以及向往着由大地通往天际，因此它是最具有共同性的象征之一，也是灵性和自我披露的隐喻。

生命力、精神及气是与树这个符号相关的专有名词。K-H-T-P图上的一棵枯死的树可以联想成作画者失去了生存的意志；一棵矮小的树表示成长停顿；狭窄的树干表示狭隘的兴趣及对生命抱有狭隘的看法；当树干十分狭窄时，表示生命只有一条线悬着而已。树木的年龄可以提供线索，可知作画者的发展层阶和能量的多寡；树成长的方向或是向上而外展，或是向下而收敛；树干上的节孔通常反映着盘旋在脑海中的强烈依恋或创伤。

①层阶一：属于生命力量和能量的接纳。

a. 面对者：树可能有爪形的根或是"掘下去"的特质。如果树是不友善的，可能有刺或保持距离的特质，或者是不能攀爬的树。

面对者的例子：

爪形根　　　　　多刺的树　　　　　爪形树枝

印象：不友善的，危险的，没有养育性的，可怕的。

符号：刺，爪形根。

颜色：单色。

b. 逃避者：树可能已死或快要死；树干狭窄以及没有树叶或树叶稀疏；树可能扭曲或矮小，树枝和树叶如杨柳般下垂；树枝可能折断或者是枯死的。

逃避者的例子：

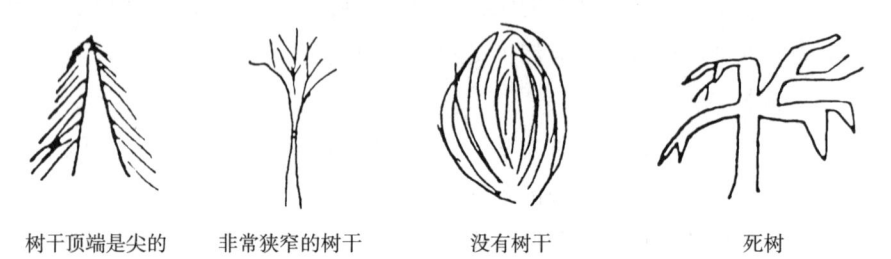

树干顶端是尖的　　非常狭窄的树干　　没有树干　　　　死树

印象：已死的、快死的、无能量的或是磨损与空洞的，或是所有能量都向下流。

符号：死，腐烂，空洞。

颜色：单色。

② 层阶二：属于身体。

a. 面对者：树可能有感性的特质，可能强调在树皮或者树叶上；树叶或树枝可能是阴茎状；感性的颜色；树可能代表阴茎，因为树枝比树干小。

面对者的例子：

阴茎状的树 　　吊在树上的阴户象征（轮胎） 　　阴茎状的树枝

印象：性感的树。

符号：阴茎状的树或树枝，女性的象征（轮胎等）在树上或附在树上。

颜色：鲜明的，引诱的。

b. 逃避者：可能没有树，或者某部分的树被隐蔽或涂了阴影；没有感性的颜色。

逃避者的例子：

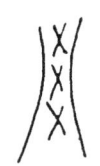

树干或树枝上有× 　　腐烂或坠落的果子 　　折断或切断的树枝

印象：去性别的树或者过犹不及的树。

符号：很多×，折断或切断的树枝，坠落或腐烂的果子。

颜色：无色彩，灰色、棕色或黑色。

③层阶三：属于社会。

a. 面对者：强壮的树；大、修饰、有格调的树；树枝外展像去抓取和去拥有；树可能不平衡。

面对者的例子：

大而炫耀的树 　　坚稳的橡树

印象：大、炫耀、成功、有力量的树。

符号：权力，力量。

颜色：文化中强烈的颜色，如黄色、金色。

b. 逃避者：外表是被动的树；有大的树枝但不伸展；树可能倾斜。
逃避者的例子：

| 大树干，小树枝体系 | 大树干，小树枝而且内转 | 大树、小叶 |

印象：大的欲望和能量，但不想要成功。

符号：中途失败或内转力量。

颜色：无格调的，古怪的。

④层阶四：属于自我和非自我，无所谓面对者或逃避者，只是友善的树而已。

滋润的、荫庇的树，提供树荫、可以攀爬的地方；或许有
果子（不是快掉下来的或已坠落的果子）或坚果

印象：友善的、滋润的、荫庇的树。

符号：果子（不是坠落的），坚果。

颜色：多色彩的。

⑤层阶五：属于自我和扩展非自我。

树是满满的、整体的，向上和向外移动。树枝是连贯的，没有折断。有重要、多彩多姿的质感。在和谐的整体中可能有小鸟、太阳和山。

层阶五中的树呈现的所有的特质加上向上的动作，好像上接苍穹，充满和谐的感觉。可能有山、小鸟、河流、花朵、其他树和动物，使天地连成一体。

印象：和谐、喜乐的树与周围融为一体。

符号：花朵、果子或坚果，也许附近和谐地住有其他动物。

颜色：多色彩的，像彩虹一样。

和谐、喜乐的树与周围融为一体；花朵、果子或坚果，
也许附近和谐地住有其他动物

（3）画人的发展层阶

①层阶一：属于生命。

a. 面对者：攻击性的外表和表情；可能有被害特征；人像可能是持械的或者是可怕的、猜疑的。

面对者的例子：

猜疑的表情 　　　　持械或攻击性 　　　　伤害、砍断等

印象：猜疑，敌意，防御的。

符号：武器，制服（军服等）。

颜色：单色调的；褐色，主要是棕色。

b. 逃避者：面部可能是空的、有缺漏的或者是伤心的。

逃避者的例子：

没有五官的 　　空的、不完整的人形 　　细小、恐惧的人 　　痛苦、受虐的表情

印象：绝望或是脸上极其痛苦。

符号：月亮，水。

颜色：通常是灰中带黑。

②层阶二：属于身体。

a. 面对者：强调身体和感性；常常强调性征，可能是具有诱惑性的；男性强调肌肉，女性强调性特征，包括乳房、臀部等；人在锻炼身体、跑步等。

面对者的例子：

| 强调肌肉、美体 | 强调衣着、化妆、头发和首饰 | 具有诱惑性的 |

b. 逃避者：隐藏的身体或者肢体缺漏或被遮盖；为身体感到羞愧或尴尬。

逃避者的例子：

| 没有画身体 | 擦拭过或缺漏 | 隐藏身体、身体有× | 用衣服来隐藏身体 |

印象：怕身体，害羞或隐藏身体。

符号：身上有×，涂黑了身体，漏画了身体。

颜色：褐色，灰暗。

③层阶三：属于社会。追求地位、成就、尊重和权力。

a. 面对者：有格调的；成就、重要的气息；表现地位和需要尊重；与社会上权力的象征一致。

面对者的例子：

印象：为所拥有的而骄傲，成功的，有格调的。

符号：财富、地位的象征，外套上绣有亮片，戴戒指。

颜色：任何有格调的颜色。

有格调的、昂贵的外表　　　　首饰,"我是富有的"

b. 逃避者:可能是反文化的;旧衣服;没有成功,但不是软弱;地位可能来自反文化的族群。

逃避者的例子:

反文化的外观　　　　没有格调的,贫穷的外表

印象:不认同社会对成就和格调的看法。

符号:反文化的符号。

颜色:没有格调的或无认同的颜色。

④层阶四:属于自我和非自我。

图画是完整的,面部表情表达关心、爱护,动作出现关心或滋养的成分,让人感觉这是一个感性、外向、懂得关怀的人。

养育的,关心的　　　　帮助的动作,支持性的

印象：此层阶中没有面对者或逃避者，个体有平衡的中心任务照顾其他人，且不求回报。

⑤层阶五：属于自我和所有活的物体

人像反映出对生命的庆贺；人像是整体的、完整的，而且常是有创造性的；人像付出和接受爱，在表情上有幸福和幸运的感觉；对生命充满期望；生命是多彩的。

整体、完整的人，强壮但在表情和
动作上都有爱；平衡

印象：完整的人接纳他人、大地以及其中的植物和动物；和谐，平衡；付出与接纳。

（三）K-H-T-P 图的诠释线索

1. K-H-T-P 图中物体的依附、距离、次序和体积

（1）依附

依附（人依附房子、房子依附树等）意味着作画者无力分割和排解他们生命中的各个层面。

无法排解他们的生命又无法找到清楚、无碍的前路的人，有可能会有长期的不充实和不满感受。

案例一：狄安娜，19岁

树依附着房子

狄安娜，19岁，画了下列的K-H-T-P图。狄安娜从来不能够从家庭对她的期望中厘清自己的生命之树。父母希望她是完美的。狄安娜也在努力尝试。但由于狄安娜追求完美的后天欲望，她所做的事都无法令自己满意。大约 4 年前有几次她用刀片割腕。18 岁那年她得了厌食症。狄安娜的树触及那个有沉重天花板的房子,而自己就低低地在纸张的下面看着那个观望者,好像是在引人注意。那个自我的形象超过了纸的边缘——也许这是狄安娜逃避画脚和立足在混乱中的方法。狄安娜最后表示希望少花一些时间在家庭和家人的期望上。后来,她与自己的生命之树前进了,没有依附在家庭的期望上。

树依附着房子

案例二:苏珊,9 岁

不依附过去,追求独立

玛丽莲的 9 岁女儿苏珊,画了下列的 K-H-T-P 图。看着苏珊如何与她的树的体积角力——开始时画了两棵大树,然后把它们划掉,最后画了一棵与母亲所画的同样大的树。苏珊具有她母亲的某些特质,也有一些正面的特征。她的树不是依附着房子，而是在房子（家庭）上面。苏珊画的人是侧面的，如果这幅图是活的，她会走出纸张外面。苏珊的房子没有关上窗帘。苏珊的自我形象超过了纸张的底部，有效地删掉了她的脚和对这个处境的依附。苏珊可能离开她母亲的保护世界，而将力量都放在她生命的树上。

在年长的夫妻当中，被动的配偶（叶子）可能依附在主动的配偶（一棵树）身上。如果那棵树死了，叶子往往因"心碎"而紧接着死亡。然而如果叶子死了，树仍然可以"修剪"一下又进入另一个成长时期。通常，依附有碍成长。成熟的人学会去爱而不是恶性依附。

不依附过去，追求独立

（2）K-H-T-P图中物件的次序

很少的人跟着指示逐一画出房子、树和人，大部分人画K-H-T-P图时是按照自己的次序画的。有些假设是针对次序的意义。

①先画树

生命力量和成长对于作画者是最重要的。这是那些尝试去成长或维持生命的人的典型。例如，想自杀的人或者那些失去生存意志的人通常会先画树。那些尝试向上攀的人也会先画树。当然，在诠释的价值上，树应该被视为整体的K-H-T-P图的一部分。那棵树有没有依附？是死的？旋转的？……

这样的资料使意义更清楚。

②先画房子

如果在 K-H-T-P 图中先画房子,它可能表示:

- 需要属于大地,一个生存的地方;
- 需要属于身体,可能支持身体的需要或是着迷;
- 需要属于社会,房子表示成就或是对成就的藐视;
- 一个为了养育的家;
- 一个为了付出和接受养育的家,一个有创意、快乐的地方。

③先画人

先画人往往意味着:

- 炫耀身体或隐藏身体;
- 正视成就或藐视成就;
- 一个受养育、保护的人;
- 一个懂得付出和接纳的快乐的人;
- 如果不是画自己,它可能反映出对特定人物的着迷,如已去世的家人、爱人、憎恨的人、一个英雄或是一个反英雄的人。

2. K-H-T-P 图的动作

(1) 房子的动作

在 K-H-T-P 图里,房子是唯一没有生命的形象,所以与房子有关的动作很少。

房子可能是快倒的或是倾斜的,或是有其他变坏的迹象。一个向左右伸展的房子可能反映作画者需要稳定性或脚踏实地。一个向上下伸展的房子可能反映作画者需要权力或需要幻想。

树和人是活的,因而给了我们探索动作的机会。

(2) 树的动作

①树上的动物

松鼠是树上最常见的动物,通常有藏东西的行为。那些很注重安全感的人会画松鼠。画其他动物在树上的比较少而常常有特殊意义。

②树上的小鸟

小鸟通常画在鸟巢里,而多数是那些依赖性强的人画的,他们享受在一个鸟巢中被人照顾。小鸟若露出脚,可能与渴望自由有关。

③树被吹倒而弯向房子

一个弯向房子的树是那些渴望家庭的保卫和安全感的人的特征。这联想到退化，有时也联想到留恋过去。

④树枝向下垂

这种格调常见于那些把能量都流向过去不能解决的问题上的人。饮泣的杨柳树常常与忧郁和留恋过去有关联。

⑤树枝向上伸

如果树木稳立于地上，它表示上进的人随着他们的生命前进。

⑥树枝往外伸展

可庇护的树通常由那些养育、保护他人的人所画。

⑦圆圈状的树枝

顶部的树叶是圆形的或是有漩涡的效果。这种画法最常用在画树顶上，并且显示出作画者停留在成长的某一个层面，在那里不上不下。如果整幅图都充满圆圈状的东西，它可能联想到作画者意图在极端的状态上"旋转出来"，也就是精神分裂。

(3) 人的动作

伯恩斯（1982）、考夫曼（1972）及诺夫和普洛特（1985）详尽描述了动态画的动作。这个人的动作的接受对象同样重要，这里有常见的K-H-T-P图的人的动作及它们的接受对象（见表7-1、表7-2）。

表7-1 在K-H-T-P图常见的人的动作

砍	放风筝	睡觉
清理	倾听	抽烟
攀登	观望	喷雾
爬行	躺着	站立
剪东西	移动	日光浴
掘	粉刷	哭泣
跌倒	种植	抛掷
园艺	拿取	触摸
悬挂	往后靠	走路
帮忙	修理	清洗

续表

躲藏	奔跑	跳跃
大叫	工作	坐着

表7-2 人在K-H-T-P图中动作的接受对象

动作	接受对象
触摸	树
触摸	房子
踢	树
踢	房子
悬挂	树
摇荡	树
注视	树
注视	房子
斜靠	树
斜靠	房子
坐着	树
坐着	房子

除了上述提及的在K-H-T-P图常见的人的动作以及与其接受对象的相互关系外，在K-H-T-P图中，画中人的个别特征也具有一定的象征意义。

① 头

a. 非常大的头

- 高估智慧或高学术抱负；
- 不满意自己的体格；
- 可能是器质性或一直想着头痛；
- 可能智商偏低；
- 儿童画的头比成年人画的大是正常的。

b. 非常小的头

- 匮乏感或无力感——智力上、社交上或性方面；
- 自卑感或软弱。

② 五官

a. 没有五官但充分地画身体其他部分

- 在人际关系上表现得逃避和肤浅；
- 与环境缺乏足够的接触；
- 治疗的愈后不好。

b. 五官模糊
- 退缩倾向，特别是画侧面人像的时候；
- 在人际关系上畏缩和自我警觉。

c. 过分强调和大力地画五官
- 用攻击性和社交独裁来补偿匮乏感和软弱。

③眼睛

a. 非常大的眼睛
- 猜疑、关系妄想或其他被害妄想，或许伴随发脾气倾向，特别当眼睛是深色的、具有威胁的或刺透性的；
- 可能是焦虑，特别是涂了阴影；
- 对于大众意见过度敏感；
- 过分外向；
- 女性比男性画大而仔细的眼睛是正常的。

b. 非常细小或闭起来的眼睛
- 内向；
- 自我专注，期待的、自我反省的倾向；
- 大眼眶中的小眼睛表示强烈的视觉好奇和内疚感，可能与偷窥的内在冲突有关；
- 没有瞳孔，就是所谓的"空眼"，表示那些内向、自我专注的人不屑于看他们的环境，只把环境看成模糊的和不可区分的；
- "毕加索"眼（一只眼睛画在脸上不恰当的位置或画在脸的中央），表示过分关注和对其他人或重要他人提高警戒。

④画人的其他特征

a. 肢体"切除"或被其他物体遮挡
- 否定或压抑被遮挡的部位，并且无法去"想"那些部位；
- 对男孩而言，与父亲、兄长竞争而怕被阉割；
- 较之于情绪稳定的男孩，显著地发现情绪困扰的男孩画这种画比较多。

b. 划掉和重画整个人形

• 作画者对那人（或者是自己，如果是画自我的话）的真正感觉或理想化的感觉。

c. 过度擦拭

• 易变、犹豫不决、烦躁；

• 对自己不满；

• 可能是焦虑。

d. 旋转的人形

• 迷失方向的感觉；

• 感到与别人不同；

• 需要别人注意；

• 感到被拒绝；

• 神经方面的功能障碍；

• 发现情绪困扰的男孩比情绪稳定的男孩更为常见。

主要参考文献

陈旭,1995,《情境讨论、榜样学习和角色扮演对儿童助人行为影响的实验研究》,《西南师范大学学报》(哲学社会科学版)第 2 期。

邓旭阳、桑志芹、费俊峰、石红,2009,《心理剧与情景剧 理论与实践》,化学工业出版社。

范明林,2007,《社会工作理论与实务》,上海大学出版社。

甘炳光等,1998,《社区工作:理论与实践》,香港:香港中文大学出版社。

甘炳光、胡文龙、冯国坚、梁祖彬,1997,《社区工作技巧》,香港:香港中文大学出版社。

高刘宝慈、区泽光等,2001,《个案工作理论及案例》,香港:香港中文大学出版社。

高万红,2008,《个案工作理论与实务》,中国劳动社会保障出版社。

何洁云,2004,《社会工作:小组理论与实践》,香港:香港理工大学应用社会科学系及香港基督教女青年会。

黑珀渥斯等,1999,《社会工作直接服务——理论与技巧》,张宏哲等译,台北:洪叶文化事业有限公司。

李宏伟、屈锡华、严敏,2009,《社会再适应、参与式重建与反脆弱性发展——汶川地震灾后重建启示录》,《社会科学研究》第 3 期。

梁传孙、伍锐明、吴敏洁,2010,《社会工作实践——认识自我与沟通技巧》,商务印书馆。

吕新萍、范明林、冯喜良、刘继同,2005,《小组工作》,中国人民大学出版社。

马克思,1988,《费尔巴哈》,人民出版社。

阮曾媛琪等，1996，《社区照顾的理论、政策与实践》，北京大学出版社。

秦炳杰、陈沃聪、钟剑华，2002，《社会工作实践基础理论》，香港：香港理工大学出版社。

瞿进、张曙，2001，《个案社会工作》，社会科学文献出版社。

Robert C. Burns，2000，《心理投射技巧分析——心理图解手册》，梁汉华、黄璨瑛译，台北：扬智文化事业股份有限公司。

史柏年，1997，《老人社区照顾的发展与策略》，《中国青年政治学院学报》第1期。

宋丽玉、曾华源等，2003，《社会工作理论》，台北：洪叶文化事业有限公司。

王行、郑玉英，1999，《心灵舞台——心理剧的本土化经验》，台北：张老师文化事业股份有限公司。

王重力、秦君怡，1998，《用"角色扮演"方式活跃禁毒教育的课堂教学》，《生物学通报》第3期。

Julius R. Ballew, George Mink 著，2001，《社会工作个案管理》，王玠、李开敏、陈雪真译，台北：心理出版社。

杨发祥、何雪松，2010，《灾后社会重建中的社工介入：理念、目标与方法——基于四川省都江堰Q安置点的实证研究》，《甘肃社会科学》第3期。

杨家正，2007，《叙事治疗法》，载《个案工作》，香港：香港中文大学出版社。

张雄编，1999，《个案社会工作》，华东理工大学出版社。

Banman, J. 1986. "Virginia Satir's Family Therapy Model." *Individual Psychology* 42.

Carkhuff, R. R, & Anthony, W. A. 1979. *The Skills of Helping*. New York: Human Resource Development Press.

Thomas, D. N. 1983. *The Making of Community Work*. London: George Allen and Unwin.

Egan, G. 1982. *The Skilled Helper* (2nd ed.). Monterey, C. A.: Brooks-Cole.

Gutheil, I. A. 1993. "Rituals and Termination Procedures." *Smith College Studies in Social Work* 63.

Bobo, K., Kendall, J., & Max, S. 1991. *Organizing for Social Change*: *A Manual for Activists in the* 1990s. Washington: Seven Locks Press.

Kirst-Ashman, K. K., & Hull, G. H. 1999. *Understanding Generalist Practice* (2nd ed.). Chicago: Nelson-Hall Publishers.

Miley, K., O'Melia, M., & DuBois, B. 1995. *Generalist Social Work Practice*: *An Empowering Approach* (2nd ed.). Needham Heights, MA: Allyn & Bacon.

Pillavi, V. 2002. *Social Work Practice-Theories and Skills*, Boston, MA: Allyn & Bacon.

D'zurilla, T. J., & Goldfried, M. 1971. Problem Solving and Behavior Modification. *Journal of Abnormal Psychology* 78.

Johnson, D. W., & Johnson, R. 1989. *Leading the Cooperative School*. Edina, MN: Interaction Book Company.

Johnson, D. W., & Johnson, F. P. 1991. *Joining Together-Group Theory and Group Skills* (4th ed.). Prentice-Hall, Inc.

Osborn, A. 1963. *Applied Imagination*: *Principles and Procedures for Creative Problem Solving* (3rd ed.). New York: Charles Scribner's Sons.

Gordon, W. 1961. *Synectics*: *The Development of Creative Capacity*. New York: Harper & Row.

Delbecq, A. L., & Van Deven, A. H. 1971. "A Group Process Model for Problem Identification and Program Planning." *Journal of Applied Behavioral Science* 7.

Butler, R. N. 1963. *The Life Review*: *An Interpretation of Reminiscence in the Aged*. Psychiatry 256.

Walker, A., 1989. "A Caring Community." in *The Future of the Welfare State*: *Remaking Social Policy*, edited by H. Glennerster. England: Gower Publishing Co.

后　记

自党中央提出建设一支宏大的社会工作队伍的战略目标以来，社会工作发展迅猛，全国各地不断涌现社会工作专业服务的宝贵经验和专业服务模式。为了更好地总结经验，推动社会工作教育者、研究者和实践者更广泛、更清晰地了解、掌握或运用社会工作的过程、方法与技巧，作者联合一些在一线从事社会工作专业服务且深有心得的工作者共同撰写了本书。

因此，本书是集体智慧和劳动的成果，各章分工和承担的任务安排如下：

第一章　骆肖竹；

第二章　徐净　范明林；

第三章　徐净；

第四章　范明林　骆肖竹；

第五章　骆肖竹；

第六章　林德立　范明林；

第七章　林德立。

全书最后由范明林和林德立统稿，范明林校对。

本书得以出版，首先缘于上海大学社会学院领导的大力支持；其次，仰仗社会科学文献出版社的杨桂凤老师和马甜甜老师的辛勤付出，在此一并叩谢。

由于学识和水平的限制，本书难免会有错误与疏漏之处，恳请读者诸君予以批评指正。

编著者谨识
2018年6月

图书在版编目(CIP)数据

社会工作实务:过程、方法和技巧/范明林,林德立编著. -- 北京:社会科学文献出版社,2018.8(2025.7重印)
(社会工作研究文库)
ISBN 978-7-5201-2991-6

Ⅰ.①社… Ⅱ.①范… ②林… Ⅲ.①社会工作-研究 Ⅳ.①C916

中国版本图书馆 CIP 数据核字(2018)第 141699 号

社会工作研究文库
社会工作实务:过程、方法和技巧

编　著 / 范明林　林德立

出 版 人 / 冀祥德
项目统筹 / 杨桂凤
责任编辑 / 杨桂凤　马甜甜
责任印制 / 岳　阳

出　　版 / 社会科学文献出版社·群学分社(010)59367002
　　　　　　地址:北京市北三环中路甲29号院华龙大厦　邮编:100029
　　　　　　网址:www.ssap.com.cn
发　　行 / 社会科学文献出版社(010)59367028
印　　装 / 三河市尚艺印装有限公司

规　　格 / 开　本:787mm×1092mm　1/16
　　　　　　印　张:17.5　字　数:295千字
版　　次 / 2018年8月第1版　2025年7月第7次印刷
书　　号 / ISBN 978-7-5201-2991-6
定　　价 / 59.00元

读者服务电话:4008918866

版权所有 翻印必究